AF190315

Hans Gutekunst

Johannes Riedesel zu Neumark
Kurfürstlich-sächsischer Kämmerer 1528-1532

3

Hans Gutekunst

Johannes Riedesel zu Neumark
Kurfürstlich-sächsischer Kämmerer 1528-1532

Aufstieg und Fall eines ernestinischen Hofbeamten und Paten des Sohnes Martin Luthers

Inhaltsverzeichnis

6

Abkürzungen
CDS   - Codex diplomaticus Saxoniae
HStAD..........................… Hessisches Staatsarchiv Darmstadt
HStAM   - Hessisches Staatsarchiv Marburg
LATh – HstAWeimar   -Landesarchiv Thüringen – Hauptstaatsarchiv
                         Weimar
MBW   -Melanchthons Briefwechsel
RTA-JR   -Reichstagsakten Jüngere Reihe
ThStAM   -Thüringisches Staatsarchiv Meiningen
WA   -Weimarer Ausgabe (Martin Luthers Werke,
                         Kritische Gesamtausgabe)
WAB (WA Br.)   -Weimarer Ausgabe: Briefe
WAT   - Weimarer Ausgabe: Tischreden

Einleitung

Obwohl nur wenige originäre Quellen aufgrund des Verlustes sämtlicher Dokumente des Rittergutes Neumark[1] im 30 jährigen Krieg zur im Folgenden versuchten Darstellung zum Leben und zur Wirkung des kursächsischen Kämmerers und Gerichtsherren zu Neumark Johannes Riedesel vorhanden sind, Kirchenbücher Neumarks erst seit 1638 vorliegen, scheint jedoch eine Annäherung an die im Umbruch der Reformation aufgestiegene Person möglich.

Kenntnis zum Leben und Wirken Johann Riedesels zu Neumark liefern neben wenigen eigenen Korrespondenzen Riedesels zum Großteil Briefe von Zeitgenossen, aus denen Daten und Fakten zu diesem geheimnisvollen Beamten am kurfürstlich-ernestinischen Hof festgestellt werden können. Hierbei spielen Briefe Luthers an Riedesel eine gewichtige Rolle, wobei für vorliegende Arbeit mit Sicherheit nicht alle Briefe erfasst wurden.

Ukert zitiert Christoph Sontagius[2], der „von einer großen Anzahl von Luthers Briefen an Johann Rietesel" [3] spreche, von denen, so Ukerts Vermutung, noch viele ungedruckt in Bibliotheken, z.B. in Gotha, lägen.

Briefe Luthers an Riedesel mit der Bitte um Mitwirkung und Einwirkung hinsichtlich der Einstellung von der neuen Lehre geneigter Prediger auf den Kurfürsten in der ersten Hälfte des 16. Jahrhunderts werfen ein Licht auf die Bestrebungen

---

[1] vgl. Gutekunst, Hans : Novum Forum Nuwenmart Neuenmarckt Neumark bei Weimar. Eine Kleinstadt in der Geschichte Thüringens bis zum Ende des 19. Jahrhunderts, Norderstedt 2015, S. 108.

[2] Sontagius, Christoph: Dissertatio de scriptoribus saec. XVI. et XVII. 1710; (Christoph Sonntag: * Weida 28. Januar 1654; ehemaliger Pfarrer zu Oppurg, Superintendent und Leiter des Gymnasiums Schleusingen; Prof. theol. und der Kirche zu Altdorf Vorsteher)

[3] Ukert, F. A. (Hrsg.): Dr. Martin Luthers Leben mit einer kurzen Reformationsgeschichte Deutschlands und der Litteratur von G. H. A. Ukert, 2. Theil, Gotha, 1817, S. 295.

sowohl der protestantischen als auch der katholischen Bewegung, ihren Einfluss mittels dynastischer Hilfe zu sichern oder auszuweiten und die Tatsache, dass Riedesel als enger Berater und „graue Eminenz" des Kurfürsten Johann mit seinem Einfluss auf diesen und als frühzeitiger Anhänger Luthers in dessen Entscheidungen für oder gegen Einstellungen von Theologen in den Briefen der Reformatoren (z.B. Luther und Melanchthon) Beachtung findet.

Besondere Bedeutung für vorliegende Arbeit und die Tätigkeit Riedesels als Kämmerer, insbesondere im Zusammenhang mit seiner Entlassung durch Kurfürst Johann Friedrich, stellte das Ergebnis der Forschungen Ernst Müllers im Ernestinischen Gesamtarchiv des Staatsarchivs Weimar dar.[4]

So besteht für diese Arbeit die Aufgabe, in einer Art Puzzle ein Bild des Kämmerers zu entwickeln, das aufgrund fehlender Dichte vorhandener Quellen sicher unvollständig bleiben muss.

Mein besonderer Dank gilt der ehemaligen Leiterin des Hauptstaatsarchivs in Weimar Dagmar Blaha für ihre freundliche Hilfe bei der Transkription des Visitationsprotokolls Neumark aus dem Jahre 1533 und der Korrespondenz Riedesels/kurfürstliche Kanzlei mit Graf Wilhelm IV. von Henneberg-Schleusingen

Die Transkription der im Anhang wiedergegebenen Archivalien und deren Buchstabenbestand ist des besseren Verständnisses wegen heutiger Zeichensetzung angepasst, die Wiedergabe von Doppelkonsonanten bestehenden Transkriptionsregeln.

---

[4] Müller, Ernst: Die Entlassung des ernestinischen Kämmerers Johann Riedesel und die Auflösung des Wittenberger Heiligtums. Ein Beitrag zur Biographie des Kurfürsten Johann des Beständigen von Sachsen. In: Archiv für Reformationsgeschichte 80/1989, S.213-239. Im Weiteren: Müller, Entlassung

1 Identifizierung

1.1 Johann Riedesel zu Neumark (Kämmerer) oder Johannes VII. Riedesel zu Eisenbach (hessischer Erbmarschall)

Anhand der Literatur und den von der Forschung zur Verfügung gestellten Quellen ist es zum jetzigen Zeitpunkt möglich, eine differenzierende Trennung der beiden Riedesels, die lange Zeit wegen ihrer ungefähr gleichen Lebensdaten identisch behandelt wurden, vorzunehmen. Grundlegend für die irrtümliche Identifizierung beider oben benannten Riedesels scheinen die Daten bei Buttlar-Elberberg[5] und dessen Angaben zu *„Johann [Riedesel] zu Eisenbach und Neumark"* als 5. Erbmarschall mit anschließender Kompilation von Daten und Personen zu beiden Riedesels, sowohl im Bereich der Ehefrauen, als auch in dem der nachfolgenden Generationen, zu sein.

Die Behandlung Johann Riedesels im Internet folgt größtenteils dieser Identifizierung des hessischen Erbmarschalls mit dem kursächsischen Kämmerer.

Bernhard Peters[6] kommentiert in seiner „Galerie: Photos schöner alter Wappen" bei der Beschreibung des sich in der Kirche zu Lauterbach befindlichen Doppelepitaphs des Sohnes des Erbmarschalls Johannes VII, Hermann VI., und dessen Ehefrau:

„Die Eltern von Hermann VI. Riedesel von Eisenbach waren Johann VII. Riedesel zu Eisenbach (ca. 1490-24.5.1550), Herr auf Eisenbach und Neumark, 1542 mit Neumark belehnt, 1531

---

[5] Buttlar-Elberberg, Rudolf von: Stammbuch der Althessischen Ritterschaft, enthaltend die Stammtafeln der im ehemaligen Kurfürstenthum Hessen ansässigen zur Althessischen Ritterschaft gehörigen Geschlechter. Cassel 1888; im Folgenden Buttlar

[6] http://www.dr-bernhard-peter.de/Heraldik/aktuell/galerien3/galerie2414.htm (Stand 09.12.2018)

Erbkammermarschall Fürstlicher Kammersekretär zu Weimar, Gevatter des Dr. Martin Luther, und Klara von Cronberg, (- 1.12.1520). Klara war Johanns erste Ehefrau. Danach heiratete er noch zweimal, in zweiter Ehe Ottilie von Amsdorf-Scopa und in dritter Ehe Susanna von Eichelsheim (kinderlos)." Wikipedia lässt „Riedesel, Johannes auf Neumark (bei Weimar), 1542 von Martin Luther als Taufpate seines Sohnes benannt" unter „Andere" erscheinen, während die meisten Interneteinträge noch keine Trennung beider Riedesels vornehmen.[7]

Andere Internetbeiträge wie der des Paul L. Riedesel[8] bringen den Patensohn der Neumarker Riedesel fälschlich mit Hans Heinrich Riedesel[9] in Verbindung, von dem ebenfalls ein Epitaph in der Kirche zu Neumark existiert.

Johann Riedesel zu Eisenbach (und Neumark) wird bei Buttlar als Sohn des 3.Erbmarschalls Hermann IV. zu Eisenbach als 5. Erbmarschall mit drei Ehefrauen genannt, von denen er mit Clara von Kronberg (verh. 1510) eine Tochter Clara (ohne Geburtsdatum), verheiratete Oiger Brendel von Homburg, und den Sohn Hermann (*1512) hat. Ein bei Becker erwähnter Sohn des Eisenbacher Riedesels mit Clara von Kronsberg, Walter, wird von Buttlar nicht genannt.[10] Die Söhne Johann (*1521) und Ludwig (*1527), sowie die von Buttlar erwähnten Töchter Catharine (*1523) und Sibylla (ohne Geburtsdatum) müssen der Ehe Johann Riedesels mit Ottilie von Amsdorf Scopa (verh. 1520) entstammen, da die dritte Ehe mit Susanna von Eichelsheim kinderlos bleibt.

---

[7] https://de.wikipedia.org/wiki/Riedesel (Stand 09.12.2018)
[8] http://www.riedesel.org/pictures/riedesel-nobility/pictures-neumarkweimar/ (Stand 09.12.2018)
[9] 1624-1682, direkter Nachkomme des Kämmerers in 4. Generation, Hofrat und Vizehofrichter in Jena
[10] Becker Eduard Edwin: Vom Tode Hermanns III. Riedesel 1501 bis zum Tod Konrads II. 1593, Offenbach/Main 1927, S. 187.

Der Sohn Ludwig ist der die Neumarker Linie fortsetzende, quellenmäßig fassbare Sohn des Kämmerers Johann Riedesel. Der bei Buttlar unter Nr.169 zitierte, 1521 geborene und mit Catharina Vitzthum von Apolda verheiratete Sohn *„Johann, verzichtet auf alles, erhält dafür Neumark allein"* stirbt nach Buttlar am 20. Juni 1553 in Neumark.

Wenn man den Ausführungen Beckers folgt[11], dass der 5. Erbmarschall Johannes Riedesel zu Eisenbach, der mit seiner Frau Margarethe von der Malsburg in Lauterbach ruht, nur zwei Töchter und einen Sohn, Hermann IV, hatte, ist nicht festzustellen, welche der drei bei Buttlar genannten Töchter die von Landau genannten zwei des Erbmarschalls Johann Riedesel zu Eisenbach sind.

Davon ausgehend, dass der Erbmarschall Johann Riedesel dreimal verheiratet ist und auch Susanna von Eichelheim, die laut Akten des Landgrafen Philipp als Zeugin von Bayern und Baden gebeten wird[12], seine Frau ist, ist die Zuschreibung dieser drei Frauen dem Johann Riedesel auf Neumark falsch und die Frau des Kämmerers, Mutter seiner Kinder, ist Ottilie von Amsdorf-Scopa. So ungewiss, wie deren Herkunft sein mag, so schwer fassbar ist auch die Gestalt des Kämmerers insgesamt −auch durch seine stete Identifizierung mit dem hessischen Erbmarschall Johann Riedesel zu Eisenbach- bis zu seinen dokumentierten Handlungen als Kämmerer und „Freund" Luthers

So ist anzunehmen, dass der von Becker nicht erwähnte, jedoch von Buttlar genannte und 1521 geborene Sohn des Johann Riedesel zu Eisenbach (und Neumark), Johannes, ebenso wie Ludwig (*1527) Söhne des Kämmerers und nicht die des Erbmarschalls sind.

---

[11] Becker, a.a.O.
[12] Akten des Landgrafen Philipp HStAM Bestand 3 Nr. 2405
https://arcinsys.hessen.de/arcinsys/detailAction?detailid=v532494 (Stand 14.03.2019)

Ein weiteres Indiz für die falsche Identifizierung des Johann Riedesel auf Neumark mit dem hessischen Erbmarschall Johannes VII sind Teilnehmerlisten zur Anwesenheit hessischer und sächsisch-kurfürstlicher Gesandtschaften auf Reichstagen.

Zum zweiten Reichstag in Speier 1529 fordert Landgraf Philipp von Hessen zum Gehorsam hinsichtlich einer Gefolgschaft auf. *„Wir haben itzt in unserm abreiten zu dem RT gen speier bei Hanstein, Riedesel, Molsberg, Feige und Hund etwas sunderlichen unsern befehl verlassen."*[13]

Auf dem Reichstag selbst sind im Gefolge des hessischen Landgrafen zwei Riedesel genannt: Johann Riedesel und Vollpart[Volpert][14], d.h. der 1531 das hessische Erbmarschallamt antretende Johann VII. und sein Bruder Volpert, der nach dem Tod Johanns 1550 im Amt folgt.

Das Gefolge des Kurfürsten Johann auf diesem Reichstag verzeichnet unter den 53 Personen ebenfalls einen Johann Riedesel, welches nur der Kämmerer und Amtmann Riedesel von Neumark sein kann. In der Gefolgschaft sind alle wichtigen Personen des Hofes vertreten: der alte Kanzler Brück, der neue Christian Beyer, Hans von Dolzig und Hans von Minkwitz. Bemerkenswert und auf seine auch im Bereich kirchlicher Belange bedeutende Funktion ist die Nennung des Namens Riedesels direkt vor denen, die die Theologie Luthers vertreten sollten: Philipp Melanchthon und der Freund Luthers Johann Agricola (1494-1566).[15]

Auch Karl Knaake[16] übernimmt noch hinsichtlich Johannes Riedesel zu Neumark in seinen Anmerkungen zu Luthers Brief

---

[13] Kühn, Johannes: Deutsche Reichstagsakten unter Kaiser Karl V. Siebenter Band. Erster Halbband, Göttingen 1963, S.538.

[14] Kühn a.a.O Beilagen, Aktenstücke 1527-1529, 1387

[15] Kühn, a.a.O. Siebenter Band, 2. Halbband, Göttingen 1963, S.1384/1385.

[16] (1835-1905)

an Riedesel vom 04. Oktober 1535[17] unbesehen die Informationen von Kneschke[18] zu „*Hans von Riedesel zu Eisenbach*" als 1542 „*mit den Schlössern Neumark und Ottmannshausen*" Belehntem und schließt sich damit der Legende Buttlar-Elberbergs an. So führt das Hessische Staatsarchiv Darmstadt noch im Bestand unter Hinweis auf *Becker, E. E.: Die Riedesel zu Eisenbach, Darmstadt 1936* als Quelle und ohne Überprüfung der Angaben bei Becker zu Riedesel zu Eisenbach die z.T. falschen Daten an und tradiert damit die Identifikation des hessischen Erbmarschalls mit dem Kämmerer in sächsischen Diensten[19] Gleichlautend verwendet die Deutsche Nationalbibliothek unbesehen unter Bezug auf die Forschungsstelle "Melanchthon-Briefwechsel" der Heidelberger Akademie der Wissenschaften (GEDBAS) als Quelle einen Johannes Ried(t)esel identisch: „kursächs. Kämmerer (Erbkammermarschall); Herr auf Eisenbach und Neumark; fürstl. Kammersekretär zu Weimar; 1542 mit Neumark belehnt; Gevatter des Dr. Martin Luther"[20].

1.2 Johannes VII. Riedesel zu Eisenbach (hessischer Erbmarschall)

Für Johannes VII. Riedesel zu Eisenbach, 5. hessischer Erbmarschall, sind folgende Daten gesichert:

---

[17] WAB 7 Nr.2250
[18] Kneschke: Neues Deutsches Adelslexikon 7, 501.
[19] HStAD Bestand S 1 Nr. NACHWEIS: Biografische Angaben: Johann, Riedesel zu Eisenbach, Freiherr von, VII. (+ 1550) verh. I. 1510: Kronberg, Klara v.; verh.II. 1520: Amsdorf-Scopa, Ottilie v.; verh.III. 1532: Eichelsheim, Susanna v.; 1531ff 5. Erbmarschall, fürstlicher Kammersekretär Weimar, 1542 Belehnung mit Neumark, Gevatter von Dr. Martin Luther (Stand 21.01.2018)
[20] http://d-nb.info/gnd/1144544912 (Stand 14.04.2019)

Johannes VII., der älteste Sohn Hermanns IV. und der Agnes geb. von Hopfgarten, wird um 1490 geboren und heiratet 1510[21] Klara von Kronberg, die am 01. Dez. 1520 stirbt. Aus der Ehe gehen die Söhne Hermann VI. (1512- 03. März 1560), Walter (nur 1525 erwähnt)[22] und die Tochter Klara, die 1537 Oiger Brendel von Homburg heiratet, hervor. Insofern irrt Landau[23] wenn er dem Johann VII. zwei Töchter zuschreibt. Sein Verweis darauf, dass „dieser Johann seither stets mit Johann Riedesel zu Neumarkt [...] verwechselt worden" sei, ist korrekt.

Alle übrigen bei Buttlar erwähnten Kinder –Johannes, Ludwig, Catharina und Sybilla- entstammen der Ehe des Kämmerers Johann von Riedesel auf Neumark mit der 1520 geheirateten Ottilie von Amsdorf Scopa, da Susanna von Eichelsheim (*...- +1535) kinderlos stirbt.

Johannes VII. ist Amtmann in Gernsheim am Rhein. Hierzu liegen unterschiedliche Daten vor: Gundlach datiert den Antritt der Amtsmannschaft mit dem 26. Februar 1515[24] und lässt sie mit der Auflösung der Pfandschaft an Gernsheim durch Mainz am 24. Mai 1521 enden. Nach Landau wird Johannes VII. Riedesel 1516 Amtmann in Gernsheim, was er bis 1520 bleibt. 1540 wird er als hessischer Amtmann zu Dietz genannt.[25] Die Zuschreibung einer Amtsmannschaft eines Amtsmannes Johannes Riedesel von Greifenstein für die Solmser Grafen im Gericht zu Dillheim trifft wohl eher auf einen Riedesel einer anderen Linie der Riedesel zu (Josbach, Camberg ?) auch aufgrund des beliebten Vornamens Johann/

---

[21] Buttlar, a.a.O. Tafel II

[22] Becker, a.a.O. S.187; bei Buttlar a.a.O. nicht erwähnt

[23] Landau, Georg: Die hessischen Ritterburgen und ihre Besitzer. Bd.4, Cassel 1839, S.36.

[24] Gundlach, Franz: Die hessischen Zentralbehörden von 1247 bis 1604, Dienerbuch Band 3, Marburg 1930, S. 208.

25 Landau, a.a.O., S.35/36.

Johannes.[26] 1521 ist Riedesel im Gefolge des Landgrafen Philipp auf dem Reichstag in Worms.[27] Johannes VII. stirbt am 24. Mai 1550.

1.3 Johannes Riedesel zu Neumark alias Johann Reiling

Eine nicht belegbare Erklärung der Herkunft des Kämmerers Johann Riedesel liefert Albert Schiffner in seiner Beschreibung ernestinischer Gebiete[28], wenn er Riedesel in den Besitz Neumarks gelangen lässt, weil „[...] *Friedrich der Weise* [...] *es* [Neumark] *seinem und seines Bruders Lebensretter, dem Johann Reilingk aus Rochlitz* [schenkte], *der sich fortan von Riedesel schrieb.* [...]."

Schiffner stützt sich hierbei wohl auf die Aussage Grauns/Heinen in der "Historische[n] Beschreibung der Stadt und Grafschaft Rochlitz in Meißen"[29], demzufolge „*Ritesel (Johann) eines Bürgers Sohn, der alte Reiling genannt* [...] *von denen alten Churfürsten Friedrich und Johansen* [...] *geadelt und ihm die Stadt und Schloß Naumarck eingegeben worden* [ist]"[30]. Die Erhebung Riedesels sei geschehen, weil er die beiden Kurfürsten auf ihrer Reise nach dem Tod des hessischen Landgrafen Wilhelm[31] beim Einzug in Kassel vor einem Anschlag gewarnt habe.

---

[26] „1512 schreibt die Geschichte, dass den Vorsitz im Gericht zu Dillheim der Amtmann Johann Riedesel von Greifenstein für die Solmser Grafen führt."
[http://www.ehringshausen.de/index.php?id=19] (Stand 09.12.2018)
[27] Gundlach, a.a.O., S.208, Anm.3; Wormser Präsenzliste
[28] Schiffner, Albert: Beschreibung von Sachsen und der Ernestinischen, Reußischen und Schwarzburgischen Lande, Dresden 1843, S.577.
[29] Grauns, Caspar Heinrich; Heinen, Samuel Gottlieb: Historische Beschreibung der Stadt und Grafschafft Rochlitz in Meißen, Leipzig 1719, S. 282/283.
[30] a.a.O., S.282.
[31] der Mittlere: 1468-1509

Dieser quellenmäßig nicht weiter belegte Vorfall bezieht sich auf die Zeit der Unmündigkeit des Landgrafen Philipp (1504-1567) und steht im Zusammenhang mit dem hessischen Vormundschaftsstreit.

Nach dem Tod Wilhelms ist Philipp nach der Erbverbrüderung Sachsens und Hessens unter Vormundschaft Sachsens, bis er zum Zeitpunkt der Erklärung seiner Mündigkeit – dies geschieht am 02.05.1518- zum Landgrafen in Hessen gekürt wird.[32]

Laut Erbverbrüderungsvertrag von 1373 besitzen die Wettiner das nächste Erbrecht an der Landgrafschaft Hessen.

Auch die durch die Landgrafen und Wilhelm von Hessen erneuerte Erbverbrüderung bekundet, *„daß sich der Herzöge von Sachsen, ihre und Landgraf Wilhelms d.J. von Hessen Vorfahren zu Nutzen und Frieden ihrer Lande und Leute mit kaiserlicher Zustimmung verbrüdert haben"*, die Parteien sich verpflichten, *„die gen. Verbrüderung zu erneuern"* und im Falle der Kinderlosigkeit Wilhelms d. Jüngeren und *„diese Lande aufgrund der Erbhuldigung an sie* [sächsische Fürsten] *kämen"*, bei Huldigung Rechte und Pflichten der hessischen Untertanen erhalten blieben.[33]

Die vertragschließenden Fürsten ließen sich auch bei einer Erneuerung des Erbverbrüderungsvertrags im Gebiet des Vertragspartners huldigen, wie es auch im Revers der Stadt Neumark für Landgraf Ludwig I. von Hessen wegen der Huldigung auf die Erbverbrüderung zwischen Sachsen und Hessen vom 1431 Oktober 22[34] und in dem Neumarks für die

---

[32] vgl. auch: Tutzschmann, Max Moritz: Friedrich der Weise, Kurfürst von Sachsen: ein Lebensbild aus dem Zeitalter der Reformation, nach Quellen dargestellt. Grimma 1848, S.70-71.
[33] Landgrafen-Regesten online Nr. 2217 <http://www.lagis-hessen.de/de/subjects/idrec/sn/lgr/id/2217> (Stand: 17.2.2014)
[34] Landgrafen-Regesten online Nr. 14283 <http://www.lagis-hessen.de/de/subjects/idrec/sn/lgr/id/14283> (Stand: 26.10.2011)

Landgrafen Wilhelm I. (1466-1515) und Wilhelm II., dem Mittleren, vom Oktober 1487[35] belegt ist.

Auf diesem Hintergrund hatte sich unter der Führung der Landgräfin Anna eine, den wettinisch- sächsischen Anspruch auf Inkrafttreten der Bedingungen des Vertrages, d.h. auch Regentschaft für Philipp in Hessen, ablehnende Koalition gebildet. Aufgrund der Beschwerde und des Widerstands einiger hessischer Städte, besonders Homburgs und Treyßas, die nur im Land geborenen Herren den Eid leisten wollten, erklären sich die sächsischen Vertragspartner, auch auf Bitten der den Ernestinern verbundenen hessischen Landstände bereit, zur Klärung der Beschwerden nach Kassel zu reisen. So erscheinen zum Landtag Ende 1514 in Kassel die Herzöge Johann[36], der Albertiner Heinrich[37], für den Kurfürsten Friedrich (den Weisen) Friedrich von Thun (Hauptmann in Weimar) und für Herzog Georg[38] Graf Bodo von Stolberg und Christian von Taubenheim (Amtmann in Freiburg).

Nach Ablehnung von Forderungen der hessischen Städte hinsichtlich der Huldigung und Verweis der Entscheidung über die Sache an den Kaiser durch die sächsische Seite sowie dem Gerücht, Philipp würde von den Sachsen entführt, dringen bewaffnete Kasseler Bürger in den Schlosshof und erreichen letztendlich, dass die mit Anna verbündeten hessischen Landstände die Vormundschaft der Wettiner aufkündigen und Herzog Johann Kassel fluchtartig verlässt. Der Kaiser, dem die Angelegenheit zur Entscheidung vorgelegt wird, entscheidet, dass die Obervormundschaft bei den sächsischen Herzögen, die politische Entscheidungsgewalt jedoch bei der zeitweise

[35] Landgrafen-Regesten online Nr. 14348<http://www.lagis-hessen.de/de/subjects/idrec/sn/lgr/id/14348> (Stand: 02.11.2011)
[36] der Beständige, Bruder des Kurfürsten (1468-1532)
[37] der Fromme (1473-1541)
[38] der Bärtige (1471-1539) Albertiner

entmachteten Landgräfin Anna und ihren Landständen belassen wird. Abgesehen von der Belehnung Riedesels mit Neumark, die zu einem späteren Zeitpunkt stattfindet, ist die Rettung der *beiden Churfürsten*" der „Historischen Beschreibung" Grauns/Heinens falsch, da nur der 1525 die Kurfürstenwürde erhaltende Johann in Kassel erscheint. Die oben erwähnte Flucht Herzog Johanns dient somit aller Wahrscheinlichkeit nach der Legendenbildung, als der erwähnte Reiling die sächsischen Herzöge vor einem Anschlag gerettet und sich damit deren Dankbarkeit samt Belehnung mit Neumark erworben habe.

Nur in einer Hinsicht nähert sich der Bericht über die Rettung der Herzöge durch Reiling dem realen Vorgang der Erhebung Riedesels, wobei Graun/Heinen u.U. auch eine geringe Namensgleichheit Reiling/Riedesel fehlerhaft im Weg stand. Riedesel (vgl. unten) war während des Vormundschaftsstreits von Mai 1512 bis 11. März 1514 Sekretär des hessischen Landhofmeisters Ludwig von Boyneburg und hatte sich in einem Brief „aus Kassel gegenüber dem Kurfürsten Friedrich dem Weisen [...] eindeutig zur landständisch-ernestinischen Partei [bekannt]"[39] und diesem empfohlen, rigoros gegen die Partei Annas vorzugehen, wobei er nicht verhehlte, dass bei Bekanntwerden seines Briefes ihm arge Schwierigkeiten in Hessen entstehen könnten. Der Einzug der Landgräfin in Kassel nach Auflösung des Landtages und ihre Drohung, die Gegner zu bestrafen, veranlassten Riedesel, Hessen zu verlassen und in sächsische Dienste zu treten.[40]

Johann Reiling aus Rochlitz nimmt ein Studium der Philosophie in Erfurt auf, setzt sein Studium 1499 im

---

[39] Müller, Die Entlassung, S.219.

[40] vgl. auch Piderit, F. C. Th.: Geschichte der Haupt- und Residenzstadt Kassel. Kassel 1844, S. 93-95. Zur Rolle Riedesels im hessischen Vormundschaftsstreit vgl. auch S. 46 ff.

Wintersemester 1499 in Leipzig [Johannes Reyling de Rochlitz studens Erffurdensis)[41] fort und schließt 1501 das Studium mit dem Baccalaureat philosophiae ab.

2. Der kurfürstlich-sächsische Kämmerer Johannes Riedesel zu Neumark: die Familie

2.1 Die Ehefrauen des Kämmerers

Ottilie von Amsdorf-Scopa

Wie die Herkunft des Kämmerers Johannes Riedesel zu Neumark nur annähernd zu bestimmen ist, so sind Daten zu seiner Ehefrau Ottilie von Amsdorf-Scopa nicht vorhanden und exakte Aussagen nicht möglich.

Wenn auch die Herkunft der Ottilie von Amsdorf-Scopa aufgrund fehlender Daten nicht bestimmt werden kann, ist davon auszugehen, dass der Kämmerer Riedesel zu Neumark in erster Ehe mit der Amsdorf-Scopa verheiratet war.

Lediglich bei Buttlar[42], der als Datum der Eheschließung das Jahr 1520 angibt, wird diese Ehefrau erwähnt, wobei er fälschlich von der Identität Johanns VII. zu Eisenbach, 5. Hessischen Erbmarschall, und dem Kämmerer Johannes Riedesel zu Neumark ausgeht. Becker erwähnt als Ehefrau des Erbmarschalls Riedesel nur die Clara von Kronberg, so dass die Nennung der Ottilie von Amsdorf-Scopa durch Buttlar als Ehefrau nur dem Kämmerer Riedesel zu Neumark korrekt zugeordnet werden kann, zumal auch die bei Becker nicht erwähnten Kinder (vgl. unten) ihrem Geburtsdatum nach (zwischen 1521 und 1527) der Ehe des Kämmerers mit Ottilie von Amsdorf Scopa entstammen müssen.

---

[41] Die Matrikel der Universität Leipzig Bd.I in. Codex diplomaticus Saxoniae CDS II 16

[42] Buttlar, a.a.O. Tafel II

Aufgrund des oben erwähnten Verlustes sämtlicher lokalen Quellen/Urkunden Neumarks im 30 jährigen Krieg und der belegbaren Tatsache, dass die Ottilie von Amsdorf-Scopa Ehefrau des Neumarker Kämmerers ist, bleibt lediglich eine annähernde Zuordnung der Herkunft dieser Ehefrau aufgrund ihres Doppelnamens Amsdorf und Scopa.

Das Schloss Scopa, Siedlungskern des heutigen Schkopau, gehört ursprünglich zur Grafschaft Sangerhausen und damit zum Besitz des Herzogs von Brauschweig.[43] In der Folgezeit gehört das Schloss zum Besitz des Erzstifts Magdeburg, dem es der 31. Erzbischof von Merseburg Heinrich, ein Graf von Stolberg, abkauft. Der 41. Merseburger Bischof Thilo von Trotha (1466–1514), Rat Herzog Georgs von Sachsen und Taufpate[44], belehnt seinen Bruder Claus von Trotha mit Scopa, das mit einer kurzen Unterbrechung um 1642 bis 1945 im Besitz der von Trothas verbleibt. (2)

Claus von Trotha erwirbt von Curt von Klöden „einen Sattelhof und Behausung vor der Burg von Scopa", von denen von Burkersdorf, 1479 das Burglehen und Burg und 1480 ein Vorwerk. Das Recht, bei Scopa eine Fähre über die Saale zu installieren wird mit einem bis 1816 währenden Floßzoll verbunden.[45]

Zum Rittergut Scopa gehörte die Patrimonialgerichtsbarkeit über das Schloss und ein Teil von Kleingräfendorf sowie das Patronat über die Filialkirche von Scopa.[46]

Ein von 1177 bis 1480 nach der Burg benanntes und bezeugtes Ministerialengeschlecht (1177 Albertus de

---

[43] Pfefferkorn, Georg Michael: Merkwürdige und auserlesene Geschichte von der berümten Landgraffschaft Thüringen. S.l. 1685, S.265.

[44] Brotuff, Ernst: Chronica und Antiquitates des alten Keiserlichen Stiffts der Römischen Burg. Leipzig 1557, S.98.

[45] Gauhe, Johann Friedrich: Des Heiligen Römischen Reichs Genealogisch-Historisches Adelslexikon. Bd.2, Leipzig 1747, S.1187-1188.

[46] Gutsarchiv Schkopau H 204

Schapowe, 1266 castrum Skapowe, 1347 Schapow(e)[47] wird im 16. Jahrhundert nicht mehr erwähnt.

So ist es eher unwahrscheinlich, dass die Ottilie von Amsdorf-Scopa eine Nachfahrin dieses in Scopa (heute Schkopau) gesessenen Ministerialengeschlechts ist. Der Besitz Scopas durch die Trothas und die fehlende Verbindung zwischen den Familien Amsdorf und Trotha schließen eher eine Herkunft der Ottilie aus Schkopau (Scopa) aus.

Auch die Vermählung des ersten Besitzers Neumarks aus der Familie von Werthern, dem Reichserbkammertürhüter[48] und Gründer der Wieheschen Linie der von Werthern und Besitzer des Schlosses Allerstedt, Johann Heinrich von Werthern (1597-1658), der „auch die Güter Klettstedt und Neumark an sein Hauß [brachte], so aber nach seinem Tode wieder davon gekommen"[49] mit der Maria von Trotha auf Scopa lässt nicht den Schluss zu, Ottilie von Amsdorf-Scopa mit dem Trothaschem Besitz in Verbindung zu bringen.

Es ergibt sich somit die Frage, ob Ottilie von Amsdorf-Scopa nicht doch eher eine Angehörige des Geschlechts der Amsdorfs ist und somit mit dem Mitarbeiter und Freund Luthers, Nikolaus von Amsdorf (1483-1565), in Verbindung gebracht werden kann.[50]

---

[47] Hierzu und zum Namen: Zschieschang, Christian: Das Hersfelder Zehntverzeichnis und die frühmittelalterliche Grenzsituation an der mittleren Saale. Eine namenkundliche Studie., Köln Weimar Wien 2017, S.72.: 1177 Albertus de Schapowe,1266 castrum Skapowe, 1347 Schapowe: evtl.*Skapov wohl von idg.*skab 'schneiden, graben, spalten'

[48] *Römischer Kayserl. Majestät und des heiligen Römischen Reichs Erb-Cammer-Thürhüter* – Albinus, Petrus: New Stambuch und Beschreibung des Uhralten Koeniglichen, Chur und Fuerstlichen etc. Geschlechts und Hauses zu Sachsen. Leipzig 1602, S.103.

[49] Iselin: Allgemeines historisches Lexikon Bd. 4, S.185, Sp.1.

[50] Vgl. im Folgenden Brathe, Paul: Das Geschlecht des Nikolaus von Amsdorf. Archiv für Sippenforschung und alle verwandten Gebiete, Heft 7 Juli 1944, S.113-115.

Die Familie des Lutherfreundes Nikolaus von Amsdorf, die Ende des 17. Jahrhunderts ausstirbt[51], führte anfänglich den Namen von Amelungesdorf nach einem Dorf im Mansfelder Gebiet. Mit Hieronymus Amsdorf, Vogt in Torgau und Oberkanzleischreiber Friedrichs des Weisen, wird der Zweig der Familie mit Nikolaus von Amsdorf in Torgau sesshaft. Das zum Bau eines Hauses in Torgau benötigte Grundstück wird dem Hieronimus Ampstorff (!) vom Kloster Nimbschen urkundlich im Mai 1464 *„erblich gegen einen Zins von 15 neuen Groschen verschrieben"*[52] und das mit dem Haus bebaute Grundstück in Torgau dem Amsdorf 1494 vom Kloster gegen einen jährlichen Erbzins von 15 neuen Gulden belehnt.[53] Die in beiden Quellen ähnlichen Daten und Summen lassen vermuten, dass bei Übernahme der Daten 1790 fehlerhaft aus dem Urkundenbuch Grimma übernommen wurde.

Nach dem Tod des Hieronimus Amsdorf erwerben am 31.Oktober 1523 Kurfürst Friedrich und sein Bruder Johannes das Haus in der Burggasse, *„daz hivor Iorgen Ambsdorffs seligen gewest"* zusammen mit einem ebenfalls dem Kloster Nimbschen gehörigen Gebäude, indem dem Kloster *„auf ewige zeit"* in und um Torgau Dienste erlassen werden, zu denen das Kloster verpflichtet war (Stellung von Pferden zur Jagd und andere Dienste) und dem Kloster alle Beschwerungen und Steuern, die auf dem *„wueste[n] hawß"*

---

[51] Kneschke, Ernst Heinrich (Hg.): Neues Allgemeines Deutsches Adels-Lexikon Bd. 1, Leipzig 1859, S. 73.; auch Die Bistümer der Kirchenprovinz Magdeburg: in: Germania Sacra. Historisch-Statistische Beschreibung der Kirche des alten Reiches. [Hrsg. Max-Planck-Institut für Geschichte] NF 35,2 Das Bistum Magdeburg I,2 Die Diözese, Berlin-New York 1998

[52] Urkundenbuch der Stadt Grimma und des Kloster Nimbschen in: http://codex.isgv.de/codex.php?band=cds2_15, Nr. 416, S.297.

[53] Magazin der Sächsischen Geschichte aufs Jahr 1790, Siebenter Teil oder 73. bis 84. Stück, Dresden 1790, S.730.

des Klosters in Grimma liegen, erlassen sowie die Braugerechtigkeit eingeräumt wird.[54]

Der Sohn des Hieronymus, Georg Amsdorf, erwirbt 1503 das Gut Großzschepa bei Wurzen, welches nach seinem Tod 1511- Nikolaus wird Professor in Wittenberg-, den übrigen 6 Söhnen und 2 Töchtern als Gesamtlehen übereignet wird.

Von den Töchtern Georgs hat eine den Namen Sophie, die zweite Tochter. deren Name nicht bekannt ist, heiratet einen Hans Marschall[55], womit beide als Ehefrauen des Kämmerers Johann Riedesel auf Neumark auszuschließen sind.

Der heute gebräuchliche Name Großzschepa hat seinen Ursprung in der Nennung des Ortes ohne das vorgesetzte - Groß-.

Die erste urkundliche Erwähnung Großzschepas/ Zschopaus erfolgte 1286 als „Schapa". 1292 als Stadt (civitas) erwähnt[56], wird sie in Urkunden „[...] in ältesten Zeiten Czopowe, Czschaschpe, Czsachpe, Scopa, Schuepa, später Scopau, Zobau, Zobach, auch Zschoppau und Tschoppa genannt [...]"[57].

Simon in seinen „Nachrichten von der Bergstadt Zschoppau" schreibt: „Diese Stadt [...] wird in alten Urkunden Czschachpe, Czopowe, Scopa, vulgo Schuepa, Zopa, Tschopa, Tschope, Tzschopa, Tzschoppe gewöhnlich und richtig aber Zschopau benennet."[58]

---

[54] Urkundenbuch Grimma, a.a.O. Nr.479, S.339.

[55] Brather, a.a.O., S. 115.

[56] https://de.wikipedia.org/wiki/Zschopau (Stand 09.12.2018)

[57] Harnisch, Johann Gottlieb: Chronik über Schellenberg-Augustusburg. Schellenberg 1860, S.18-19.; vgl. auch M.Z. [Martin Zeiller] Topographia Superioris Saxoniae Thüringiae/ Misniae Lusatiae etc, FaM 1650, S 184.

[58] Simon, Ernst Friedrich Wilhelm: Historisch-geographisch-topographische Nachrichten von der Bergstadt Zschoppau, Dresden 1821, S.8.

Als Zeugen in Urkunden von 1299 sind „Genchinus, filius domini Theoderici de Rechenberc miles in Schapa"[59] und *Guntherus de Einsedelen* (Einsiedel) als Burgmann von *Schapa*[60].

Auch kommentierende Bearbeitungen der Briefe Luthers an Nikolaus von Amsdorf im 19. Jahrhunderts verwenden den auf Zschopau verkürzten Namen Großzschepas.[61]

Dieser Exkurs zum zweiten Namen des Doppelnamens der Ottilie von Amsdorf-Scopa begründet u.U. eine Beziehung der Frau des Johannes Riedesel auf Neumark zu diesem Ort, wobei festzustellen ist, dass keine Quelle vorhanden ist, die diese Beziehung bestätigt. Auch besteht die Möglichkeit, dass Riedesel selbst, der seinen Namen bewusst mit denen der Riedesel von Eisenbach in Verbindung bringt, auch als geschickter Staatsbeamter in kurfürstlichem Dienst seine Frau mit der Person (Nikolaus von Amsdorf) verknüpft, einer Person, die in der Phase bestimmenden lutherischen Einflusses im ernestinischen Sachsen eine wichtige Rolle spielt.

Susanna von Eichel[s]heim

Die genannte Susanna von Eichelsheim ist nicht eindeutig als Ehefrau einem der beiden Riedesels mit Vornamen Johannes zuzuordnen.

Die Feststellung des Landesgeschichtlichen Informationssystems Hessen (LAGIS), dass Johannes VII. Riedesel zu Eisenbach „in zweiter Ehe [...] seit 1523 mit

---

[59] Rechenberg, Wolfrad Freiherr von: Die Familie von Rechenberg. Von ihrem Ursprung bis zur Gegenreformation. Neuere Beiträge zur Familiengeschichte, Münster 2013, S.22.
[60] http://www.archive-in thueringen.de/findbuch/view/bestand/21419/vorwort/1 (Stand 13.03.2019)
[61] Zimmermann, Karl: Die reformatorischen Schriften Dr. Martin Luthers. Bd. 1, Darmstadt 1846, S.446 Anm.1

Osanna [Susanna] von Eichelsheim verheiratet [war], Osanna starb im Juni 1535"[62], nennt als Quelle Becker, ist als Ehefrau bei Becker[63] aber nicht erwähnt.

Ein Besitz/Lehen betreffendes Regest einer Urkunde des Klosters Hersfeld vom 17. März 1529 lässt es aufgrund der diversen Namensformen und Annahme einer Kürzung des Namens *Osanna/ Susanna* zu Anna durch den Schreiber möglich erscheinen, dass die Susanna von Eichelsheim Frau des Johannes Riedesel von Eisenbach gewesen ist: *„Johann Riedesel (Rietessel) zu Eisenbach [?] (leispach) und seine Ehefrau Anna bevollmächtigen ihren Schwager Georg (Jorge) Krengel, in ihrem Namen vom Kloster Hersfeld ein Lehen zu empfangen."*[64]

Ein weiteres Indiz für die eheliche Verbindung Riedesels mit der Susanna [Anna] von Eichelsheim ist möglicherweise die Übereinstimmung der Schreibweise des Namens Riedesel durch den Schreiber des Regests des Hersfelder Klosters mit *Rietessel* und eigenhändiger Unterschriften Riedesels selbst z.B. in einem Brief an Wilhelm IV. von Henneberg-Schleusingen im Zusammenhang mit Vorbereitung auf den Reichstag in Regensburg aus dem Jahre 1528.[65]

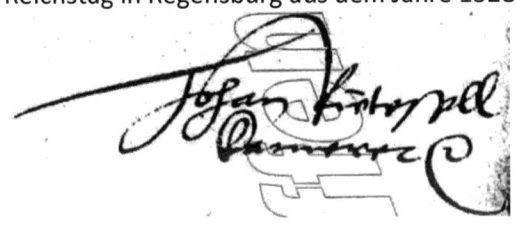

---

[62] „Johann VII. Riedesel, gest. 1550, Lauterbach", in: Grabdenkmäler <http://www.lagis-hessen.de/de/subjects/idrec/sn/gdm/id/1749> (Stand: 17.12.2009)

[63] Becker a.a.O. S.187.

[64] monasterium.net/mom/DE-HStAMa/UrkHersfeld/fond?block=54 (Stand 12.08.2017)

[65] ThStAM 4-10-102 GHA Sektion II Nr. 26

Eine adelige Familie von Heuchelheim (Nähe Gießen) bestand 1423, eine Namensform Eichelheim (oder Eichholtzheim) taucht aber als spätmittelalterliche Form nicht auf. Ihre Ladung von Bayern und Baden im März 1535 als Susanna von Eichelsheim (Eichholtzheimerin)[66] lässt jedoch offen, dass sie zweite Ehefrau des Kämmerers Riedesel wurde, nachdem die 1520 geheiratete Ottilie von Amsdorf-Scopa nach 1527, dem Geburtsjahr des Sohnes Ludwig gestorben war.

Der Hinweis in der Ladung der Susanna von Eichelsheim als *„Ehefrau des Johannes Riedesel zu Eisenbach"*, hindert nicht daran, sie als Ehefrau des Kämmerers Riedesel auf Neumark zu identifizieren, da der Neumarker Riedesel durch seine früheren Beziehungen zu den Riedesels zu Eisenbach schon früh aufgrund der Namensgleichheit und ähnlicher Geburts- und Sterbedaten mit dem hessischen Erbmarschall identifiziert wurde.

Ein weiterer Grund für die Annahme, dass Susanna die Frau des Kämmerers ist, besteht darin, dass der Kämmerer nach seiner Entlassung 1532 und dem Tod der Ottilie von Amsdorf-Scopa seine Ehefrau eher im Adel benachbarter Familien suchte. Da Besitz des Erbmarschalls Riedesel in Heuchelheim (u.U. zu Heichelheim< Eichelheim) in Hessen nicht bekannt ist, ist es möglich, dass die Susanna von Eichelsheim mit Heichelheim bei Weimar in Verbindung zu bringen ist, zumal ein Zweig der Adelsfamilie von Wurmb auf Heichelheim saß, im 16. Jahrhundert die Wurmbs auch den Namen des Ortes führten[67], die Riedesels von Neumark auch später Verbindungen mit den von Wurmbs eingingen.

---

[66]https://arcinsys.hessen.de/arcinsys/detailAction?detailid=v532494 (Stand 09.12.2018)
[67]https://archive.org/stream/...1/grossherzogthums00lehf_1_djvu.txt; auch Kronfeld, Constantin: Landeskunde des Großherzogthums Sachsen-Weimar-Eisenach Bd.2, Weimar 1879, S.141.

2.2 Die Söhne des Kämmerers

Johannes Riedesel auf Neumark, der erstgeborene Sohn des Kämmerers, wird 1521 geboren[68]. Zu seinem Leben liegen wenige Daten vor. Lediglich seine Jugend und Studium in Wittenberg, er ist 1536 unter *Ioannes Reittesel* in Wittenberg immatrikuliert[69], werden in Briefen Martin Luthers an den Vater Riedesel und in Briefen Melanchthons an Johannes selbst und an Justus Jonas beleuchtet.[70]

Zwei dieser erhaltenen Briefe Melanchthons ohne Datierung an Riedesel junior nach Neumark sind wohl in den Jahren (1534-1535) vor der bekannten Immatrikulation des jungen Riedesels 1536 in Wittenberg geschrieben worden.

Im ersten Brief[71] beschwert sich Melanchthon in liebenswürdiger Weise darüber, dass sich Riedesel jun. trotz Kenntnis durch seinen Vater ihm nicht schreibe. Pädagogisch geschickt verweist Melanchthon, bevor er auf die moralische Notwendigkeit, ihm als Freund zu schreiben, hinweist, auf die durch Briefeschreiben zu übende Stilistik: *„Es ziemt sich jedoch, dass Du der Stilübungen wegen auch aus menschlichen Gründen freiwillig an Freunde schreibst."*[72]

---

[68] Buttlar, Stammbuch der Althessischen Ritterschaft,Riedesel Tafel II, a.a.O., S.131.

[69] Förstemann, Karl Eduard: Album Academiae Vitebergensis, Leipzig 1841, S.160.
[http://digital.ub.uniduesseldorf.de/ihd/content/pageview/7811555?query =1535] (Stand 09.12.2018)

[70] vgl. dazu Kapitel Die Beziehungen des Kämmerers Johann Riedesel zur Familie Martin Luthers und zu Melanchthon.
(vgl. Briefe Luthers 1534 über Johannes)

[71] Melanchthons Briefwechsel (MBW) [HG. Heinz Scheible] Bd. 6. Texte 1395-1683 (1534-1535), Stuttgart 2005, Nr. 1519, S. 267.; weiter MBW

[72] a.a.O.

Gleichzeitig ermahnt er den jungen Riedesel, das Studium ernst zu nehmen, da ihm doch „das Lernen [...] zum Lob und Wegzierde gemacht [sei]".[73]

Im zweiten Brief an den jungen Riedesel[74], der der Aufforderung des ersten Briefes nachgekommen ist, bedankt sich Melanchthon, „dass [Riedesel] auf [s]eine Briefe so liebenswürdig geantwortet" habe. Melanchthon betont seine Geneigtheit gegenüber dem jungen Riedesel mit dem Verweis auf seine (Melanchthons) Verbundenheit dessen Vater gegenüber „wegen des einzigartigen Wohlwollens gegenüber dem hochgeachteten Manne, Deinem Vater, [...]" und verspricht dem jungen Riedesel, dass er, „wenn uns das Schicksal wieder einmal zusammenführen wird", , um „[s]einem durch ausgezeichnete Dienste an mir [Melanchthon] verdienten Vater Dankbarkeit zu erweisen", sich um den jungen Riedesel kümmern werde.

Der Brief endet mit der dem christlichen Pädagogen würdigen Ermahnung an Riedesel „Christus möge Dich bewahren und Deine Studien zu Deinem und dem des Staates Wohl lenken" und herzlichen Grüßen an die Mutter des jungen Riedesels.

Inwieweit Melanchthon bei Studienantritt des jungen Riedesel 1536 in Wittenberg sich diesem Versprechen gestellt hat, ist nicht belegt, kann jedoch aus der christlichen Grundhaltung des Reformators und seiner Haltung dem 1532 aus dem Dienst als Kämmerer entlassenen Vater gegenüber[75] im positiven Sinne vermutet werden.

Die Briefe Melanchthons an den zukünftigen Studenten in Wittenberg mit den darin auftauchenden Mahnungen zu einem intensiven Lernen/Briefeschreiben legen die Vermutung nahe, dass in der Vorbereitungszeit des jungen Riedesels auf das Studium dessen Lerneifer nicht übermäßig

---

[73] a.a.O. „Ad laudem et decus viam tibi doctrina factura est."
[74] MBW T6, Nr.1520, S.267.
[75] vgl. Kap.Entlassung Riedesels und Reaktionen

ausgeprägt war. Der junge Riedesel ist auch ein marginales Thema zweier Briefe Melanchthons an Justus Jonas in Naumburg.

Melanchthon berichtet in einem Brief vom 9. Juni 1536 aus Wittenberg dem Justus Jonas als Antwort auf einen Brief von diesem, dass er den Versuch missbillige, dem Schwager Jonas', Johannes Freder, Johannes Riedesel d. J als Schüler zu nehmen. In einem zweiten, vermutlich am 10. Juni verschickten Brief versichert Melanchthon Justus Jonas, dass der Sohn Johann Riedesels seinen Studienplan „gemäß der Anweisung" seines Vaters nicht ohne Zustimmung von Jonas ändern und keinen anderen als den Schwager Jonas' zum Präzeptor haben wolle.[76]

Wenn auch keine weiteren Belege darüber vorhanden sind, wirft eine Bemerkung Luthers im Februar 1532 zu Riedesel bei einem in den Tischgesprächen erhaltenen Gespräch beider während eines Essens im Haus Riedesels in Torgau zu Erziehungsfragen[77] ein Licht auf die Befindlichkeiten zwischen dem Kämmerer und seinem in Neumark sich aufhaltendem Sohn.

Das im Allgemeinen darüber geführte Gespräch, *„das die schelckh so gute tag haben und got ihn so viel guts thut und den frommen so übel geht"*, was Luther nicht zu lösen vermag, lässt ihn, sich an Riedesel wendend[78]), als Erklärung einen Vergleich zu dessen Erziehung finden: *„Ir steupt eurn son mehr den[n] den knecht, quia [da] ir gedenckht im heredidatem [Erbe] zu lassen, und je lieber kind, je grosser rutte. Der knecht aber muss aus dem haus, drumb lasst ir in*

---

[76] Melanchthons Briefwechsel (Hg.Heinz Scheible), Regesten Bd.9, Addenda und Konkordanzen, Stuttgart-Bad Cannstatt 1998, 1753, S.298.
[77] WA Tischreden Bd.2, Nr. 1801 S.218/219; über das Gespräch Luther an seine Käthe vom 27. Februar 1532 in: Wette, Wilhelm Martin Leberecht de: Briefe, Sendschreiben und Bedenken Bd.4, Berlin 1827, S.341-343.
[78] im Text *„inquit ad Io.D. Rutickh"*: zu lesen Johannes Riedtesel, a.a.O., S. 219 Anm. 8

gehen; wenn er gleich zu uiel thut, gedenckht, er wirts nicht lang treiben."[79] Mit dem Verweis Luthers auf das Schicksal Johannes des Täufers, *„der so jemmerlich sterben"* musste, und dem Trost, dass *„es* [...] *aber dort* [im Himmel] *pesser werden* [*wirt*]" endet der Gesprächsbeitrag Luthers.

Die im Vergleich Luthers vorgestellte Erziehung, den eigenen Sohn als Erbe durch Schläge (steupen) härter zu strafen als den aus dem Hause gehenden Knecht, ist als Erziehungsideal sowohl Luthers als auch Riedesels im Einzelnen nicht belegbar, jedoch als Erziehungspraxis vorstellbar.

Johannes Riedesel heiratet Catharina Vitzthum von Apolda und stirbt am 20. Juni 1553 in Neumark[80]. Das Geburtsdatum lässt auf seine Kindschaft aus der 1520 vollzogenen Ehe Riedesels mit der Ottilie von Amsdorf-Scopa schließen. Die Anmerkung Buttlars hinsichtlich Johannes *„verzichtet auf alles und erhält Neumark"* kann sich nur auf die Zeit nach 1542/1543 beziehen, da Riedesel, der 1543 stirbt, erst 1542 mit Neumark belehnt wird. Ebenso wird die Rolle des Bruders des Johannes, Ludwig, außer Acht gelassen, denn beide sind Gerichtsherren auf Neumark.

Ludwig Riedesel auf Neumark wird 1527 geboren und stirbt am 21. Januar 1575 in Neumark. Er ist mit Sabine Marschall von Herrengosserstedt verheiratet und Urgroßvater des letzten in Neumark als Gerichtsherr sitzenden Nachfahren, des Hofrichters in Jena, Hans Heinrich Riedesel (14. Juli 1621- 11. Dez. 1682). Ludwig Rietesel besitzt 1567 den Reinhardsbrunnenhof an der Gera am Rossmarkt in Erfurt *„an der Stadt-Mauer gelegen"*, der, ehemals dem Kloster Oldisleben gehörend, 1558 dem Georg Vitzthum von Eckstedt übertragen [*conferiret*] worden war.[81]

---

[79] a.a.O., S.219.

[80] a.a.O.

[81] Gleichenstein, Hans Basilius Edler von: Stammregister des Adels Sachsen-Gotha. Stammregister derer von Riethesel, Gotha (Tabulae genealogicae,

Zu Ludwig Riedesel als Amtmann und Gerichtsherr in Neumark liegen aufgrund im 30 jährigen Krieg verlustig gegangener Unterlagen keine weiteren Nachrichten vor. Wie gewöhnlich in Quellen/Dokumenten des ausgehenden Mittelalters finden sich auch zu Riedesel keine über das Allgemeine hinausgehende Aussagen zur Erziehung innerhalb der Familie. Neben der im Brief Luthers vom 14. März 1534 Sorge um den in Wittenberg im Hause Luthers an Masern erkrankten Sohn Riedesels ist lediglich die oben zitierte Bemerkung der Tischgespräche Luthers[82] zwischen dem 30. August und 20. September 1532 im weitesten Sinne für Erziehungsmethoden im Hause Riedesels heranzuziehen.

Im Zusammenhang mit der Erörterung des Problems, „warum die schelckh [Schälke] so gute tag[e] haben und Gott i[h]n[en] so vil guts thut und den frommen so u[e]bel geht", das Luther nicht lösen kann, und seine Anmerkung zu Riedesel, dass dieser seinen Sohn wohl mehr schlage als seinen Knecht, da der Sohn Erbe sei, der Knecht aber das Haus verlasse,d.h. je lieber man den Sohn habe, desto strenger ist die körperliche Züchtigung, dient Luther zwar eher der Illustration der nicht zu verstehenden Behandlung von guten und schlechten Menschen durch Gott, lässt aber durchaus den Schluss auf Erziehungspraxis Riedesels in Neumark zu.

---

oder Derer von Adel Des Fürstenthums Sachsen-Gotha, stemmatographia alphabetica) Franckfurth am Mayn-Leipzig 1716, S.146.
[82] WA Tischreden Bd.2, Nr. 1801, S. 218-219.

2.3 Die Töchter des Kämmerers

Catharina Riedesel, 1523 in Neumark geboren, heiratet Heinrich X. Burggraf zu Dohna (gest. 1563[83]), stirbt am 20. Juni 1585 im Alter von 62 Jahren und wird in Massel begraben.[84]
Die wohl nicht zuletzt durch die Erziehung ihres Vaters und dessen Einfluss als „ernstreligiös"[85] (lutherisch) bezeichnete Catharina Riedesel und ihr Sohn Otto „[erbauten] *1592 mit grossen Unkosten die Kirche zu Massel [...] und versahen auch durch ansehnliche Stifftung Kirch- und Schuldiener mit nöthigem Unterhalt.*"[86]
Mit dem Datum der Errichtung der Kirche zu Massel durch Catharina und ihren Sohn gerät Sinapius mit seinen in einem anderen Werk genannten Daten[87] in Widerspruch: Die 1585 gestorbene Catharina kann schwerlich 1592 bei der Errichtung der Kirche in Massel zusammen mit ihrem Sohn gewirkt haben. Der Widerspruch lässt sich erklären, wenn die Mitwirkung Catharinas sich auf das dem Sohn hinterlassene Erbe bezieht, der „*per donationem Matris & Materter[r]ae*

---

83   https://gedbas.genealogy.net/person/show/1181590635   (Stand 09.12.2018)
[84] Catharina Riedesel wird bei Dirk Peters unter Hinweis auf Europäische Stammtafeln Neue Folge Bd. XIX. Zwischen Weser und Oder, 118. falsch als eine Riedesel zu Eisenbach genannt. (https://gedbas.genealogy.net/person/database/51371?begin=&offset=217 200...)
[85] Dohna, Siegmar Graf zu: Die Donins: Aufzeichnungen über die erloschenen Linien der Familie Dohna. (als Manuscript gedruckt) Berlin 1876, S.151.
[86] Sinapius, Johannes: Olsnographia oder eigentliche Beschreibung des Oelßnischen Fürstenthums in Niederschlesien. Leipzig-Franckfurt 1707, S.478.
[87] Sinapius, Johannes: Des Schlesischen Anderer Theil oder Fortsetzung Schlesischer Curiositäten. Leipzig- Breslau 1728, S.64-65.

[durch Schenkung der Mutter und deren Ländereien]"[88] die Güter Massel, Peterwitz und Zauche bekommt. Um den Weg der Catharina Riedesel nach Massel nachvollziehen zu können, ist es notwendig, auf den in Niederschlesien sitzenden Zweig der Burggrafen zu Dohna einzugehen.[89]

Der Vater Heinrichs X., Caspar, mit Lehnsbesitz der Dohna'schen Linie in Kraschen und bis zur Geburt seiner Söhne allein mit den Kraschenschen Besitzungen belehnt, hatte die Tochter seines Vetters Heinrich VII von Tschirnau, Rosina, geheiratet. Als Heinrich VII. die Güter von Tschirnau für 12.000 Schock an einen von Kottwitz veräußert hatte und sein Sohn Heinrich VIII 1552 bei einem Handgemenge in Breslau ums Leben gekommen war, setzte er den Sohn seines Vetters und Gatten der Catharina Riedesel, Heinrich X. als Erbe ein. Das Gut Massel bei Trebnitz ging neben anderem Lehnsbesitz, welches Heinrich VII. 1549 von Verwandten mütterlicherseits geerbt hatte, ebenfalls in den Besitz Heinrichs X. über.

Sybilla Riedesel, wohl zwischen 1524 und 1526[90] in Neumark geboren, heiratet den Bruder Heinrichs X., Valentin Burggraf zu Dohna mit Sitz auf Golendorf (auch Gollendorf) in Schlesien, heute polnisch Golina.[91]

Die Beschreibung Zimmermanns[92] von Gollendorf aus dem Jahre 1784 „1 ¾ Meile von Ottmachau, bestehet aus 1 herrschaftlichen Vorwerk, 6 ganzen Bauern; 8 Gärten, 5 Häuslern, 1 Hirten und 97 Einwohnern; gehört dem Herrn

---

[88] Sinapius, a.a.O.

[89] vgl. im Folgenden Dohna, a.a.O., S.145 ff.

[90] vgl. Butlar, a.a.O.

[91] a.a.O.; Dohna a.a.O., S. 145-146.

[92] Zimmermann, Friedrich Albert: Beiträge zur Beschreibung von Schlesien Bd. 3., Brieg 1784, S.382.

Grafen von Schafgotsch" legt die Vermutung nahe, dass der Besitz zu Zeiten des Valentin Burggraf zu Dohna in ähnlicher Größe bestand. Valentin besitzt bis zum 15.04.1569 noch Heinzendorf (1350 Hennigsdorf, 1945 polnisch Witoszyce) im Amtsbezirk Kraschen.[93]

Valentin (Valten) Burggraf zu Dohna), mit *„ungestüme*[m] *Charakter"*[94], befindet sich mit den Eltern seiner Frau Sibylle, d.h. dem Kämmerer, im Streit um die Mitgift seiner Frau, so dass sich dessen Söhne, Johannes und Ludwig, dieser Irrungen wegen an die Landesherren, die Landgrafen von Thüringen Johann Friedrich II (den Mittleren) (1529-1595) und Johann Friedrich III (den Jüngeren) (1538-1565), und ihren Bruder Johann Wilhelm von Sachsen (1530-1573) wenden. *„[N]achdem sich zwischen dem Edlen unserm lieben besondern Valten Burggrafen und hern von Dohna in ehlicher Vormundschafft seyne hausfrauen Sibilla an eynem und unsern liebenn getreuem Hansen und Ludwigen Ritteseln gebrudern zum Neuemarkt, als Iren brudern am andern theyl Irrungen zugetragen [...]*[95] lautet die Entscheidung der Landesherren, dass dem Valentin Dohna für die laut Vertrag nach dem Tod des Vaters schon als Mitgift gezahlte Summe von 1.500 Gulden die Brüder *„Ihme [wollen] auch ausz sonderlich freuntlichen willen und keyner pflicht [...]*[96] 100 Gulden zahlen. Der den Parteien zugestellte Brief trägt das Datum Mittwoch nach Peter und Paul 1556.

Um das Dohnasche Erbe gegen irgendwelche anderweitigen Forderungen, auch die der Neumarker Riedesel, im Fall ihres Todes ohne männliche Erben in der Familie zu halten, sichern sich der Sohn der Catharina Riedesel, Otto, und sein Bruder

---

[93] dirk.steindorf-sabath.eu/d-heinzendorf.html (Stand 09.12.2018)
[94] Dohna, a.a.O. S.151, auch im Folgenden
[95] a.a.O.
[96] a.a.O.; als Korrektur im Text

Botto, Burggraf und Herr auf Dohna, zur Zeit der Abfassung auf Langenbrücken, am 10. September 1582 in einem gemeinsamen Testament wohl im Hinblick auf diesen Streit mit den Riedeseln in Neumark ab und verfügen im Interesse der Mutter: [...] *soferne unsere liebe frau Mutter, frau Katharina geborne Ritteselin vom Neumargkt Inn Dühringen einen todesfahl ohne Menliche Leibeserben unter uns Prüdernn, welchers auch wehre, erlebete, so soll ihr aus der vorstorbenen vorlassenschaft uber all ihr Leibgedingk und vorigen Zustandt Eintausent thaler, [...] In Jaresfriest nach desselben absterben unvorzüglich volgen unnd gegeben werden. Wo sie aber denn fahl nicht erlebette, soll von ihrentwegen niemand, wer der sey, aus unserer Vorlassenschaft was zufordernn berechtigt sein, noch wo gehöret werden. [...]*[97]

---

[97] Dohna, a.a.O., S. 323.

2.4 Die Familie des Kämmerers Johann Riedesel zu Neumark tabellarisch

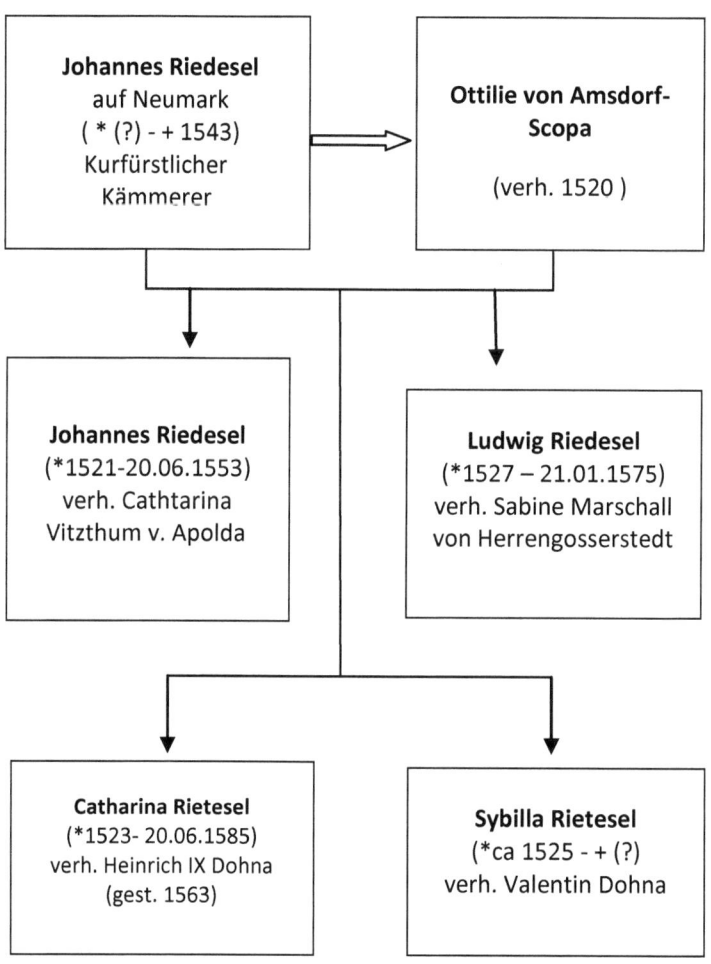

3 Zur Biographie des Kämmerers

Epitaph Johann Riedesels in der Kirche zu Neumark

Das im Kirchenschiff der Kirche Neumarks vorhandene Epitaph mit seiner Umschrift *„A[nno] 1543 4. Ianuarii ist der gestreng un[d] ehrenvest Iohann Rietesel von Nawmarck senfticklich im Herrn entschlaff[en]"*[98] ist die bislang einzige bekannte Darstellung des Kämmerers Johannes Riedesel zu Neumark.

Der an der Nordseite des Kirchenschiffs in der Nähe der Kanzel befindliche Grabstein ist nach Lehfeldt[99] in der Ausführung der Gestalt „etwas ungelenk" und „mit zu großem Kopf", jedoch „individuell [...] und sehr liebevoll" als Werk im Übergang von der Gotik zur Renaissance gestaltet.

Das Wappen zu Füßen ist sehr sorgfältig ausgeführt und weist zusammen mit der Namensform, die Riedesel selbst in Unterschriften verwendet (Rietesel), auf die Bestrebung hin, die Eigenständigkeit der Riedesels zu Neumark zu betonen.

Unverzichtbar für den Auftraggeber (Sohn Ludwig oder Johannes) ist der Bezug im viergeteilten Wappenschild auf den Esel im Wappen der Riedesels zu Eisenbach, der jedoch zur Identifikation des ehemaligen Sekretärs der Riedesels zu Eisenbach und gleichzeitigen Unterscheidung zu diesen nicht aus Eselskopf mit drei Blättern im Maul besteht, sondern aus einem aufrecht stehenden halben Esel, der im Unterschied zu einem Pferd an seinen langen Ohren zu erkennen ist, sowohl im Wappenschild als auch in der Helmzier.

---

[98] Er war Johann Friedrich I. des großmüthigen Churfürsten zu Sachsen Kämmerer, Patronats- und Gerichtsherr in Neumark. Taufpate von D. Martin Luthers Sohn

[99] Lehfeldt, Paul: Bau- und Kunstdenkmäler Thüringens. Heft XVIII, Großherzogthum Sachsen-Weimar-Eisenach. Amtsgerichtsbezirk Weimar, Jena 1893, S. 280.

Der Verzicht auf die drei Blätter im Maul des Esels der Eisenbacher Riedesel zur Unterscheidung von anderen, den Esel als Wappentier verwendenden Geschlechtern (Helldorf, Riedheim, Racknitz, Reichenbach u.s.w[100]) hindert die Riedesels zu Neumark nicht, den Esel ebenfalls als Wappentier zu verwenden, da dieser in der mittelalterlichen Symbolik nicht den Geruch eines Bastards an sich trägt, sondern neben seinen Eigenschaften *Weisheit, Geduld,*

---

[100] J. Siebmacher's grosses und allgemeines Wappenbuch, Einleitungsband, Abteilung B: Grundsätze der Wappenkunst verbunden mit einem Handbuch der heraldischen Terminologie (Maximilian Gritzner). Nürnberg 1889, S. 85.

Genügsamkeit, Fleiss, Stärke[101] auch durch biblische und historische Bezüge geadelt ist[102]:

Der Besitz von Eseln deutet auf Reichtum (Hiob) und der vornehmste Minister Davids ist der Oberstallmeister über Esel. Jüdische Könige reiten auf Eseln, weil ihnen Gott Pferde verboten hatte. Somit ist Jesus der wahre König Israels, wenn er auf einem Esel in Jerusalem einzieht. Im Alten Testament werden alle Tiere zum Opfer bei Erstgeburten bestimmt außer Mensch und Esel, wobei der Mensch durch Geld und der Esel durch ein Schaf gelöst werden konnten.

Die römische Adelsfamilie der *Asinarii* verweist mit ihrem Namen auf Vornehmheit, ebenso im Juni die Opferung von Eseln in Rom.

Die im Wappenschild diagonal auftretenden drei Querbalken stehen symbolisch für Verbundenheit, Stütze, Kraft oder starken Charakter.

Die Gestaltung des Wappens der Neumarker Riedesel sollte durch den Gründer dieser Bastardlinie des hessischen Geschlechts geschehen sein. Auffallend ist die Ähnlichkeit des Esels mit dem des im Wappen des schwäbischen Geschlechts derer von Riedheim (Riethheim).[103]

---

[101] 1. Moses 49,14: [der Stamm] *Issachar wird ein knochiger Esel sein und sich lagern zwischen den Sattelkörben* in: https://www.bibleserver.com/text/LUT/1.Mose49 (Stand 10.07.2017)

[102] vgl. im Folgenden Oetter, Samuel Willhelm: Historische Nachrichten von dem Hause und Wappenbild der Herren Riedesel Freyherren von und zu Eisenbach. Tübingen 1778

[103] http://www.wappenbuch.de/pages/wappen_115_Siebmacher.htm; Die Riedheims (1312 Erwähnung eines Bertold der Riedhaimer), ursprünglich Ministerialen der Herren von Graisbach, erwerben 1567 das Schloss Harthausen bei Rettenbach, das sich bis heute im Familienbesitz befindet. Vgl. auch. Kraus, Andreas (HG): Handbuch der bayerischen Geschichte. Bd.3, Zweiter Teilband, München 2001 (3.Auflage), S.401 ff.

Die Ohren weisen das Riedheimische Wappentier eindeutig als Esel aus, während die Stellung des Körpers eher an die eines Pferdes erinnert.

Es ist zu vermuten, dass der Esel der schwäbischen von Riedheims dem Gestalter des Wappens der Neumarker Riedesel als Vorlage diente, wobei die Ohren des Neumarker Esels überaus lang ausgefallen sind und aus Gründen der Unterscheidung zum Riedheimischen Esel oder aus Platzgründen der Unterteilung des Schildes angelegt sind.

Das Weglassen der drei Riedgrasblätter des Eselskopfes der Riedesel zu Eisenbach, die eindeutig auf die Bestimmung des Riedgras essenden Esels hinweisen, und die aufbäumende Haltung des Esels der Neumarker Riedesels lassen eine alternative Deutung des Bestimmungswortes – Ried- zu, wie auch Becker[104] glaubt, dass es aus "reiten" abgeleitet werden kann, da auch Esel im mittelalterlichen Krieg als Reittiere benutzt wurden.

In die Nähe dieser Interpretation ist u.U. auch eine Formulierung eines Briefes des Justus Jonas an Johannes von

---

[104] Becker, Eduard Edwin: Vom Tode Hermanns III. Riedesel 1501 bis zum Tod Konrads II. 1593, Offenbach/Main 1927

Dolzig vom 04. Januar 1526[105] zu rücken, in der Jonas Dolzig bittet, *„dem hern Grefendorf camerer und dem hern secretario Reydysel"* ein Büchlein überreichen zu lassen. Dieser wohl aus Unkenntnis des genauen Namen Riedesels herrührenden Umstellung von –Ried (Gras)- zu –Reyd/Reit-bei Jonas entspricht eine sicher dem Scherzvermögen Luthers entspringende, wenn er Riedesel latinisiert als *„Iste Eques asinus"* *(dieser Reitesel)* bezeichnet

In ähnlicher Weise ist die Anrede Melanchthons in seinem Trostbrief von 1533 an den *„gestrengen, ehrnvesten Johann Rittesel zum Neumark"[106]* zu sehen. Ist man bei Luther geneigt, an eine ironische Umdeutung des Namens zu denken, ist bei dem eher nicht zum Sarkasmus neigenden Melanchthon eine solche Verwendung nicht zu vermuten, so dass bei beiden Reformatoren sogar an eine bewusste Verwendung von –Reit- anstatt –Ried- vorliegt.

Im Zusammenhang der Beschäftigung mit der Bedeutung des Namens für die Zeitgenossen Riedesels sollte auf einen, 1933 in den *Blättern für Thüringische Geschichte und Heimatgeschehen* veröffentlichten Beitrag mit einer abstrusen, der Ideologie des Nationalsozialismus verpflichteten Deutung des Namens Riedesel hingewiesen werden, von dessen Inhalt und der Methode sich die Schriftleitung der Blätter distanzierte.[107]

---

[105] Kawerau, Gustav: Der Briefwechsel des Justus Jonas. Bd.I, Halle 1884, S.98.; im Folgenden Briefwechsel
[106] MBW.T 5; Nr. 1391, S.527.
[107] Wunderlich, Hugo: Namen und Wappen der Thüringer Adelsfamilie „von Riedesel". In: Rund um den Friedenstein, Blätter für Thüringische Geschichte und Heimatgeschehen VIII, hrsg. vom Gothaischen Tageblatt, Gotha 1933

Die Etymologie der Namensbestandteile Ried und Esel[108] ergänzt der Autor, Lehrer und nach 1933 zum Rektor eines Erfurter Gymnasiums aufgestiegen, mit dem Hinweis auf „einen tiefen kultischen Sinn" von Name und Wappen der Thüringer Adelsfamilie, wobei ihm entgangen ist, dass die Riedesels ursprünglich Angehörige einer hessischen Familie sind.

Um auf einen germanischen Ursprung des Familiennamens zu kommen, zerlegt Wunderlich die Bestandteile des Namens in „Ursilben": Ried habe den Sinn der Ursilbe „rit" oder„rita" (Gesetz), verwendet in „ararita" (Sonnenkultgesetz der Germanen); Esel zerstückelt er über den Umweg (mit korrektem Hinweis auf die Entlehnung aus dem lateinischen „asinus") durch Umlautung in „asilus" und die Bestandteile „As" („Es") mit der Bedeutung Ase (germanische Gottheit) und „al" oder „il" (= li) in der Bedeutung Licht. Als Schlussfolgerung formuliert der Autor, dass „der Name Esel [...] demnach die sinnbildliche Bezeichnung des Asenlichts, des Gotteslichts oder der Sonne" sei und versteigert sich nach weiteren Ausführungen zur Behauptung, der Name Riedesel kennzeichne ein „Adelsgeschlecht, dessen männliche Vertreter Adelspriester von hohem Ansehen waren".

---

[108] Esel: germ.asiluz, ahd. esil (9.Jh.), aus dem Lateinischen *asinus* oder *asellus* entlehnt, durch thrakisch-illyrische Vermittlung aus kleinsiatischer Sprache am Schwarzen Meer; Ried: ahd *(h)riot* (9.Jh.), mhd *riet,* u.U. aus litauisch *kruteti* (sich bewegen), das sich Bewegende, Schwingende; in: Etymologische Wörterbuch des Deutschen A-G-, Bd.1, Q-Z, Bd. 3, Berlin 1989

3.1 Aus Johann Amsdorfer gen. Riedesel wird Johann Riedesel zu Neumark

Nach Gundlach[109] existieren drei Personen mit dem Namen Riedesel am kursächsischen Hof: der Kämmerer, ein Sekretär Johann Amsdorfer gen. Riedesel und ein weiterer Sekretär namens Riedesel. Da Nachrichten sowohl über den Kämmerer Riedesel zu Neumark als auch über einen Sekretär Riedesel nicht mehr nach 1543, dem Sterbejahr des Kämmerers in Neumark, erscheinen und von 1532-1550 kein weiterer Riedesel in den Quellen namentlich mehr auftaucht außer dem Kämmerer zu Neumark, liegt die Vermutung nahe, dass eine Identifizierung eines der beiden bei Gundlach benannten, aus Hessen stammenden Sekretäre mit dem Kämmerer Riedesel zu Neumark wahrscheinlich ist.

Ohne eine Verbindung zur vita eines der beiden Sekretäre herzustellen, lässt sich auch erklären, dass die Ausführungen Gundlachs zu Johannes Riedesel zu Neumark (vgl.unten) sich in dessen Wirken als kursächsischem Kämmerer und als hessischem *„bestellte*[n] *Diener von Haus aus"* [110] erschöpfen.

3.2 Schreiber und Sekretär in Hessen als Amsdorfer gen. Riedesel

1508 ist Riedesel Schreiber der Riedesel zu Eisenbach mit Sitz auf der Burg der Riedesel circa drei Kilometer südlich von Lauterbach im Vogelsbergkreis. 1432 werden die Riedesel zu Eisenbach landgräflich hessische Erbmarschälle. Aufgrund seiner Fähigkeiten und vermutlich der bestehenden Beziehungen der Riedesel zu Eisenbach zur landgräflichen Familie wird Riedesel 1510 hessischer Kanzleischreiber. Im Dezember des gleichen Jahres bezahlt er als Sekretär des

---

[109] Gundlach, Die hessischen Zentralbehörden, S.208/210.
[110] a.a.O., S.210.

hessischen Landgrafen der Priorin Margrieta von Treisbach, geborene Mechthild, Landgräfin von Hessen, und dem Konvent des Klosters Weißenstein den vom gestorbenen Landgrafen Wilhelm II. (1469-1509) dem Kloster aus dem Stadtzoll verschriebenen Zins für ein halbes Jahr in Höhe von 25 Gulden.[111]

Als Sekretär Johann Amsdorfer gen. Riedesel zeichnet er unter der Landesherrschaft Wilhelms II. von Hessen und in den Jahren nach dessen Tod: 1511, 1512, 1513 und 1514[112]

Von Mai 1512 bis zum 11. März 1514 zeichnet er als Sekretär des hessischen Landhofmeisters Ludwig von Boyneburg[113]

3.3 Aus hessischen in kursächsische Dienste

1514 wird das entscheidende Jahr im Zusammenhang mit dem oben erwähnten hessischen Vormundschaftsstreit nach dem Tod des Landgrafen Wilhelm 1509[114] für den Sekretär Boyneburgs hinsichtlich seines zukünftigen Aufstiegs am Hof der sächsischen Kurfürsten.

Die nach den Erbverbrüderungsverträgen zwischen Hessen und Sachsen den sächsischen Kurfürsten zustehende Regentschaft für den unmündigen Philipp wird ernsthaft von einer sich um die Mutter Philipps Anna entstehende Partei angezweifelt. Nach dem Landtag in Kassel Ende 1514, zu dem

---

[111] Klosterarchive: Regesten und Urkunden. Bd. 2 Klöster, Stifter und Hospitäler der Stadt Kassel und Kloster Weißenstein. Bearbeitet von Johannes Schultze, Marburg 1913, S. 599; auch Rommel, Christoph von: Geschichte von Hessen Bd. 4, Dritter Teil, Zweite Abteilung, Cassel 1830, S.147.

[112] Landgrafen-Regesten online Nr. 6169 <http://www.lagis-hessen.de/de/subjects/idrec/sn/lgr/id/6169> (Stand: 16.4.2013)

[113] Ludwig von Boyneburg (* 1466, † 1537) Geheimer Rat, Land-Hofmeister und Regent für den unmündigen Landgrafen Philipp 1509-1514

[114] S.14 ff

Herzog Johann im Auftrag des Bruders Friedrich angereist war und der eine Beilegung des Streits als Auftrag hatte, kündigen die hessischen Landstände den Wettinern die Vormundschaft auf und verbünden sich mit der Landgrafenmutter Anna. Der Landhofmeister Boyneburg wird gestürzt, Johann verlässt Kassel und Anna zieht am 31. März unter der Drohung, die Gegner zu bestrafen, in Kassel ein. Riedesel, der sich in seinem Brief vom 07. Februar 1514 an Friedrich den Weisen zur landständisch-ernestinischen Partei bekannt hatte und dessen Dienstherr Boyneburg gestürzt war, befürchtet Vergeltungsmaßnahmen und verläßt ebenfalls Hessen, um in sächsische Dienste zu treten.[115]

Gleichwohl bleibt die Verbindung des ehemaligen landgräflichen Sekretärs Riedesel nach Hessen bestehen und wird sogar nach der Erklärung der Mündigkeit des Landgrafen Philipp 1518 und der Erneuerung der wettinisch-hessischen Erbverbrüderung am 03. Mai 1520 durch eine ihm vom Rat, Amtmann und Hauptmann von Weimar Friedrich von Thun[116] überbrachte Dienstverpflichtung des hessischen Landgrafen am 04. Juli 1521 gefestigt. Diese Dienstverpflichtung ist mit einem lebenslangen Dienstgeld von 12 Gulden und einem Lehngut verbunden. Das Dienstgeld erhält Riedesel wahrscheinlich bis zu seinem Tod 1543, ein Lehngut Riedesels in Hessen wird in der Literatur nicht mehr erwähnt.[117]

Riedesel verpflichtet sich gegenüber dem Landgrafen ein treuer Diener zu sein und vor Gefahren zu warnen, wird aber seinem ernestinischen Dienstherren gegenüber von dieser Verpflichtung entbunden. Es ist nicht gewagt zu behaupten, dass Philipp mit diesem Schritt sich einen Informanten am

---

[115] vgl. auch Müller, Ernst: Die Entlassung des ernestinischen Kämmerers Johann Riedesel und die Auflösung des Wittenberger Heiligtums. In: Archiv für Reformationsgeschichte 80/1989, S. 219-220.

[116] auch Thüna, Thune, * um 1450, † Anfang 1535

[117] vgl. Müller, Entlassung, a.a.O., S. 221.

Hofe des Bruders des Kurfürsten verpflichtete, um Kenntnisse über Absichten der Ernestiner hinsichtlich der Einführung /Geneigtheit reformatorischer Ideen Luthers in Weimar zu erlangen.

Die im Dezember 1929 erfolgte Übersendung von Schriften des Dr. Justus Jonas an den Landgrafen durch Riedesel gehört in diesen Zusammenhang.

Abgesehen vom "Fall" Riedesel veranlasst der u. U. vermehrt zu beobachtende Wechsel von in hessischen Diensten stehendem Personal in den Dienst anderer Herrschaften Landgraf Philipp im August 1529[118] der Grund, ein Verbot für seine Untertanen, außerhalb des Landes Dienste zu nehmen, auszusprechen.

Die Dienstverpflichtung Riedesels durch den Landgrafen von Hessen wird im Zusammenhang mit der Entlassung Riedesels 1532 als Argument seiner Gegner am kurfürstlichen Hof benutzt und eine Rolle spielen.

Es ist sicher nicht gewagt zu behaupten, dass die Vertrauensrolle, die Riedesel bei Johann in späteren Jahren einnimmt, ihren Ursprung im zu vermutenden Kennenlernen beider beim Aufenthalt Johanns zur Beilegung der Wirren um die Vormundschaft für Philipp in Hessen hat. Der Entschluss des sich der sächsischen Position verpflichteten Sekretärs Boyneburgs Riedesel nach Absetzung Boyneburgs durch die hessischen Stände Hessen zu verlassen dürfte zusätzlich Riedesels späteren Gönner Johann beeindruckt haben.

3.4 Der Aufstieg

Seit 1514 ist Riedesel in ernestinischen Diensten bei Johann in Weimar, der, wie später auch sein Sohn Johann Friedrich, frühzeitig Anhänger Luthers geworden war.

---

[118] Hessisches Staatsarchiv Marburg: Akten des Landgrafen Philipp: (Mai 1529 - März 1530) Signatur HStAM 3 Nr.2544

Im Oktober 1514 ist Riedesel „mit 10 Gulden und anderen Zuwendungen"[119] zum Einrosser[120] und Sekretär geworden, bekommt ab 22. November 1518 neben Dienstgeld als fürstlicher Diener eine Zulage von 25 Gulden, bis er ein Gnadenlehen von 500 Gulden bekommt. Diese Zulage soll nach Beendigung des Dienstverhältnisses in ein lebenslanges Gnadengeld von 15 Gulden umgewandelt werden. Im Gegenzug für all diese Gnadenbeweise beeidet Riedesel, alle ihm aufgetragenen Dienste korrekt auszuführen und sie geheimzuhalten.

Schon als Sekretär in Weimar nimmt Riedesel oft Aufenthalt am Hofe des Kurfürsten (Friedrich der Weise) in Torgau, dessen Bruder Johann in Weimar residiert.

Nach dem Tod Friedrichs des Weisen ist Riedesel auch beim Bruder Johann Kammersekretär, erhält 1523 ein von allen Steuern befreites, dem Schloss in Weimar gegenüber liegendes Haus und wird 1528 Kämmerer.[121]

Johann Amsdorfer gen. Riedesel hat schon 1522, noch Sekretär, einen solchen Einfluss am Hof, dass sich Luther an ihn als „fürstlichen Direktor" wendet[122]. Das Hofamt eines „fürstlichen Direktors" existiert nicht; die Bitte Luthers - sei es auch eine psychologisch geschickte Erhöhung des Sekretärs – um dessen Einsatz für Wolfgang Stein zeigt jedoch, dass Luther um die Möglichkeiten der Person Riedesels weiß und sich bei ähnlichen Gelegenheiten immer an die eine Person wendet, sei sie noch Sekretär oder zu einem späteren Zeitpunkt Kämmerer.

---

[119] Müller, Die Entlassung, a.a.O., S. 220.
[120] unterste Kategorie der Berittenen am Hof (auch Einspänner) mit Anspruch auf Unterhalt eines einzigen Pferdes im herrscherl. Marstall
[121] a.a.O., S. 222.
[122] WA Br. 2, Nr.525

Schlüssig erscheint deshalb die Vermutung Müllers[123], der in Johannes Riedesel zu Neumark einen Riedeselschen Bastard sieht, dass dieser in der Folge, so kann vermutet werden, aus dem Namen Johann Amsdorfer gen. Riedesel durch Weglassen der Bezeichnung *Amsdorfer* den Namen Riedesel seiner ehemaligen Herrschaft als nomen gentile übernimmt.

Einer Beschreibung des Aufstiegs eines Johann Riedesels zu Neumark zum kursächsischen Kämmerer am Hofe Johanns dient nicht nur die oben unternommene Differenzierung hinsichtlich der Personen des Kämmerers und des hessischen Erbmarschalls sondern auch eine Klärung zu weiteren in der Literatur benannten Riedesels mit dem Vornamen Johannes. Hierunter fällt besonders die Darstellung bei Gundlach[124] zu dem in hessischen und sächsischen Diensten stehenden Personenbestand.

Unter Johann Riedesel zu Neumark wird dessen Stellung als kursächsischem Kämmerer und hessischem bestellten Diener von Haus aus korrekt angegeben: Am 24 Mai 1520[125] und am 04. Juni 1521[126] werden dem Johann Amsdorfer gen. Riedesel, zu dieser Zeit schon kursächsischer Sekretär, ein lebenslanges jährliches Dienstgeld von 12 Gulden verschrieben. Hinsichtlich der Daten zur Dauer des Bezugs von Dienstgeld durch den hessischen Landgrafen, bei Ende[127] von 1536 bis 1550 (hier aber mit Fragezeichen) angegeben, wird bei beiden Autoren auf falsche Daten bei Buttlar[128] Bezug genommen: das Todesdatum des hessischen Erbmarschalls 1550, während der kursächsische Kämmerer 1543 in Neumark stirbt.

---

[123] Müller, Entlassung, S.220, Anm.16

[124] a.a.O.

[125] a.a.O Anm. 10: Kopialbuch Hessen 1

[126] a.a.O Anm. 11: Landgraf Philipps Dienerbuch Bd.I Blatt 121

[127] Ende, S.353.

[128] Althessische Ritterschaft Tafel II

Die Karriere eines Johann Amsdorfer genannt Riedesel, eines Bürgerlichen oder Bastards der Riedesel zu Eisenbach, stellt Gundlach unter Angabe von Daten und Quellen als Riedeselscher Schreiber 1508 und Sekretär in Hessen bis zu dessen Auftauchen in sächsischen Diensten korrekt dar. Die Angabe zur erstmaligen Nennung des hessischen Sekretärs in sächsischen Diensten mit 1517 unter Bezug auf das Gemeinschaftliche hennebergische Archiv in Meiningen[129] ist jedoch irrig, da Riedesel schon in einem Brief an Graf Wilhelm IV von Henneberg-Schleusingen im Zusammenhang mit den Irrungen um die Elgersburg 1516 als sächsischer Kammersekretär zeichnet. (s.unten)

Eine Identifizierung des Johann Amsdorfer mit dem kursächsischen Kämmerer gelingt Gundlach nicht, obwohl die von ihm angeführten Quellen eine Identifizierung ermöglicht hätten. Im Gegenteil führt er den kursächsischen Kammersekretär Riedesel, der zum Kämmerer unter Johannes wird, als dritten Johannes Riedesel ein. Andererseits gelingt ihm unbewusst die Identifizierung des Kämmerers mit dem hessischen Sekretär Johann Amsdorfer genannt Riedesel, indem er die Unterschrift des Kämmerers in einem Begleitschreiben aus Torgau vom 16. Dezember 1529 an den hessischen Landgrafen Philipp zur Sendung eines Büchleins des Dr.Justus Jonas als „ von der ganz unverkennbaren Hand des früheren Sekretärs zu Hessen geschrieben" erkennt, jedoch schließt, „dass sich der adlige [!] Kämmerer Riedesel das Schreiben von dem kursächsischen Kammersekretär mundieren [ließ]"[130]

Die bei Gundlach angeführten Dienstgelder, die Landgraf Philipp seinem ehemaligen Sekretär Amstorfer, genannt Riedesel, bis 1542 zahlt, gehen an den Diener „von Haus aus", d.h. an einen Diener, der nicht mehr vor Ort (am hessischen

---

[129] Gundlach, a.a.O. S. 210/211 Anm. 9: S.IXXXX, 124
[130] a.a.O. S. 211, Anm. 12

52

Hof) Dienste leistet oder leisten kann (am Hof des sächsischen Herzogs/Kurfürsten) und bedeuten hinsichtlich dem Ende der Zahlungen im Jahr 1542, dass dem ehemaligen Sekretär, nun kursächsischem Kämmerer, keine Zahlungen mehr geleistet werden müssen, da dieser 1543 in Neumark verstirbt.[131]

Ursachen des Aufstiegs Riedesels in Weimar am Hofe Herzog Johanns, ab 1525 mit dem Tod des Bruders Friedrich Kurfürst, sind sicher seine schon, noch in hessischen Diensten stehend, erkennbare Neigung zu durch Luther propagierten Kritik an der päpstlichen Kirche, sein Bekenntnis zur ernestinischen Partei im Vormundschaftsstreit und, so ist zu vermuten, die Erklärung seiner Haltung bei einem Treffen mit Johann während dessen Aufenthalt in Kassel, welches ihm als Sekretär Boyneburgs u.U. gelang. Hier könnte das Vertrauen Johanns in Riedesel neben dessen Fähigkeiten in finanziellen Angelegenheiten, die er als Sekretär in Hessen unter Beweis gestellt hatte, entstanden sein, das ihn veranlasste, Riedesel zu seinem Kämmerer zu machen.
Diese Fähigkeiten Riedesels in finanziellen Angelegenheiten werden für Johann im Zusammenhang mit der Verwaltungsteilung der ernestinischen Besitzungen, der sog. „Mutschierung"[132] 1513/1514 und deren Folgen für das Finanzgebaren im ernestinische Sachsen von Bedeutung.
Gründe für das von Friedrich dem Weisen ausgehende Verlangen nach einer Teilung des ernestinischen Landes und damit der Regierungsgeschäfte sind die Möglichkeit der Verbesserung der Finanzverhältnisse des Landes, Verringerung der Schuldenlast, Ablehnung der mit der Heirat des Bruders Johannes zu erwartenden weiteren

---

[131] Gundlach, a.a.O. S. 11 Anm.14: Dienerbuch des Schmalkaldischen Bundes (Politisches Archiv Nr.649)
[132] Aus dem mittelhochdeutschen Verb „muotscharn", d.h. Teilung oder Auseinandersetzung (schar) auf Verlangen (muot)

finanziellen Belastung sowie eine bessere und effizientere Verwaltung des ausgedehnten Landes. Vorrangig war für den Kurfürsten jedoch sein schlechter Gesundheitszustand, der ihn zu diesem Vorhaben anregte.[133] Die Belastungen durch die Regierungsgeschäfte und die finanzielle Lage des Kurfürstentums bewogen ihn, Verantwortlichkeiten an seinen Bruder zu delegieren. Nach anfänglichem Ausweichen Johanns auf die Forderung, einer Teilung zuzustimmen, z.T. Ignorieren von Briefen des Bruders, und Vorbehalten hinsichtlich der ihm nach Teilung verbleibenden Finanzmittel zur eigenen Hofhaltung, stimmte Johann nach Beratung mit seinen Räten am 06. August 1513 der Mutschierung zu. Mit der Teilung erhält er die Einkünfte aus Thüringen, Franken und dem Vogtland, der Kurfürst die des Kurkreises und einzelner Landesteile Meissens, des Oster- und Pleißenlandes.[134] Weimar wird die Residenz Johanns mit eigenem Hof, eigener Kanzlei, Räten und Finanzverwaltung. Die getrennte Landesverwaltung setzte nach Klärung von strittigen Fragen und Abschluss der Verhandlungen 1514 ein, die landständische Verfassung und Organisation werden von der Teilung jedoch nicht berührt und die Brüder agieren auf Landtagen gemeinsam: Friedrich von seiner Residenz in Torgau aus, Johannes von Weimar.

Hinsichtlich der finanziellen Belastung der Brüder nach der Mutschierung stellte sich diese als geschickter Schachzug Friedrich des Weisen heraus. Johann hatte mit der Mutschierung „Staatschulden" in Höhe von 126 000 Gulden zu übernehmen, die bis 1522 auf 185 000 Gulden anwuchsen. Hinzu kamen persönliche Schulden Johanns von 36.900 Gulden im Jahr 1518, ganz abzusehen von den für die Finanzierung seiner Hochzeit am 13. November 1513 mit

---

[133] vgl.Müller, Ernst: Die Mutschierung von 1513 im ernestinischen Sachsen. In: Jahrbuch für Regionalgeschichte 14, Weimar 1987, S. 173-182.
[134] Schirmer, Uwe: Der ernestinische und albertinische Landadel, S.198/199.

Margarethe von Anhalt (1494-1521) aufgenommenen und sofort abzulösenden Schulden in immenser Höhe.[135] Trotz all dieser Schulden ist festzustellen, dass das ernestinische Sachsen der Brüder Friedrich und Johann wie auch das des albertinische ihres Vetters Georg in der Gesamtsicht als relativ reich bezeichnet werden kann.

In dieser für Johann neu entstandenen Situation, der Notwendigkeit, den eigenen Hof mit Personal auszustatten, bestand für einen fähigen, aus hessischen in kursächsische Dienste gewechselten Sekretär wie Riedesel die Chance, an seiner Karriere am Hofe in Weimar zu arbeiten. Seine Chancen vergrößerten sich deutlich mit dem Antritt Johanns als Kurfürst nach dem Tode Friedrich im Jahr 1525.

Die unter Friedrich dienenden Räte konnten kaum mit einer neuen Bestallung durch den neuen Kurfürsten rechnen, was für die meisten auch zutraf, denn Johann standen Räte zur Verfügung, die seit der Mutschierung in dem ihm zugewiesenen Landesteil gedient hatten.

Zu den wenigen, die aus dem Personalbestand Friedrichs übernommen wurden zählt der nun als Kanzler fungierende Dr. Gregor Brück (1483-1557), abgelöst 1528 durch den ebenfalls aus Wittenberg stammenden Dr. Christian Beyer (1482-1535). Aus der Finanzverwaltung Friedrichs wurden lediglich Hans von Taubenheim (? −1587) und der bei der Entlassung Riedesels im Jahr 1532 eine tragende Rolle spielende Hans von Minckwitz d.J. .

Hans von Dolzig (um 1485-1551), Nickel von Ende (1470-1542) und Burkhardt Hundt (+ 1545) standen schon in Weimar und Coburg Johann beratend zur Seite. Der mit vier Schreibern besetzten Kanzlei steht der spätere Kanzleisekretär Georg Lauterbach vor. Die Finanzverwaltung übernimmt der Gothaer Amtmann Hundt, der als Rentmeister dem das Rechnungswesen führende Sebastian Schade Gelder

---

[135] Müller, Mutschierung, S.179/180.

für eine Spezialkasse überweist, die bei der Entlassuung Riedesels ebenfalls eine Rolle spielen sollte.

3.5 Riedesel wird Kämmerer

Müller[136] spricht bei der Rolle Riedesels hinsichtlich Johann Voits (vgl. dort) im Januar 1523 (!!) vom *„herzoglichen Kämmerer Johann Riedesel"*, dessen Kammerschreiber Sebastian Schade die fürstliche Hof- und Küchenrechnungen führt.

Hier verwendet Müller die Bezeichnung für eine Funktion Riedesels, die dieser Jahre später ausfüllt.

Im Anhang eines Briefs des Justus Jonas an Johannes von Dolzig[137] vom 04. Januar 1526 bittet Jonas den unter Kurfürst Johann Friedrich zu den vier „täglichen Hofräten" gehörenden Dolzig, dieser *„wolle dem hern Grefendorf camerer vnd dem hern secretario Reydysel auch ij buchlyn vberanthworten lassen."*[138]

Hierbei handelte es sich um die von Martin Luther im Dezember 1525 verfasste Schrift „Vom unfreien Willen" (De servo arbitrio).

Justus Jonas (1493-1555), ab 1519 sich den Reformvorschlägen Luthers zuwendend, mit Spalatin befreundet, in Wittenberg Probst der Schlosskirche und ab 1523 Dekan der theologischen Fakultät der Wittenberger Universität, wendet sich über Dolzig an zwei einflussreiche Hofbeamte am Hofe des Kurfürsten: an den seit 1520 als Kämmerer in Weimar

---

[136] Müller, Ernst: Luther und Weimar, S. 28.
[137] (um 1485 -1551) unter Friedrich d. Weisen Hofmarschall
[138] Kawerau, Briefwechsel, a.a.O., S.98.

genannten Hans von Gräfendorf (auch Gravendorf, Greffendorff) [139] und den Sekretär Riedesel (Reydysel). Der ehemals in hessischen Diensten stehenden Johann Amsdorfer gen. Riedesel besitzt zum Zeitpunkt des Abfassens des Briefes Jonas' die Funktion eines Kammersekretärs, der, in der kursächsischen Hierarchie aufsteigend, ab 1528 als Johannes Riedesel zu Neumark als Kämmerer fungiert. *Johan Rietesell tzu Newenmarckt kamerer* schickt am 16. Dezember 1529 dem Landgrafen Philipp im Auftrag des Kurfürsten aus Torgau ein Buch des Justus Jonas, ein Schreiben, welches nach Gundlach „einschließlich der Unterschrift von der ganz unverkennbaren Hand des früheren Sekretärs zu Hessen geschrieben"[140] wurde. Gundlach lehnt das Schreiben als eine Bestätigung der Annahme Landaus und Buttlars ab, dass der ehemalige Sekretär und der Kämmerer identisch seien, indem er das Schreiben des Kämmerers von dem ebenfalls in Torgau anwesenden Sekretär „mundieren", d.h. korrekt abschreiben lässt. (vgl. Ausführungen oben)

4 Riedesel als Kämmerer am Hof

Das Hofamt des Kämmerers (anfangs auch „Türknecht") und dessen Kompetenzbereich ist Mitte des 15. Jahrhunderts noch nicht genau definiert und gegenüber anderen Hofämtern abgegrenzt.[141] Grundsätzlich lag es an der Kompetenz der Person, welche Stellung sie am Hof und in der Achtung des Kurfürsten einnahm. Meistens waren es fähige

---

[139] Scheible, Heinz: Melanchthons Briefwechsel. Kritische und kommentierte Gesamtausgabe, Bd. 12 Personen F-K, Stuttgart 2005, S.176. WAB 2 1931, 206 f mit Anm. 1; WAB 3 1933, 575 mit Anm.3
[140] Gundlach a.a.O. S.211.
[141] vgl. im Folgenden: Ludolphy, Ingetraut: Friedrich der Weise: Kurfürst von Sachsen 1463 – 1525. Leipzig 2006, S. 292 ff.

Schreiber und Sekretäre, wie auch Riedesel es wohl gewesen war, die sich in die entscheidenden Hofämter hocharbeiteten. Beispielhaft ist hierfür das Kanzleramt, welches erst nach der Hofratsordnung Friedrich des Weisen 1499 seine ungefähren Aufgabenbereich zugewiesen bekam: Aufsicht über die Kanzlei, Ausfertigung der Ratsbeschlüsse, Teilnahme als Siegelbewahrer an Sitzungen der Regierung und Beurkundungen. Auch die Begrifflichkeit „Kanzler" festigte sich erst zu Beginn des 16. Jahrhunderts nach den wechselnden Bezeichnungen Kanzleiverweser, Sekretär oder Oberkanzleischreiber. Automatisch erhöhten sich auch die Anforderungen an den Bildungsgrad der mit dem Posten des Kanzlers beauftragten Personen. 1485-1490/91 war Johann Seyfried Kanzler, der auch für kurze Zeit mit Besitz in Neumark belehnt war. Der zur Zeit der Wirkung Johannes Riedesels am Hof entscheidende Kanzler war Gregor Heinse, nach seinem Geburtsort Brück bei Belzig Pontanus oder Brück genannt. Er diente von 1520 bis 1557 drei Kurfürsten: Friedrich dem Weisen, Johann dem Beständigen und Johann Friedrich.[142]

Um auf die Rolle Riedesels als Kämmerer zurückzukommen, muss auf die Gestaltung des fürstlichen Finanzwesens, die unter Friedrich dem Weisen 1492 nach dem Vorbild des albertinischen Sachsens begann, eingegangen werden.[143]

Das zerrüttete Finanzwesen des ernestinischen Sachsen, welches noch keine Trennung von Hof- und Landesausgaben besaß und welches (vgl.oben) Friedrich zur Mutschierung

---

[142] vgl. Wette, Gottfried Albin de: Historische Nachrichten von der berühmten Residentz-Stadt Weimar (Anderer Theil) Band 2, Jena 1739, S. 87.

[143] Ludolphy, S.294 ff; auch Brather, Hans Stephan: Die Verwaltungsreformen am kursächsischen Hof im ausgehenden 15. Jahrhundert. In: Archivar und Historiker (Festschrift Otto Meisner), Berlin 1956, S. 254-287.

veranlasste, verlangte nach einer Wiederherstellung desselben mittels Reform und Ausbau der Verwaltung. Aus der die Einkünfte der Ämter verwaltenden Kammerkasse, die 1523 noch eine Schuldenlast von 185.000 Gulden aufwies[144], und die Einnahmen des aus dem Bergbau verwaltenden Oberzehntners wurde eine Zentralkasse gebildet, die unter der Leitung eines Rentmeisters (Hans von Leimbach), auch Landrentmeister genannt, stand. Aus der Zentralkasse war die als Kasse für die persönlichen Bedürfnisse des Kurfürsten dienende Kammerkasse (Kammer) ausgegliedert. Ihr standen Mittel und Zuwendungen aus der Zentralkasse zur Verfügung, Mittel aus dem Bergbau, Erträge der Ämter und Spielgewinne des Kurfürsten Der Verwalter des Amtes wurde sowohl Kammerschreiber als auch Kammermeister genannt, d. h. Kämmerer.

Riedesels Aufgabe als Kämmerer besteht in der Aufsicht über diese „Verfügungskasse"[145], die sogenannte spätere Privatschatulle, d.h. Verwaltung der persönlichen Geldmittel des Kurfürsten und deren Ausgabe, die er zusammen mit dem Kammersekretär Sebastian Schade, dem die Hofkammer und die Silberkammer unterstehen, verwaltete.

In Konsequenz dessen hatte er auch die Ausgaben für die Hofhaltung zu verwalten, die über die durch die Amtshaushalte (Weimar/Torgau) zu leistenden hinausgingen, wie auch die Finanzierung der fürstlichen Außenpolitik zu leisten.

---

[144] Müller, Ernst: Türkensteuer und Landsteuer im ernestinischen Sachsen von 1485 bis 1572. Inauguraldissertation Jena 1951, S.17.

[145] Klein, Thomas: Politik und Verfassung von der Leipziger Teilung bis zur Teilung des ernestinischen Staates (1485-1572) In: Geschichte Thüringens (hrsg. von Hans Patze und Walter Schlesinger), Bd. 3: Das Zeitalter des Humanismus und der Reformation, Köln, Wien, Weimar 1967, S. 160.

Notwendig wurden diese Ausgaben als Geldzuschüsse für die Amtshaushalte bei häufiger Hofhaltung in der jeweiligen Residenz und Aufwendungen für Gebäude und Anlagen.[146] Aus der Schatulle musste auch bei Bedarf der Viehtrieb von Schlachtvieh aus einem Amt in das andere, wie z.b. ein Anzahl Ochsen unter Friedrich d. Weisen von Torgau nach Weimar[147] gezahlt werden.

Die notwendigen Geldmittel bezog die Kammer aus Zahlungen der Rentmeister, Zinsen aus Darlehen und Anleihen.

Die Bedeutung des Amtes wuchs durch die Einflussmöglichkeiten des Trägers bei ständigem Aufenthalt in der Nähe des Kurfürsten schon unter dem Vorgänger Riedesels Burkhard Hundt.

„Durch ständigen Kontakt mit dem Kurfürsten als Verwalter der fürstlichen Schatulle, als der er finanzielle Transaktionen durchführt [erlangt der Kämmerer] *eine Vertrauensstellung, die in die politische Entscheidungsebene hineinreicht".*[148] Diese Definition des Amtes durch Klein in seinem Beitrag in der Geschichte Thüringens Bd. 3, bezogen auf den „überragenden Einfluss"[149] des Nachfolgers Riedesels nach seiner Entlassung im Amt unter Johann Friedrich Hans Georg Ponickau ist deshalb verwunderlich, weil sie die Stellung Riedesels unter Johann, seinen ungewöhnlichen Einfluss auf Johann auch in politischen Entscheidungen, d.h. die erwähnte Erweiterung der Entscheidungsbefugnisse des Kämmerers vernachlässigt.

---

[146] Herzog, Jürgen: Fürstlicher Hof in Torgau während der Regierungszeit Friedrichs des Weisen. In: Kurfürst Friedrich der Weise von Sachsen (1463-1525) Beiträge zur wissenschaftlichen Tagung vom 4. bis 6. Juli 2014 auf Schloss Hartenfels in Torgau, Dresden 2014, S.117.
[147] a.a.O., S. 119.
[148] Klein, a.a.O., S.160.
[149] a.a.O., S.161.

Die, wie anzunehmen ist, gelungene Gestaltung der fürstlichen Ausgaben verstärkt die schon vorher bestehenden Einflussmöglichkeiten Riedesels auf den Kurfürsten auch in politischer Hinsicht und werden von ihm aufgrund seiner und der des Kurfürsten bestehenden Affinität gegenüber der lutherischen Lehre sowie seiner persönlichen Beziehung zu Luther genutzt, um als Förderer des Luthertums am Hofe zu wirken und Einfluss auf Einstellungen in kirchliche Ämter zu nehmen, die nach der Einführung einer neuen Kirchenordnung im ernestinischen Sachsen Angelegenheit des nun neuen Kirchenoberhaupts, des Kurfürsten, sind.

Riedesels Erfahrungen in Geldgeschäften sind auch in nachbarschaftlichen Herrschaften bekannt, wie die durch Graf Wilhelm IV. von Henneberg-Schleusingen gewünschte Beratung zeigt. (vgl. unten)

Die besondere Stellung Riedesels unter Johann ergab sich vorrangig aus seinen Möglichkeiten, im Zuge der Sequestration der Kirchengüter die finanzielle Lage seines Herrn zu verbessern: Er löste die Reliquiensammlung Friedrichs des Weisen, das Wittenberger Heiligtum, auf und durchsuchte Stifter und Klöster nach Wertgegenständen, um diese zerlegen zu lassen, einzuschmelzen oder zu verkaufen, was unter Anderem auch zu seiner Entlassung führen sollte.[150]

Die Nähe zu Johann dem Beständigen und sicher auch Fähigkeiten, die ihn ab 1528 als Kämmerer dazu ermächtigten, die persönlichen Geldmittel des Kurfürsten zu verwalten, brachten es dazu, dass Riedesel und der Rat Nikolaus von Ende (1500-1567) im Dienste des neuen Kurfürsten ab 1525 auch „in der Innenpolitik maßgeblich den Ton an[gaben]".[151]

---

[150] vgl. hierzu die Darstellung bei Müller, Ernst: Die Entlassung a.a.O.

[151] Schirmer, Uwe: Der ernestinische und albertinische Landadel in der Zentralverwaltung der Kurfürsten und Herzöge von Sachsen (1525-1586),

Johann hatte nach dem Tod seines Bruders 1525 eine Umgestaltung des Bestands der kurfürstlichen Räte vorgenommen. Als Räte übernahm er lediglich Hans von Taubenheim aus der Finanzverwaltung Friedrichs und Hans von Minckwitz, der 1532 bei der Entlassung Riedesels eine „tragende" Rolle spielen sollte. Als neue Räte stellte er ihm von Weimar und Coburg vertraute Personen ein: den Hofmarschall Hans von Dolzig (*um 1485-1551) als „täglich beratenden Hofrat", Nickel von Ende und den 1518 noch als Amtmann zu Gotha fungierenden Burkhardt Hundt († 1545).[152]

Als zum Rat Johanns Aufgestiegenem gehörte Riedesel, obwohl als Diener des hessischen Landgrafen bis zu seinem Lebensende von diesem mit Diäten ausgestattet, zu denen, die sich der Kurfürst neben Adligen der ernestinischen Gebiete auswählte und die mit Lehngut in der Nähe der Residenz, in diesem Falle Weimar, ausgestattet waren: 1526 und 1529 Amt, Stadt und Schloss in Neumark mit Ballstedt, Hottelstedt und Ottmannshausen sowie 1531 das ehemalige Klostergut Wallichen (Amt Weimar).[153]

Darüber hinaus wird Riedesel von Kurfürst Johann, der seinen Kämmerer während seiner nun häufigen Aufenthalte in Torgau bei sich haben möchte, mit einem Haus in Torgau bedacht, wie dies z. B. schon Friedrich der Weise mit der Schenkung eines Hauses an seinen Privatsekretär und engen Vertrauten Georg Spalatin (1484-1545), den Erzieher des Kurprinzen Johann Friedrich, getan hatte.[154]

---

in: Schattkowsky, Martina (Hrsg.) Die Familie von Bünau. Adelsherrschaften in Sachsen und Böhmen vom Mittelalter bis zur Neuzeit. (Schriften zur sächsischen Geschichte und Volkskunde 27), Leipzig 2008, S. 200.

[152] Schirmer, Uwe, a.a.O.

[153] Müller, Ernst, Enlassung, a.a.O., S. 222.

[154] Herzog, Fürstlicher Hof, a.a.O., S.122, Anm.68

4.1 Riedesel, Protestantismus und die Einführung der Reformation in Weimar

Bei Übertritt Riedesels aus hessischen in kursächsische Dienste ist die Stellung des zukünftigen Kämmerers Riedesel in dem Chor der den Misständen kritisch gegenüberstehenden Personen noch nicht genau zu definieren. Anfang der 20 er Jahre, noch Kammersekretär in Weimar, wird seine Haltung jedoch deutlicher in der Förderung des „neuen Glaubens", wie unten auszuführen sein wird. Auch Luther wird die wohlwollende Haltung des aufstrebenden und am Hof an Einfluss gewinnenden Sekretärs gegenüber seiner Kritik am Papsttum und fehlerhafter Entwicklungen der katholischen Kirche bemerkt haben. In seiner Haltung gegenüber den Turbulenzen und Vorgängen, die mit der Einführung der Reformation in Wittenberg durch Luther auch gegen den Willen des Kurfürsten Friedrich stattfanden, wird sich Riedesel, so ist anzunehmen, der Haltung seines zukünftigen Förderers Johann in Weimar, der seinem Bruder Friedrich schrieb: *"Das doctor Martinus e. l. zcu entkeigen handelt, hore ich gantz vnhgern"*[155], konform verhalten haben.

Im Gegensatz zu seinem Bruder, dem Kurfürsten, der sich in für Luther gefährlichen Situationen immer schützend vor diesen gestellt hat, ist bei Johann eine frühzeitige Öffnung gegenüber dem neuen Bekenntnis festzustellen: Die lutherische Predigt wird schon 1522 in Weimar mit Wolfgang Stein, einem kosequenten Anhänger Luthers, zugelassen.

Zwei Namen/Vorgänge ermöglichen es, die Rolle Riedesels in einer Phase der Einführung und Konsolidierung des lutherischen Bekenntnisses am Hof des ernestinischen Sachsens zu beleuchten.

---

[155] Zit. In Rudolphy, a.a.O. S. 456 Anm.763

4.1.1 Wolfgang Stein[156]

In einem Brief vom 29. Juli 1522[157] bittet Luther den *„Fürstlichen Direktoren zu Weimar"* Riedesel, sich beim Herzog vermittelnd in Sachen des Zwickauer Predigers Wolfgang Stein einzusetzen.

Wolfgang Stein hatte in Zwickau die Lateinschule besucht, war 1504/1505 in Erfurt immatrikuliert, erscheint 1508 in Eisenberg als Probst des Zisterzienserinnenklosters und wird nach Vikariat in Erfurt 1517 nach Zwickau berufen, wo er bis 1519 belegt ist.[158] Zu dieser Zeit wird er schon als Hofprediger Herzog Johanns erwähnt[159], während er nach Müller[160] seit 1520 im Dienst des Herzogs ist.

1522 stirbt der evangelische Pfarrer der Erfurter St. Michaels-Kirche Georg Petz und Wolfgang Stein wird von den Erfurtern als Nachfolger gewählt. Luther überzeugt Stein davon, die Stelle, die er wohl nicht antritt[161], interimistisch zu

---

[156] vgl. hierzu Clemen, Otto: Wolfgang Stein aus Zwickau, Hofprediger in Weimar und Superintendent in Weißenfels. In: Kleine Schriften zur Reformationsgeschichte (1897-1944) Bd. V (1922-1932), Zentralantiquariat der DDR, Leipzig 1984, S.305-312; auch Wartenberg, Günther: Landesherrschaft und Reformation. Moritz von Sachsen und die albertinische Kirchenpolitik bis 1546. Quellen und Forschungen zur Reformationsgeschichte Bd. 55, Gütersloh 1988, S. 261-262.

[157] WA Br. 2, Nr.525, S.583.; auch Nr. 522 Luther an Johann Lang vom 16. Juli 1522; de Wette, Luthers Briefe, Sendschreiben und Bedenken Bd.2 S. 237 ff; vgl. auch Becker, Johann: Kurfürst Johann von Sachsen und seine Beziehungen zu Luther, 1. Teil, 1890, S.13 ff; ebenso Greiling, Werner, Müller, Gerhard, Schirmer, Uwe, Walther, Helmut G. (Hg.); Die Ernestiner. Politik, Kultur und gesellschaftlicher Wandel. Köln Weimar Wien 2016, S. 1299.

[158] Clemen Bd. V a.a.O., S. 306.

[159] Clemen, a.a.O. ; nach Arper, Karl: Aus Weimars kirchlicher Vergangenheit. Weimar; Thelemann 1900, S.14 ist Stein seit 1521 Hofprediger.

[160] Müller, Ernst: Martin Luther und Weimar. Tradition und Gegenwart. Weimarer Schriften Heft 6 (1983), S.25.

[161] a.a.O. S. 307.

übernehmen, wie dem Stein die Erfurter angeboten hätten, [...]„*daß er's nur annehme und Pfarrers Namen habe und doch daneben sein und schaffen mag, wo er will* [...]*"*[162].
Stein befindet sich im Sommer/Spätjahr in Wittenberg (Luther: „*itzt bey uns*"), wo er Luther gegenüber die Befürchtung ausspricht, dass ihm der Herzog die Annahme der Wahl verübeln könnte. Er habe sie aber angenommen, um „*Aufruhr und Verlust zu vorkommen*" und um „*das Euangelion zu fodern* [fördern], *daß nicht ein Wolf nach dem verfallen Hirten*[163] *eingedrungen wurd* [...]", d. h. um die reformatorischen Kräfte in Erfurt zu unterstützen.
Die Sorge Steins ist insofern berechtigt, als Erfurt einerseits, unter Einfluss des Mainzer Erzbischofs stehend, zu dieser Zeit Austragungsort offener Feindseligkeiten zwischen den beiden Glaubensrichtungen (Pfaffensturm) ist, andererseits die Stadt und Bürgerschaft sich gegen Einflussnahme oder sogar Versuche der Inbesitznahme Erfurter Besitzes durch die Thüringer Landgrafen im Lauf der Vorgeschichte der reformatorischen Vorgänge wehren musste. Die von Luther Riedesel mit den Aussagen Steins an die Hand gegebenen Argumente zur Besänftigung des Herzogs beweisen das taktische Geschick Luthers. Luther weiß, dass der Herzog als überzeugter Anhänger seiner Lehre in der Übernahme der freien Pfarrstelle in Erfurt durch einen nicht gefestigten Lutheraner, u.U. sogar der päpstlichen Seite geneigten Kandidaten davon überzeugt werden könnte, dies als Gefahr für die Position der lutherischen Sache in Erfurt und für die Reformation insgesamt zu sehen.

---

[162] de Wette, Briefe, Sendschreiben Bd.2; S.237/238.
[163] Georg Forchheim, lutherisch gesinnter Prediger in Erfurt; soll gerüchteweise von Gegnern des lutherischen Bekenntnisses vergiftet worden sein

Gleichzeitig setzt Luther psychologisch gekonnt seine Kenntnis von der Geneigtheit Riedesels der neuen Lehre gegenüber und dessen Einfluss auf den Herzog ein, indem er am Ende des Briefes schreibt, dass Riedesel *„solchs bei meim gn.[ädigen] hern* [der Herzog] *als hochberühmpten Liebhaber des Euangeliums leichtlich kann verschaffen."*[164] Eine Aussprache Riedesels mit dem Herzog über das Problem ist nicht belegt, kann aber aus den Folgeereignissen geschlossen werden.

Stein lässt eine Auseinandersetzung über das Messopfer mit den Franziskanern in Weimar[165] gegen den ausdrücklichen Wunsch des Herzogs, die Sache nicht an die Öffentlichkeit gelangen zu lassen, drucken. Die Stelle als Hofprediger verliert er daraufhin nicht, wird jedoch beim Umzug des Kurfürsten nach Torgau nicht mitgenommen, evtl. doch eine Nachwirkung seines Verhaltens auf Johann Friedrich[166]. Die Freundschaft mit Luther bleibt bestehen. Er führt am 17. August 1525 die Reformation in Weimar ein und verpflichtet die Pfarrer der Umgebung im Auftrag Johanns zur evangelischen Amtsführung und Predigt[167], wozu sicher auch der Vorgänger des ersten in Neumark von 1534-1536 wirkenden bekannten evangelischen Predigers Wolfgang Steinbach gehörte.[168] Stein bekommt als Pfründe die Pfarre in Grunstedt bei Weimar und wird 1539, durch Kurfürst Johann Friedrich für das Fürstentum Herzog Heinrichs freigegeben,

---

[164] de Wette, Briefe, Sendschreiben, a.a.O.

[165] Schriften und Disputationsergebnisse der Franziskaner und Streitschrift Steins

[166] Müller, Martin, Luther und Weimar, a.a.O., S. 54.

[167] Hermann, Rudolf: Thüringische Kirchengeschichte. Bd. 2, Weimar 1947, S. 22 ff.

[168] Meinhof, Friedrich Thüringer Pfarrerbuch Bd.8, Großherzogtum Sachsen Weimar-Eisenach, Landesteil Weimar mit Jena und Neustadt/Orla.(Entwurf) Heiligenstadt 2012

Superintendent in Weißenfels. Von Kurfürst Moritz von Sachsen (Albertiner), dem die Kurwürde der Ernestiner übertragen worden war, 1545 der Superintendentur enthoben, kann Stein, mit Johann Heinrich versöhnt, seinen Lebensabend in Weimar verbringen und stirbt noch vor 1553[169] in Weimar.

4.1.2 Johann Voit (Vogt)[170]

Johann Voit tritt 1507 in das Weimarer Franziskanerkloster ein. Wahrscheinlich durch den 1512 aus dem Annaberger und Leipziger Kloster nach Weimar versetzten Friedrich Myconius[171] und in seiner religiösen Grundeinstellung durch erste Predigten und Traktate Martin Luthers beeinflusst, werden ihm nach eigenen Aussagen Luthers Schriften durch den Herzog selbst ins Kloster geschmuggelt: „[...] *und ich also seine* [Martin Luthers] *tröstlichen Bücher durch den hochlöblichen christlichen Churfürst zu Sachsen, Herzog Johann Friedrich überkam [...]*"[172]. Seine, durch das neue Verständnis des Glaubens geprägten Predigten fordern die Klosterbrüder heraus, ihn zu meiden und zu demütigen, indem er „[...] *sogar bey dem Eßen auf Erden herum kriechen, die Brocken zusammen lesen, den Mönchen die Füße küßen, und sich selber peitschen müßen.*[...]".[173]

---

[169] Clemen, Wolfgang Stein aus Zwickau, a.a.O., S.312.

[170] vgl. im Folgenden Clemen, Otto: Johann Voit, Franziskaner zu Weimar, erster evangelischer Pfarrer zu Ronneburg. In: Kleine Schriften zur Reformationsgeschichte (1897-1944) (Hg Ernst Koch) Bd. III, Zentralantiquariat der DDR, Leipzig 1983, S. 434- 443.

[171] (1490-1546) lutherischer Theologe und Reformator in Gotha

[172] Müller, Johann Gottfried: Die jugendliche Geschichte des verewigten Churfürsten und Herzogs zu Sachsen Herrn Johann Friedrichs des Großmüthigen. Jena 1765, S. 27-28.; an anderer Stelle „ [...] *von meinem gnädigsten Fürsten [...] heymlich beybracht [...]*"; Arper S.11.

[173] Wette, Gottfried Albin: Historische Nachrichten von der berühmten Residenz-Stadt Weimar, Weimar 1737, S. 252-256 zit. nach: Löber,

Im Gegensatz zu Klosterbrüdern, die dem neuen Glauben offen sind und die „im Geheimen" mit ihm diese Bücher lesen, wird er jedoch nicht des Klosters verwiesen, denn *„der alte Herzog Johann, seiner Gnaden Gemahel, und der junge Herzog [...] waren mir alle sehr gnädig, hörten mich gern predigen [...]"*[174] und ließen ihn ihren Schutz angedeihen.

Johann Voit ist 1521 auch Beichtvater des Kurfürsten Friedrichs des Weisen, wie Kawerau einem Brief Spalatins an den Kurfürsten nach dem 21. Januar 1521 entnimmt.[175]:

Spalatin empfiehlt dem Kurfürsten einen Absolventen der Wittenberger Universität, *„Jodocus Jonas von Northausen, ein jung man vnd frommer gelarter priester [...], den e*[euer] *c*[churfürstlich] *g. [gnaden] beichtvater* [der Franziskaner Joh. Vogt] *auch wol kennt. [...]."*

Die Geneigtheit des jungen Herzogs, späterem Kurfürsten, verhinderte jedoch nicht ein Predigtverbot. Dies gelingt erst Johann Riedesel, der zum Zeitpunkt des Abhaltens der Predigt zu Jahresbeginn 1523 noch Kammersekretär ist, jedoch schon zu dieser Zeit das Ohr des zukünftigen Kurfürsten hat.

In Verhandlungen mit dem Guardian[176] des Klosters erreicht Riedesel, dass sich dieser unter dem Vorbehalt, dass sich Voit in seiner Predigt an Vorgaben päpstlicher Meinung und die des Gesamtkapitels zu halten bereit erkläre, Voit im Kloster predigen zu lassen.

Am Neujahrstag 1523 hält Voit seine Predigt, die trotz Einhaltens der inhaltlichen Bedingungen durch ihn scharfe Kritik erfährt und ihn zur Flucht aus dem Koster veranlasst.

Christian: Historie Von Ronneburg, So weit sie Von dieser Jm Fürstenthum Sachsen-Altenburg, gelegenen Stadt, Becirck und Inspection auszufinden gewesen. Altenburg 1722
[174] Müller, Johann, a.a.O.
[175] Kawerau, Briefwechsel, a.a.O., S.49 Anm.3.
[176] Klostervorsteher bei Franziskanern und Kapuzinern

Die Predigt, als „Ein Sermon von Newen Jahre, durch Joan Voyt gepredigt zu Weymar yn Parfüsser Closter, Darumb er als ein Ketzer von den selben seinen Brüdern geacht, vnd mit vil verfolgung verjagt"[177] und bei Jörg Gastel in Zwickau im Druck erschienen[178], versieht Voit mit einem Vorwort und einer als Dank für dessen Mühen gedachten Widmung an seinen Förderer Riedesel: „*dann euch keyn wegk zuvil, keyn mühe zu schwer gewesen, yha manich mittel vnd weiß fürgenommen, auff das mir vorgundt werde von meynen brüdern, das Euangelion vnd lautter wort gottes den armen Scheflein Christi vorzulegen*"[179]

Diese nachträgliche Widmung Voits an Riedesel deutet auf Riedesels gestiegenen Einfluss am Hofe hin, besonders auf den zukünftigen Kurfürsten und dessen Familie, und auf seinen Willen, in einer noch instabilen Lage des lutherischen Bekenntnisses in Thüringen dieses Bekenntnis zu fördern und zu stärken.

Schirmer[180] vermutet, dass unter den anwesenden hochrangigen Hofräten zu den sechs Predigten Martin Luthers vom 19. bis 26 Oktober 1522 vor Herzog Johannn in Weimar neben Anarg von Wildenfels auch Johann Riedesel war.

Johannes Voit verlässt 1523 das Kloster in Weimar mit Hilfe des oben genannten, in den Diensten der sächsischen Kurfürsten stehenden Anarg von Wildenfels (Hauptmann und Amtmann in Altenburg)[181] und hält sich in dessen ihm als

---

[177] Clemen, Johann Voit, a.a.O., S.436.
[178] a.a.O., S.435.
[179] a.a.O., S.436-437.
[180] Schirmer, Uwe: Landstände und Reformation. Das Beispiel Kursachsen (1523-1543). In: Reformation vor Ort. Christlicher Glaube und und konfessionelle Kultur in Brandenburg und Sachsen im 16. Jahrhundert, Berlin 2017, S. 66.
[181] vgl. hierzu Bachmann, Johannes: Anarg Heinrich zu Wildenfels. In: Zeitschrift für Kirche, Wissenschaft und kirchliches Leben 4, 1883, S. 140-148.

Lehen 1517 gegebenen Herrschaft Ronneburg auf. Hier verfasst Voit auch am 29. September 1523 das Vorwort an Riedesel.

Nach vorübergehendem Aufenthalt in Zwickau (1524)[182] ist Voit Hofprediger bei dem ihn verehrenden Herzog Johann in Weimar. Nach Arper wurde Voit (Vogt) „noch im selben Jahre [...] Hofprediger Herzog Johanns"[183] (nämlich 1523). 1527/1528 ist er erster evangelischer Pfarrer in Ronneburg, übersiedelt später als Pfarrer nach Bürgel, wo er sich verheiratet[184] und nach 1559 „in hohem Alter"[185] stirbt

Nicht unrealistisch ist in diesem Zusammenhang die Annahme, dass das Gewicht Riedesels bei Herzog Johann im Jahr 1523 schon so weit gediehen war, dass er auf die Anstellung Voits als Hofprediger Einfluss nehmen konnte.

Bei einem solchen, schon bestehenden Einfluss ist nicht auszuschließen, dass Riedesel den Herzog auch in dem Entschluss bestärkte, zum 17. August 1525 die Priesterschaft des Amtes Weimar nach Weimar zu berufen, um dieser in zwei Predigten (Wolfgang Stein auf dem Schloss und Grau in der Stadtkirche) sie auf Maßgaben hinsichtlich der Gestaltung zukünftiger Predigten im lutherischen Sinne zu verpflichten.[186]

Am 24. August erlässt der neue Kurfürst, nun nicht mehr durch die zögerliche Haltung seines Bruders nach dessen Tod gebunden, eine Verordnung die kirchlichen Güter und Pfarrbesoldungen betreffend, die die Grundlage der ersten Visitation 1528 werden sollte.

Die Vollendung der Reformation, die mit den Geschehnissen im Franziskanerkloster im Zusammenhang mit Johann Voit

---

[182] alle Daten und Nachrichten bei Clemen, a.a.O. Bd. III, S.442 ff.
[183] Arper, S. 14.
[184] nach de Wette, Historische Nachrichten, S.179.; um 1526
[185] Clemen, a.a.O., S.442.
[186] Arper, a.a.O., S.37-40.

begann, schließt mit dem Auszug der Franziskaner am 20. November 1533 aus dem Kloster vor das Erfurtische Tor, „wo der alte Albrecht von Meusebach, ein alter Mönchsfreund, sie empfing und auf zwei behangenen Wagen nach Schwerstedt führen ließ"[187]

4.2 Luther und Riedesel

Die oben erwähnte Rolle Riedesels als Fürsprecher Luthers lässt auf eine schon engere Beziehung Luthers zu Riedesel, evtl. auch auf eine der Familien schließen. Eine solche Beziehung der Familien lässt sich schon unter Umständen auf die Zeit kurz nach der Heirat Luthers in Wittenberg am 13. Juni 1525 mit der 1523 aus dem Kloster Nimbschen entflohenen Nonne Katharina von Bora datieren. Clemen bemerkt hierzu, ohne Zeit- und Quellenangabe, dass „auch die Frauen (Katharina Bora und Ottilie von Amsdorf-Scopa) [sich] kannten und liebten".[188].

Im Zusammenhang mit der Flucht der Nonnen aus Nimbschen sollte ein Brief Amsdorfs an Spalatin nicht unerwähnt bleiben. Er zeigt auf, dass den Wittenberger Theologen nicht nur das Seelenheil der Nonnen am Herzen lag. Amsdorf preist Spalatin in einem Brief vom 04. April 1523 die neun, aus dem Kloster in Nimbschen entflohenen und in Wittenberg angekommenen Nonnen als „[...] *feyn und alle vom Adel, under welchen ich keyn funfftzig jerige find*" an, von denen er „[d]*ie eldiste unter In, meins Gnedigen Hern und Ohemen Doctor Staupitz schwester [...] ich dir mein lieber bruder [...] zu einem eelichen gemaheln [zugerechenth]*" habe.

Nicht nur das Alter der Nonnen spielt eine Rolle, sondern auch die mit einer Heirat verbundene Chance auf Erhöhung

---

[187] Arper, a.a.O., S.46.
[188] Clemen, Otto: Die „Lutherbibel" von Kalocsa. In: Neue kirchliche Zeitschrift 30. Jg. 1919, S. 536.

des status, wenn Amsdorf weiter argumentiert, *„damit Du dich mügst eins solchen schwagers berümen als ich mich eins solchen Ohemen berüm"*. Im Falle des Nichtgefallens aufgrund des Alters bietet Amsdorf an, dass Spalatin noch mehr Möglichkeiten besitzt: *„Wiltu aber ein jüngere haben so soltu die wal vnder den schonsten haben"*[189]. Wie intensiv die Beziehung Riedesels zu Luther und seine Bewunderung dessen gewesen ist, wird anhand einer Riedesel unter Umständen von Luther übereigneten Bibel (*manu propria*) deutlich, von deren Existenz in der erzbischöflichen Bibliothek Clemen 1915 während des 1. Weltkrieges an der Düna-Front erfährt. Bei dieser Bibel handelte es sich um eine 1519 in Lyon bei Jakob Mareschal gedruckte Vulgata-Ausgabe, die mit einem Spruch auf dem Vorsatzblatt[190] und Randglossen in der Handschrift von Johann Riedesel versehen ist, ein Hinweis auf die Intensität, mit der sich Riedesel mit dem Text und dem Textverständnis Luthers auseinandergesetzt hat. Eine Ähnlichkeit der Schrift der Randbemerkungen und der Unterschrift auf dem Vorsatzblatt Riedesels mit der Schrift Luthers, die ursprünglich die Vermutung nährte, es handle sich bei diesem Exemplar um eine"Lutherbibel", lässt sich aus der Tatsache erklären, dass einige Luther Nahestehende „sich bemüht hätten, seine Handschrift nachzuahmen"[191], so eben auch Riedesel. Den an den Anfang gestellten Spruch habe Riedesel wohl von einem Autographen Luthers „genau abgeschrieben"[192].

---

[189] Kolde, Theodor: Analecta Lutherana. Briefe und Actenstücke zur Geschichte Luthers. Gotha 1883, S. 442-443.

[190] vgl. hierzu Clemen, Die Lutherbibel, a.a.O.; Der nach Clemen von Riedesel unter Hinweis auf WA, Tischreden 5, Nr.5793 eingetragene Spruch befindet sich im Anhang S.189.; auch Müller, Die Entlassung S. 222.

[191] a.a.O., S.335.

[192] a.a.O., S.336.

Eine Ähnlichkeit der Handschriften Riedesels und Luthers ist, wie an unten angeführten Beispielen dargestellt, durchaus gegeben:
A) Johann Riedesel an Graf Wilhelm IV von Henneberg (26. Dezember 1528)
B) Luther an Johann Riedesel 07. September 1532

A)

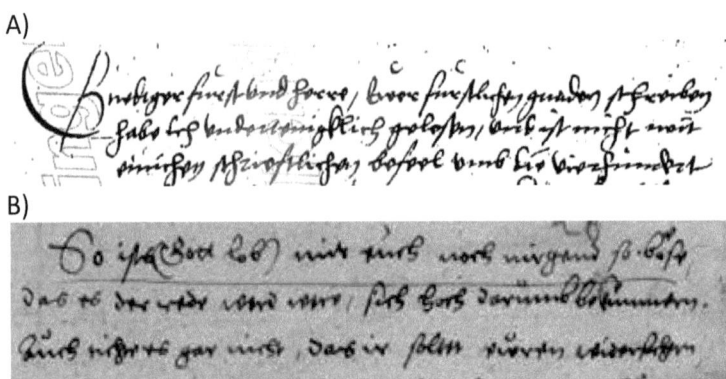

B)

Der Zeitpunkt der Beschäftigung Riedesels mit der „Lutherbibel" lässt sich nicht bestimmen. Fest steht jedoch, dass die Beziehungen Luthers zu Riedesel mit dessen Aufstieg am Hof zum engen Berater des Kurfürsten intensiver werden, wie die folgend angeführten Beispiele zeigen.

4.2.1 Patenschaft Riedesels: Luthers Sohn Martin

Am 24 November 1531 berichtet Luther in einem Brief an Bugenhagen von der Geburt seines Sohnes Martin: *„Mir hat der Herr von meiner Käthe einen Martin geschenkt, und wir sind wohlauf."*[193] Für dieses vierte Kind Luthers nach dem Sohn Johannes und der Tochter Magdalena, Elisabeth war im

---

[193] Walch, Johann Georg: Dr. Martin Luthers Sämmtliche Schriften Bd.21,1, St Louis 1903, Nr.1856, S. 1715.

Alter von einem Jahr gestorben, wird Riedesel[194] neben Luthers altem Freund in der Mansfelder Verwaltung[195] Johann Rühel (um 1490- nach 1541) zum Paten. Einen weiteren Paten nennt Kroker mit Burggraf Borziwog von Dohna, der „damals in Wittenberg studierte und in Luthers Haus wohnte"[196]. Zweige der Burggrafen von Dohna mit Besitzungen in Böhmen im Herrschaftsgebiet König Ferdinands, Bruder Karls V., gehörten der von Wittenberg stark beeinflussten protestantischen Richtung der Böhmischen Brüder an. Die Bemühungen und Bitten an Georg von Sachsen, ihr Haus mit diesen im Machtbereich Ferdinands liegenden Besitzungen zu belehnen, wurden von Ferdinand aufgrund der Religionszugehörigkeit der Dohnas nur vordergründig unterstützt. Der im Vorfeld der militärischen Auseinandersetzung zwischen Schmalkaldischem Bund und Kaiser gebildeten böhmischen provisorischen Regierung gehörte als einer der tatkräftigsten acht Vertreter der protestantischen Parteiung der im Wittenberg der 30 er Jahre am Tisch Luthers sitzende Borziwog von Dohna an. Obwohl die protestantischen Vertreter Böhmens zögerten, dem Schmalkaldischen Bund keine Truppen zuführten und nach der Niederlage bei Mühlberg am 22. 08.1547 sich Ferdinand bedingungslos ergaben, verlor Borziwog von Dohna seine Herrschaft Kostomlat[197], wie auch andere Gegner Ferdinands Teile ihrer Besitzungen verloren. 1531 ist die Beziehung zwischen Luther und dem Kämmerer durch dessen Einfluss beim Kurfürsten und den intensiven Einsatz für die lutherische Lehre aus Gründen der möglichen mittelbaren

---

[194] vgl. de Wette, Bd. 4, S. 418, 635, 685.

[195] Roper, Lyndal: Luther Der Mensch Martin Luther. Die Biographie. F a M 2016, S.655 Anm.13.

[196] Kroker, Ernst: Katharina von Bora. Berlin 1964, S.137.

[197] vgl. hierzu Dohna, Siegmar Graf zu: Die Donins. Aufzeichnungen über die erloschenen Linien der Familie Dohna. (als Manuscript gedruckt) Berlin 1876, S. 187 ff.

Einflussnahme für Luther beim Kurfürsten wichtig, wobei die persönlichen Beziehungen durchaus ihre Rolle gespielt haben müssen.

Luther wählt die Paten seines Sohnes Martin geschickt aus: einen Bekannten aus der Vergangenheit mit emotionaler Bindung an die eigene Vergangenheit, Rühel, den befreundeten Sekretär und Kämmerer Riedesel mit ständigem Zugang zum Kurfürsten und mit *Borziwog von Dohna* einen böhmischen Vertreter des Protestantismus. Inwieweit die Bekanntschaft Käthe Luthers mit der Frau Riedesels[198] eine Rolle bei der Auswahl der Paten für Martin spielte, ist nicht belegt.

Im Brief vom 06. Dezember 1532, dem Trostbrief Luthers an Riedesel wegen dessen Entlassung, (vgl. dort) „ *[lassen] meine Käthe und Euer Pathe Euch freundlich grüßen und wünschen Euch alles Gutes. Wir sind alle, Gott Lob, frisch und gesund. Euer Pathe will ein tettiger* [tätiger] *Mann werden. Er greift zu und will sein Sinnchen* [Singen] *haben. Grüßet mir eure liebe Riebe samt all den Euren* [...].“[199]

Der Patensohn Riedesels erfährt durch den Vater Martin im Laufe seines Lebens sehr unterschiedliche Bewertungen: Urteilt er anfänglich über diesen: „So ist mir jetzt mein Martin mein liebster Schatz, weil er der meisten Pflege und Sorgfalt bedarf. [*Martinus meus mihi est thesaurus gratissimus et tales infantes indigent summo parentum adfectu et fideli custodia.*]“[200], nennt er ihn später einen „losen Vogel" und sorgt sich um ihn.

---

[198] Müller, Ernst, Die Entlassung, S.223.

[199] Wette de: Bd. IV, Sp. 418/419

[200] Walch Sämmtliche Schriften Sp. 168-170 (Tischreden, Meditationen Bd. I S. 135, S.140.);vgl. auch Hofmann, Friedrich Gottlob: Katharina von Bora oder Dr. Martin Luther als Gatte und Vater. Ein Beitrag zur Geschichte der Priesterehe, Leipzig 1845, S.155-156.

Der Lebensweg dieses prognostizierten „losen Vogels" wird jedoch ein ganz anderer: Der introvertierte und für Krankheiten anfällige Martin wird Theologe, heiratet 1560 die Tochter Anna des Wittenberger Bürgermeisters Thomas Heilinger und stirbt am 03. März 1565 kinderlos, ohne eine feste Stelle als Theologe angenommen zu haben.

In seinen Briefen an Riedesel lässt Luther, sofern es sich nicht um rein theologische Fragen oder Verwaltungsakte handelt, regelmäßig Grüße seiner Frau Katharina (Käthe, Kethe) und des Patensohns Rietesels, Martin, sowie eigene an die Frau Riedesels ausrichten.[201] Über Beziehungen der Familie Riedesels zu Martin über den Tod Luthers im Februar 1546 in Eisleben hinaus, wohin Martin und seine Brüder Luther begleitet hatten[202], fehlen Nachrichten. Die Kinder Luthers wurden nach dessen Tod bei seinem Bruder Jakob in Mansfeld untergebracht.

Von einer Nachwirkung der Beziehungen der Familien Luther und Riedesel wird in einer 300 Jahre später erscheinenden Notiz im „Neuigkeitsboten" von 1840 berichtet: Ein bedürftiger Nachkomme Luthers, Johannes (geb.1826), wird in den Jahren nach 1833 in einer Erfurter Familie Reinthaler aufgenommen, erzogen und „[...] *ein Nachkomme des Freiherrn von Riedesel, Kämmerer bei Friedrich dem Weisen, hat, da dieser Luthers Erstgebornen*[203] *aus der Taufe gehoben, ein Eingebinde von 300 Gulden für diesen Johannes gestiftet, damit er zum Schullehrer gebildet werde [...]"*[204].

---

[201] Wette, Bd. IV, S.397.
[202] WA Briefe 11, Nr. 4207, S. 300,16 ff
[203] richtig: zweiter Sohn Martin
[204] Der Neuigkeitsbote Nr. 73 vom 18. Juni 1840

5 Aktivitäten

5.1 Eigene Hofhaltung Johann Friedrichs

Die Nähe Riedesels zum Kurfürsten und sein Einfluss auf diesen veranlassen auch den Sohn des Kurfürsten zu einem Versuch, den Einfluss Riedesels zu nutzen.
Im Winter 1527 bittet Herzog Johann Friedrich wie schon mehrmals vorher in einem Brief[205] seinen Vater um die Gewährung einer eigenen Hofhaltung in Weimar, die ihm dieser unter finanziellen Gesichtspunkten verweigert hatte. Die Ausführungen des Briefes, die Begründungen für eine eigene Hofhaltung mit erhöhtem finanziellem Bedarf legen nochmals Wert auf den mit seiner Heirat verursachten und den damit gestiegenen Kosten für Unterhalt und Repräsentation.
Anlass für diesen Brief ist die ablehnend Antwort des Kurfürsten auf einen vorhergehenden Brief Johann Friedrichs. In diesem argumentiert der Kurfürst: Er [der Kurfürst] halte (unterstütze) ihn [Johann Friedrich] und seine Gemahlin dermaßen, wie wohl nur wenige Kurfürsten und Fürsten ihre Söhne und deren Ehefrauen (*waiwern*) so ehrlich und wohl unterhielten und er hielte es auch für besser, wenn sein Sohn dies willig und mit Dank annehme.
Johann Friedrich bittet deshalb Wildenfels und Riedesel bei seinem Vater auf Antwort zu drängen: „*Dann habe ich durch den von Wildenfels und Riestel[206] nochmals um Antwort bitten lassen* [...]".

---

[205] Mentz, Georg: Johann Friedrich der Großmütige 1503-1554, erster Teil Johann Friedrich bis zu seinem Regierundsantritt 1503-1532. Festschrift zum 400järigen Geburtstage des Kurfürsten, Jena 1903 Nr. 6, S.101.
[206] zu lesen Riedesel

Die Antwort des Kurfürsten, unter Umständen veranlasst durch Eingabe Wildenfels' oder Riedesels, war wiederum[207] ablehnend.

Johann Friedrich wendet sich mit seiner Bitte um Antwort von seinem Vater bewusst an zwei Personen am Hof des Kurfürsten in Torgau, die das Wohlwollen des Herrschers genießen: den zukünftigen Kämmerer Riedesel und Anarg Heinrich zu Wildenfels (um 1490-1539).

Anarg von Wildenfels zu Schönkirchen und Ronneburg, dessen Vater 1493 Friedrich den Weisen auf dessen Wallfahrt in das Heilige Land begleitet hatte, steht seit 1522 der reformatorischen Bewegung und Luther wohlwollend gegenüber und bietet dem von Riedesel geförderten, 1523 aus dem Franziskanerkloster geflohenen Johann Voit Sicherheit in Ronneburg, welches ihm („*Stadt und Land*") 1517 von Kurfürst Friedrich und Herzog Johann verliehen worden war.[208]

Wildenfels wird kurfürstlicher Rat, ist Ende 1528 als Visitator in Meissen und dem Vogtland tätig und stirbt am 1. Juni 1539 während einer Visitation in Altenburg.

In die Zeit seines Wirkens als Kämmerer am kurfürstlichen Hof fallen zwei weitere Fälle, in denen Riedesel seinen Einfluss geltend machen kann.

5.2 Der Fall Thomas Schneidwein

Im März des Jahres 1529 bittet Luther Spalatin, sich aufgrund der Verfolgung der Evangelischen in Jüterbog[209] zusammen mit Riedesel für den Prediger Thomas Schneidwein

---

[207] Mentz, a.a.O. Nr. 6 (Anm. Mentz: Winter 1527)

[208] vgl. Kap. Riedesel und Johann Voit

[209] Walch, Sämmtliche Schriften Bd.21 Erste Abteilung, St Louis 1903, Nr.1018 Sp.883/884, Text im Original lat. "*Oro, ut si quid potes, Riedtesellum socium accipias es miseros concionatores juves [...]*"

einzusetzen: „*Einer der Prediger hat auch dort mit Bewilligung des Bischofs von Magdeburg ruhig und gut gelehrt, Thomas Schneidwin, der Bruder des Schössers zu Eisenberg. Ich bitte dich, dass du, wenn du etwas vermagst, den Riedtesel zum Genossen nehmest und den armen Sängern helfest...*".

In Jüterbog, dem brandenburgischen Kurfürstentum zugehörig, hatte Kurfürst Joachim I. (1484-1535) vermutlich 1526 auf Bitten des lutherisch gesinnten Stadtrates hin, Thomas Schneidwein als dem lutherischen Bekenntnis verpflichteten Prediger an zwei Kapellen zugelassen. Schneidwein und damit die gesamte lutherische Bewegung in Jüterbog gerät beim Landesherrn in Miskredit, als Gerüchte auftauchten, dass Schneidwein der 1527 zum neuen Glauben übergetreten und Luthers Lehren anhängenden Kürfürstin Elisabeth (1485-1555), Nichte der sächsischen Kurfürsten Friedrich d. Weisen. (1463-1525) und Johann (1468-1532), bei ihrer Flucht am 24. März 1528 aus Berlin über Jüterbog nach Torgau an den kursächsischen Hof, Beistand geleistet und zur Weiterreise verholfen habe.

Der Vorgang veranlasste Joachim I. dazu, im Jahr 1529 aus Rache den Thomas Schneidwein und andere beim Aufenthalt vor der Stadtmauer durch 40 Reiter entführen zu lassen. Die von den älteren Jüterboger Chroniken[210] berichteten Einzelheiten scheinen in dieser Form zu Luther gedrungen zu sein, der seinerseits Spalatin auffordert, sich mit Riedesel für Schneidwein einzusetzen. Dieser Aufforderung konnten Spalatin und Riedesel gewiss nicht nachkommen, da beide beim Reichstag zu Speyer mit dringenderen Angelegenheiten beschäftigt waren und auch Thomas Schneidwein mit seinen

---

[210] Brandt, Johann Carl: Kurze Geschichte der Kreisstadt Jüterbog von der ältesten bis auf die neuesten Zeiten. Jüterbog 1840, S. 31.

„concionatoríbus" (Demagogen, Predigern, Wühlern im neg. Sinne) (für immer) verschwunden war.[211]

5.3 Der Fall Alexius Chrosner (1531)

Im Jahr 1531 wird Riedesel in einem am 19. April datierten Brief des Alexius Chrosner (auch Krosner, Crosner) gebeten, sich für ihn hinsichtlich einer Anstellung beim Kurfürsten Johann als Hofprediger oder in einem beliebigen weltlichen Amt einzusetzen, da „[er] *selbs aus vieln ursachen geneigter* [sei] *zcu weltlichn dinstn* [...]"[212].

Alexius Chrosner, um 1490 in Colditz (deshalb auch zeitgemäß Colditius) geboren, erhält nach Studium in Leipzig (1505 im Sommer als „Alexius Kroßner de Colditz immatrikuliert[213], 1510 Magister und Lehrer von Julius von Pflug und Wittenberg 1512) die Stellung des Erziehers des Kurprinzen Johann Friedrich II., die er sieben Jahre einnimmt.

Eine ihm 1514 vom Kurfürsten jährliche, lebenslange Zahlung von 52 Gulden[214] wird 1516 durch seine Anstellung als Kanonikus in Altenburg abgelöst.

1524 wird er zum Hofprediger Herzog Georgs in Dresden berufen, verliert diese einträgliche Stellung jedoch wieder im Jahr 1527 durch die am der alten Kirche verpflichteten Dresdener Hof kursierenden Unterstellungen, dass seine Predigten deutlich lutherischen Charakter trügen. Zwei, im Jahr 1527 vor Herzog Georg gehaltenen Predigten, zu denen Luther Vorworte schreibt, werden 1531 in Wittenberg

---

[211] vgl. hierzu https://www.jueterbog.eu/seite/290064/geschichten-und-legenden.html (Stand 10.12.2018)

[212] Vetter, Paul: Zur Geschichte Alexius Krosners. In: Neues Archiv für sächsische Geschichte und Altertumskunde Bd. 30, Dresden 1909, S. 142.

[213] Clemen, Otto: Alexius Chrosner, Herzog Georgs von Sachsen evangelischer Hofprediger. Leipzig 1908, S.1.

[214] a.a.O. eigenhändiges Konzept Crosners mit Korrekturen von anderer Hand. Weimarer Archiv, Reg. J. 547

gedruckt, nachdem Luther, wie Chrosner Riedesel ankündigt, ihm [Krosner] berichtet habe, dass sie innerhalb von 14 Tagen gedruckt würden.[215]

Chrosner kündigt Riedesel im Brief an, ihm und dem Kurfürsten jeweils ein Exemplar zu schicken, damit „[...] man sich der warheit zcu erkunden hat, was ich an hertzog Georgen gepredig [...]"[216]

Wohlweislich verschweigt Chrosner in seinem Brief an Riedesel, dass er die Predigten, bevor er sie Luther zum Verfassen der Vorworte übergab, im Sinne eines lutherischen Tenors überarbeitet hatte.[217]

Die durch die Entlassung am Dresdener Hof eingetretene Minderversorgung veranlasst Crosner, sich an Riedesel zu wenden, von dem er weiß, dass dieser beträchtlichen Einfluss auf den Kurfürsten hat, um vielleicht doch auf diesem Weg zu einer ihm 1530 vom Kurfürsten versprochenen Versorgung zu kommen.[218]

Die Dringlichkeit seiner Bitte um Anstellung und Einflussnahme Riedesels hierauf beim Kurfürsten unterstreicht er am Ende seines Briefes mit zeitgemäßer, jedoch den Leser irritierender Eindringlichkeit: „[...] Zcu welchm allem thun ich mich euch als meinem in bsonder lieben hern, patronen und mechtigen forderer treulich bevhelnn, mit erbitong [...] eur antwort hieneben bittend. [...].Eur eren willigr diener Alexius Crosner von Colditz. Magister."[219]

---

[215] Luther an Crosner, WA 30 III 405; auch Peters, Christian: Apologia Confessionis Augustanae. Untersuchungen zur Textgeschichte einer lutherischen Bekenntnisschrift (1530-1584), Stuttgart 1997, S.396.
[216] Vetter, a.a.O., S.143.
[217] zum Gesamtzusammenhang der Stellung Chrosners am Hof Georgs von Dresden und seine Entlassung vgl. Clemen, Alexius Chrosner, a.a.O.
[218] BW.T 5 a.a.O., S.141.
[219] Fundort: Foto des Autographs: Bretten, Hs.83; vgl. Bds. 89 Nr. 119.M HSA. Reg. li. Nr. 547

Der im Haupstaatsarchiv Weimar vorhandene Autograph des Briefes an Riedesel trägt oberhalb und unterhalb der Adresse eine negative Stellungnahme[220], die nach Vetter von Melanchthon stammt, aber nicht eindeutig Melanchthon zuzuordnen ist. Die auch privat bestehende Verbindung Melanchthons zu Riedesel und dessen Familie sowie Gerüchte über Aussagen Chrosners zu angeblichen Sinnesänderungen und Widerrufen Melanchthons und Luthers betreffs des im Druck erschienenen *Unterrichts der Visitatoren an die Pfarrherren in Sachsen*[221], die 1527 in Wittenberg kursierten, lassen eine negative Stellungnahme Melanchthons als durchaus möglich erscheinen.

Ein weiterer Grund für die Entlassung Chrosners durch Herzog Georg 1527 dürften die im Sommer des Jahres in Dresden aufkommenden Gerüchte gewesen sein, die ihn fälschlich der Aussage beschuldigten, dass das Pack'sche Bündnis wirklich bestanden habe.

Otto von Pack, albertinischer Rat und Vicekanzler des katholischen Herzogs Georg von Sachsen (um 1480-1537) hatte aus Geldnot dem Landgrafen Philipp I. von Hessen 1528 einen angeblichen, in Breslau formulierten Angriffsplan Georgs und seiner katholischen Verbündeten übermittelt. Die von Philipp eingeleiteten militärischen Gegenmaßnahmen und geschlossenen Bündnisse, auch mit Kursachsen, wurden durch Intervention Ferdinands, des Bruders Karls V. und Einspruch Luthers bei Philipp gegen einen Präventivschlag eingestellt oder aufgelöst. In dieser Angelegenheit kommt es zu zwei Zusammenkünften Philipps von Hessen und dem Kurfürsten am 09. März und am 28./29. April in Weimar. Der

---

[220] *Scilicet egregia vocatio, cum tu te vocandum obtendis. Breviter: Coldicius est Coldicius.αεί ψεύόης. Είκων theologorum quorundam*

[221] Melanchthon, Philipp: Unterricht der Visitatoren an die Pfarrherrn im Kurfürstentum zu Sachsen. Marburg 1528

Plan stellte sich als Fälschung heraus. Dem inhaftierten Pack gelingt die Flucht aus hessischer Gefangenschaft. Er wird aber nach jahrelanger Flucht wieder gefangengenommen und in Brüssel hingerichtet.

Erschwerend für Crosner in seinem Bemühen, den Gerüchten über seine Stellung zur Pack'schen Fälschung dürfte gewesen sein, dass er sich am 12. Mai 1527 mit dem Herzoge in Breslau aufgehalten hatte.

Im Bemühen, eine einträgliche Stellung für sich, seine 1530 geheiratete Frau und das Kind durch Rietesel vermittelt zu bekommen, laviert der dem lutherischen Lager angehörige Crosner, um dem, streng dem alten Glauben verpflichteten Herzog Georg, in dessen Dienst er steht, in Dresden Aufklärung über die neuen Glaubensinhalte zu geben, von 1527 bis 1532 zwischen beiden Bekenntnissen, mit dem Ergebnis, dass beide Lager seine Unentschiedenheit erkennen und er somit auch am kurfürstlichen Hof keine Anstellung findet.

Chrosner stirbt verarmt Mitte 1535 in Altenburg.

5.4 Riedesel und Graf Wilhelm IV von Henneberg-Schleusingen

Neben der im Original erhaltenen Korrespondenz Luthers mit Riedesel und der in weit geringerem Maße vorliegenden Riedesels mit Melanchthon liegt im Staatsarchiv Meinigen das Konvolut einer Korrespondenz zwischen Graf Wilhelm dem IV von Henneberg-Schleusingen[222] und Herzog Johann von Sachsen sowie dessen Sekretär/Kämmerer Riedesel vor, von dem der Großteil der Vorbereitung des Reichstags zu Regensburg 1528 gewidmet ist. Einige Briefe befassen sich

---

[222] (1480-1559)

mit der Auszahlung von Dienstgeldern durch Johann an Wilhelm den IV. und einen, in den Diensten Wilhems IV. stehenden Kaspar Wagner.

Anmerkungen zur Sprache der Briefe:
Anhand der Korrespondenz zwischen Graf Wilhelm, dem Kurfürsten und Briefen Riedesels lassen sich Merkmale zur Entwicklung einer einheitlichen deutschen Sprache während der Reformationszeit festmachen.[223] Die sächsische Kanzleisprache bildete wegen der „überprovinziellen Beziehungen" des Fürstentums und durch „durch Vermeidung mundartlicher Eigenheiten" die Basis einer Sprache – vorerst Schriftsprache-, denen in kürzester Zeit andere Herrschaften im deutschsprachigen Raum folgten. Hierzu dienen die Briefe Riedesels an Wilhelm IV. beispielhaft, auch hinsichtlich ihrer durch die Arbeit Riedesels als Sekretär geschulten, sauberen Handschrift. Die Briefe Wilhelms an den Kurfürsten sind teils mit eigener Hand, teils wahrscheinlich durch einen Sekretär geschrieben. Die Briefe Johanns an Wilhelm in ungelenker, meist mit unverbundenen Blockbuchstaben gestalteter Handschrift weichen von einer sich etablierenden Schreibart ab und verwenden oft Mundart. Allen Briefen ist das Fehlen einer „standardisierten Orthographie und Grammatik"[224] gemeinsam.
Der Inhalt der Briefe, die im Folgenden auch im Hinblick auf die Rolle Riedesels zu untersuchen sein werden, macht ähnlich der Funktion Riedesels als Vermittler und Förderer von Anliegen protestantischer Seite (Luthers) an den Herzog, späteren Kurfürsten, die Scharnierfunktion Riedesels bei Johann auch in „zwischenstaatlichen" Beziehungen deutlich, hier in der Beziehung Sachsens zur Grafschaft Henneberg-Schleusingen.

---

[223] vgl. hierzu Ludolphy, a.a.O., S. 293.
[224] a.a.O.

Graf Wilhelm IV. (1478-1559) ist Landesherr der gefürsteten Grafschaft Henneberg-Schleusingen und Inhaber eines Fürstentitels, „der [den Grafen] ursprünglich weder verliehen noch im 14. Jahrhundert von ihnen beansprucht worden war" [225] und von der Reichskanzlei seit 1426 gebraucht wurde. Wilhelm, der sich selbst als „der Vierte" bezeichnet, wird als Sohn Wilhelms des III./IV. (gest. 1480)[226] und der Margareta aus dem Hause Braunschweig-Wolfenbüttel am Hof des Pfalzgrafen und Kurfürsten Philipp in Heidelberg erzogen. Er regiert ab 1480 unter der Vormundschaft der Mutter zu Schleusingen und ab 1488 allein. 1499 heiratet er Anastasia von Brandenburg (1478-1534), die Tochter des Markgrafen-Kurfürst Albrecht Achilles und dessen Gemahlin Anna von Sachsen, die Schwester der sächsischen Brüder Kurfürst Friedrich und Herzog Johann.

Den Ehevertrag für Anna handelten ihr Bruder Johann, Landgraf Wilhelm von Hessen und Graf Johann von Henneberg-Schleusingen, Abt von Fulda (gest. 1513) und Onkel Wilhelms des IV. aus.

Die Anrede des Kurfürsten Johann an Wilhelm IV. mit „Schwager" in vorliegender Korrespondenz gründet somit berechtigt auf der engen Blutsverwandtschaft Hennebergs und Sachsens und wird nicht als freundschaftliche Anrede unter Herrschern wie z.B. „Oheim" oder „Sohn" gebraucht. Ein jahrzehntelanger Streit mit Hessen wegen Schmalkalden wird 1498 mit einem Ausgleich zugunsten Hennebergs erreicht. In der für Henneberg unglücklichen bayrischen Fehde 1503 bis 1505 zwischen Ruprecht von der Pfalz und

---

[225] Henning, Eckart: Die gefürstete Grafschaft Henneberg-Schleusingen im Zeitalter der Reformation. Mitteldeutsche Forschungen 88, Köln-Wien 1981
[226] zur Zählung der Generationen des Hauses Henneberg-Schleusingen vgl. Mötsch, a.a.O., S. 59 Anm. 24.

den Herzögen Albrecht[227] und Wolfgang[228] steht der am pfalzgräflichen Hof erzogenene Graf W. auf Ruprecht's Seite, zieht sich dadurch die Reichsacht und die Verwüstung der Grafschaft Henneberg durch Hessen, dem die Achtvollstreckung aufgetragen war, zu. Längere Streitigkeiten und Fehden mit diesem Nachbar sind erst 1521 durch eine Erbeinigung mit Hessen beigelegt, das Schmalkalden-Barchfeld/Brotterode und die Vogteien Herren- und Frauenbreitungen im Falle des Erlöschens des Hauses Henneberg erhält.

Das Land Wilhelms wird durch den Bauernkrieg 1525 stark belastet und verwüstet. Die Verheerung des Landes, die Niederlegung seiner Schlösser, vieler Burgen und Klöster und die dadurch entstandene finanzielle Notlage sind, nachdem der Aufstand mit der Hilfe Kursachsens und Hessens niedergeschlagen war, für ihn Anlass, das innere Reorganisationswerk in Verwaltung und Justiz zu beginnen.[229] 1542 tätigt er den Umtausch des reichen Amtes Mainberg bei Schweinfurt gegen Amt und Stadt Meiningen und tilgt damit letzte Pfandrechte in Schleusingen. 1543 resigniert er zugunsten seines Sohnes Georg Ernst.

Wilhelms Stellung zur Reformation ist ambivalent. Im Bewusstsein des Erstarkens der neuen Lehre versucht er, unter Umständen auch aus innerer Überzeugung der katholischen Lehre noch verpflichtet, „zwischen den Fronten" zu lavieren.

---

[227] Albrecht IV., Herzog von Bayern, (1447-1508)
[228] Herzog von Bayern (1451-1514)
[229] Hauptquelle ist Juncker's Ehre der gefürsteten Grafschaft Henneberg. – Diplomatische Geschichte des gräfl. Hauses Henneberg II (von Schultes). – . Brückner, G: Graf Wilhelm von Henneberg und der Reichstag zu Augsburg 1530, in: Neue Beiträge zur Geschichte des deutschen Alterthums. 3. Lfg., Meiningen 1867, S.127 ff.

Er lässt in Zeiten seiner Herrschaft vor Resignation zugunsten seines Sohnes Georg Ernst protestantische Prediger in seiner Herrschaft zu, um dessen Verehelichung mit der protestantischen Prinzessin Elisabeth von Braunschweig und die Einführung der Reformation zu ermöglichen. In Worms spricht er „dem kühnen Dr. Martin Luther durch einen Besuch seine Theilnahme und Bewunderung aus"[230] Auf dem Reichstag zu Nürnberg 1524 steht sein Gesandter Ludwig von Boineburg neben Reichsstädten, Kursachsen, dem Hochmeister des Deutschen Ordens und Grafen auf evangelischer Seite.

Die Augsburger Confession bezeichnet er in einem Brief an seinen in Augsburg weilenden Sohn Wolfgang am 15. August 1530 als „*etwas ganz costlich und die helle evangelische Schrift*" und verheiratet 1534 seine Tochter Margarete, eine ehemalige Nonne, entgegen katholischer Gepflogenheiten. Der alten Kirche bleibt er in Grundsätzen jedoch treu. In geistlichen Angelegenheiten verhält sich Wilhelm nicht immer nach Vorgaben seines für seine Herrschaft zuständigen Bischofs in Würzburg oder des Papstes, sondern orientiert sich an Entscheidungen der weltlichen Obrigkeit: Kaiser und Beschlüsse der Reichsstände.[231]

So hatten alle Angelegenheiten gegenüber dem Kaiser und den Reichsständen auch nach Übernahme der Regierungsgeschäfte durch seinen Sohn Georg Ernst in seinem Namen und mit seiner vorherigen Befragung zu geschehen. Erst 1555 entsagte er diesen Regalien und bat um die Belehnung seines, der neuen Lehre zugänglichen Sohnes.

---

[230] Brückner, H.: Möhra, Luther und Graf Wilhelm von Henneberg. In: Archiv für die sächsische Geschichte Bd.2, Leipzig 1864, S. 55.

[231] Zeitel, Karl: Die Reformation im Henneberger Land von den Anfängen bid zur Annahme der Augsburgischen Konfession durch Wilhelm von Henneberg nach zeitgenössischen Zeugnissen. Hildburghausen 1994, S.49 ff.

Er trägt den Verhältnissen Rechnung und tritt auch dem Schmalkaldischen Bund nicht bei, so lange drei Söhne aus geistlichen Pfründen ihren Unterhalt beziehen, seine Haltung von Karl V. geschätzt wird[232] und er unter Maximilian nach Lösung von der Reichsacht die Schutzherrschaft Schweinfurts erhält.

Um sich einer Entscheidung für eine der Parteiungen zu entziehen, vermeidet er es, wenn möglich, auf Reichstagen und bei Bündnisverhandlungen persönlich zu erscheinen oder schriftliche Zusagen zu machen. Auf dem Reichstag zu Speyer 1529 lässt er sich durch Dr. Peter von Gundolfsheim vertreten.[233] Obwohl Herzog Johann Friedrich nach dem Reichstag in Speier in einem Gutachten für ein evangelisches Bündnis Verhandlungen mit Graf Wilhelm einen Beitritt dessen zum evang. Bündnis für aussichtsreich hält[234], erscheint Wilhelm auf dem Reichstag in Augsburg 1530 nicht, obwohl der Kurfürst Johann ihn vor dem Reichstag bittet, *„sich in Augsburg in Diensten, Reden und allen Sachen gebührlich"*[235] zu halten.

Deshalb wohnt er wohl auch 1530 dem Reichstag zu Augsburg nicht persönlich bei.[236]

Verdächtigungen und Gerüchte, dass die von Friedrich dem Weisen in Szene gesetzte Gefangennahme Luthers nach dem Reichstag zu Worms 1521 von Wilhelm dem IV. als Dank für

---

[232] Ein Sohn, Wolfgang, fällt in kaiserlichem Dienst.

[233] Reichstagsabschiede II. FaM 1747. Nr.304

[234] vgl. Mentz, G. Johann Friedrich der Großmütige. Bd.1, Jena 1903, S.125.

[235] Stück, Walter.: Graf Wilhelm IV. von Henneberg (1485-1559), in: Schriften des Hennebergischen Geschichtsvereins Nr.11, Schleusingen 1919, S.28; vgl. Brückner Reichstag zu Augsburg S.127 ff.

[236] vgl. Junker, Johann Christian: Ehre der gefürsteten Grafschaft Henneberg.– Diplomatische Geschichte des gräfl. Hauses Henneberg II. Landesarchiv Thüringen – Staatsarchiv Rudolstadt, Hessesche Collectaneen, Nr.6a Nr. 15; ebenso G. Brückner, Neue Beiträge z. Gesch. deutschen Alterthums. 3. Lfg., Meiningen 1867

die Einsetzung seines Sohnes Johann als Koadiutor in Fulda durchgeführt worden sei[237], widerspricht er vehement.[238] Luther hatte die Absicht, auf einem Umweg über Möhra nach Wittenberg zu reisen, der, ehe er in das des sächsischen Ritters Burkhard Hund v. Wenkheim zum Altenstein führte, auch durch das Gebiet des noch katholischen Grafen Wilhelm führte.

1547 wird Graf Wilhelm durch die für den Ernestiner Johann Friedrich katastrophal endende Schlacht bei Mühlberg in die kursächsische Katastrophe einbezogen, verweigert 1548 die Unterwerfung unter das Augsburger Interim und bekennt sich öffentlich zum neuen Glauben.

Das Verhältnis zwischen den in benachbarten Herrschaften Regierenden wird nicht nur durch die unterschiedliche Zuwendung in Glaubensfragen (Johann als Anhänger Luthers, Wilhelm IV. dem alten Glauben anhängend) bestimmt, sondern auch durch geopolitische Bestrebungen der Arrondierung oder Behauptung des eigenen Herrschaftsgebietes. Durch die Ausweitung der sächsischen Ortslande nach Franken mit der Pflege Coburg, die bis Mitte des 14. Jahrhunderts zu Henneberg-Schleusingen gehört hatte und 1485 durch Erbteilung an die kurfürstlich-ernestinische Linie gekommen war[239], ergab sich eine Verzahnung politischer und kirchlicher Probleme der Grafschaft Henneberg-Schleusingen mit der Sachsens, die besonders mit der sächsischen Visitation in Coburg und Sachsen vom November 1528 bis Februar 1529 deutlich

---

[237] vgl. Quelle bei Scheinost, Marina: Johann Georg Martin Brückner (1800-1881). Forschung zwischen Wissenschaft und nationalem Anspruch. Würzburg 2003, S.81 Anm. 87: ThStA Meiningen. Nr.10 Blatt 62

238 Pollack, C.: Luther auf der Wartburg. Nach ungedruckten Aufzeichnungen über Luther's Gefangennehmung. Gartenlaube Heft 39. Leipzig 1867, S.614-617; vgl. auch Brückner: Möhra S.27-58; ebenso Zeitel, Die Reformation, S.17.

[239] vgl. Zeitel, a.a.O., S. 54 ff

wurden. Hier konnte Sachsen die Reformation, besonders der Gottesdienstordnung und Besetzung von Pfarrstellen mit Predigern des neuen Glaubens gegen den Willen Wilhelms nicht durchsetzen. Als Vogt von Klöstern konnte er sich aufgrund der kirchlichen Lehensherrschaft der Besetzung von den Klöstern zu Lehen gehenden Pfarren durch die weltliche Obrigkeit (Sachsen) mit nicht genehmen Predigern verweigern.[240]

5.4.1 Ein Pferd aus der Grafschaft[241]

Im Mai 1516 richtet Riedesel als kursächsischer Kammersekretär einen Brief an die Kanzlei Wilhelms des IV. mit der Bitte um ein Pferd, *„ein hübscher brauner Maßfelder"*[242], welches ihm mündlich oder schriftlich vom Kanzler Henneberg-Schleusingens Jeger (Jäger)[243] avisiert wurde, sich jedoch als nicht „lieferbar" herausstellte.[244] Über eine besondere Qualität von Pferden aus Maßfeld, die von Riedesel erwähnt wird, liegen keine Nachrichten vor.

Der im Staatsarchiv Meinigen im Zusammenhang mit der Beilegung der Irrungen mit Kursachsen um die Elgersburg

---

[240] Zeitel, a.a.O.

[241] vgl. den Text im Anhang, S. 203/204.

[242] Obermaßfeld / Niedermaßfeld: Die Burg von Niedermaßfeld (Masvelt inferius) erstmals 1230 erwähnt liegt 5 km oberhalb von Meinigen und war seit 1375 im Besitz der Grafen von Henneberg In den 1416 folgenden Jahrzehnten entstand in Zusammenfassung verschiedener Herrschaftsteile das Amt (Unter-) Maßfeld. In: https://adw-goe.de/en/digital-library/hoefe-und-residenzen-im-spaetmittelalterlichen-reich/gsn/rf15_I_121220-4138 (Stand 07.02.2019);

[243] Johannes Jeger [Jäger]: Hennebergischer Rat und Kanzler in Schleusingen, bis 1535 Kanzler; Nachfolger wird Johannes Gemel. 1541 wieder Kanzler (+ 17.5.1554 Schleusingen) in: Scheible: Melanchthons Briefwechsel, Bd.12, S.361.

[244] ThStAM, 4-10-111 Hennebergica Gotha/ Akten Nr, 93 Blatt 18

(1516-1522) vorhandene Brief lässt keinen Schluss zu, welches die Grundlage Riedesels für eine solche Bitte an den Grafen Wilhelms ist.

Schloss und Ort Elgersburg gehörten anfänglich den Herren von Elgersburg, fielen dann an die Grafen von Kefernburg, kurzzeitig an die Grafen von Henneberg-Hartenberg bzw. Schleusingen, ehe der Ort 1365 an die Landgrafen Friedrich (1349–1381) Balthasar (1349–1406) und Wilhelm (1349–1382) von Thüringen als Pfandschaft mit Wiederkaufsrecht versetzt wurde und somit unter die Landeshoheit der Wettiner gelangte. Die „Irrungen" zwischen dem neuen Herren der Elgersburg, Sachsen; und den Hennebergern bis auf Graf Wilhelm entstehen durch Streitigkeiten über die Grenze zwischen der Elgersburg und dem hennebergischen Amt Ilmenau.[245]
1437 kaufen die Herren von Witzleben, Lehnsträger Sachsens, die Elgersburg.
Als Wilhelm 1516 die Pfandschaft an der Elgersburg ablösen will, Johann jedoch an der Burg als Besitz im Süden interessiert ist, schließt er einen Vergleich mit Wilhelm: Die Ablösesumme von 8000 Gulden wird gegen jährliche Zahlung von 500 Gulden gestundet. Für diese Zeit verpflichtet sich Johann, die Herrschaft Henneberg zu „schützen".
In der Folgezeit verhindert der ständige Geldmangel Wilhelms den Gedanken an Auslösung, die Irrungen über Grenzverlauf zwischen Elgersburg und Amt Ilmenau bleiben jedoch weiter bestehen, so dass der amtierende Kurfürst beschließt, auf

---

[245] vgl. Schultes, Johann Adolph: Diplomatische Geschichte des Gräflichen Hauses Henneberg mit CCC. Urkunden und eilf Kupfertafeln. Bd. 2. Hildburghausen 1791, S.153-155; ebenso Mötsch, Johannes: Große und kleine Dynastien? Die Wettiner/Ernestiner und die Grafen von Henneberg-Schleusingen. In: Die Ernestiner: Politik, Kultur und gesellschaftlicher Wandel. (herausgegeben von Werner Greiling, Helmuth. G. Walther,Uwe Schirmer,Gerhard Müller), Köln/ Weimar 2016, S.59.

einem Umweg die Angelegenheit zu beenden. Er fordert von Wilhelm 1539 Pfandschilling auf Schleusingen zurück, die Wilhelm nicht bezahlen kann.dieser verzichtet 1540 auf das Einlösungsrecht an der Elgersburg und überschreibt sie Sachsen, erhält dafür den Verzicht auf pfandrechtliche Ansprüche Sachsens an Schleusingen. Die Elgersburg kommt somit nicht mehr an die Grafen von Henneberg zurück.

Bemerkenswert an diesem Brief ist nicht die Tatsache des direkten Kontakts Riedesels zum Kanzler Hennebergs, sondern dass der erst im selben Jahr aus hessischen in kursächsische Dienste gewechselte Riedesel schon als Kammersekretär den Brief verfasst, ein Zeichen für eine beginnende Wertschätzung seiner Person am Hof in Weimar. Dies wird durch das Versprechen Riedesels in der Schlussformulierung des wahrscheinlich an den Kanzler selbst gerichteten Briefes bestärkt, indem er auf eine *tröstliche Antwort* [hin sich] *willig erbiete*[t], *sichs zu heischender Zeit* [zu] *verdienen*.[246]

Die Bitte Riedesels um ein Pferd berührt ein durchgängig auftauchendes Thema und Problem dieser Zeit.

Grundsätzlich herrschte Mangel an brauchbaren Pferden, besonders wenn es sich um Pferde handelte, die im Krieg gebraucht werden, in Henneberg-Schleusingen schon während des Bauernkrieges[247] oder, wie unten darzustellen,

in den Briefen Wilhelms an Johann zur Vorbereitung des Reichstages Regensburg 1528. So wird die Bitte Riedesels, der im Jahr 1516 gerade in Weimar als Sekretär begonnen hatte und sich ein solches Statussymbol nicht unbedingt leisten konnte, verständlicher.

Der Wert eines solchen, auch Repräsentationszwecken dienenden Pferdes unterlag Angebot und Nachfrage des

---

246 a.a.O.
247 vgl. Zeitel,a.a.O., S. 28 ff.

Marktes, wobei in dem durch Fehden noch stark geprägten beginnenden 16. Jahrhundert der Wert eines Pferdes trotz territorialer Unterschiede der Währungen sicher nicht sehr ausgeprägten Schwankungen ausgesetzt war. Wenn Dietrich Riedesel im Jahr 1500 einem Kammerschreiber Johann Fleck für ein Pferd, das er dem Landgrafen verkauft hat, 20 Gulden quittiert[248], konnte man zum gleichen Zeitpunkt für 10-20 Gulden 10 Acker Weingarten kaufen[249] Bei dem Verkauf eines Pferdes an den Landgrafen dürfte der Wert sicher höher anzusetzen sein.

5.4.2 Kaspar Wagner 1528

Ein nächster, im Staatsarchiv Meinigen erhaltener Brief Wilhelms IV. geht an Riedesel selbst und beleuchtet dessen Einfluss am Hof als zum Kämmerer Aufgestiegenen.
Am 5. Juli 1528 bittet Graf Wilhelm IV. von Henneberg-Schleusingen Riedesel, sich bei Kurfürst Johannes für einen Caspar Wagner wegen Dienstgeldes aus dem Erfurter Vertrag in sächsischen Diensten zu verwenden: *„Wir seint von unserm diener und lieben getreuen Caspar Wagnern abermals angesucht und gebetten ime furderlich zu sein, das ime sein dinstgeld im Erffurdischen vortrag ime zugesprochen werden mocht."*[250]
Ohne genauer auf die Beziehungen Erfurts zum ernestinischen Sachsen einzugehen, muss angemerkt werden, dass Erfurt aufgrund seiner Lage inmitten sächsischen Gebietes und als von Mainz als Lehen angesehen, für die Wettiner hinsichtlich der Arrondierung ihres

---

[248] Landgrafen-Regesten online Nr. 6092 <http://www.lagis-hessen.de/de/subjects/idrec/sn/lgr/id/6092> (Stand: 17.2.2014)
[249] Burkhardt, C.A.H: Das tolle Jahr zu Erfurt. In: Archiv für sächsische Geschichte 12 (1874), S. 402.
[250] ThStAM; 4-10-101 GHA Sektion I Nr. 5448

Herrschaftsraumes ein ständig störendes Element darstellte. Den Wettinern gelang es, 1483 mit Erfurt einen Schutzvertrag gegen jährliche Zahlung von 1.500 Gulden abzuschließen. Seitdem sahen die Wettiner Erfurt als eine Art Besitz an. Während der Schwäche Erfurts aufgrund städtischer Unruhen in den Jahren 1508 und folgenden und der Abwehr Mainzer Forderungen nach Anerkennung der vollständigen Anerkennung Mainzer Lehnsherrschaft durch Teile der Bürgerschaft konnte Kurfürst Friedrich am 03. November 1516 einen neuen Schutzvertrag mit Erfurt abschließen, der eine Aufhebung der seit 1509 Mainz gegebenen Zugeständnisse und Hilfe bei Behebung finanzieller Schwierigkeiten vorsah.[251]

Zur Person des Kaspar Wagner und über Erfolg der Bitte Wilhelms an Riedesel liegen keine weiteren Informationen vor, jedoch ist zu vermuten, dass diesem als Diener Wilhelms IV. laut Erfurter Schutzvertrag und dem ebenfalls 1516 erneuerten Dienstvertrag zwischen dem Kurfürstentum Sachsen und der Grafschaft Henneberg-Schleusingen[252] dem hennebergischen Diener Dienstgeld aus diesem Dienstvertrag von Seiten Sachsens zustand. Zugleich besteht auch die Möglichkeit, dass der genannte Kaspar Wagner Lehensträger eines Besitzes Graf Wilhelms im Erfurter Gebiet ist und auf den bestehenden Verträgen (Dienstvertrag Henneberg-Sachsen und Schutzvertrag[253]) basierend Ansprüche erhebt.

---

[251] Ludolphy, a.a.O., S.253

[252] a.a.O., S. 246.

[253] vgl. S.82 im Text; Burkhardt, a.a.O., S.401.

5.4.3 Riedesel als Berater in Finanzangelegenheiten des Grafen und andere Geschäfte

Die eigentliche Aufgaben Riedesels als Kämmerer Johanns, nämlich die der Versorgung der kurfürstlichen Schatulle mit Geldmitteln und die Verwaltung und Auzahlung von Geldern, die der fürslichen Schatulle obliegen wie z. B. Dienstgelder, wird in einem Brief desselben an Graf Wilhelm vom 26. Dezember 1528 präzisiert.

Bevor ein Kredit an *die Geistlichen von Erfurt* zurückgezahlt werden kann, muss eine Summe von 400 Gulden beschafft werden, die ein Bauftragter Graf Wilhelms auf dem zu dieser Zeit als Umschlagplatz und Kauf von Korn sowie für Geldgeschäfte wichtigen Markt in Leipzig besorgen soll. Dem Johann verpflichteten Graf Wilhelm wird die Art des Vorgehens nicht empfohlen, sondern von Riedesel als Befehl des Kurfürsten und des Kammerschreibers Sebastian Schade übermittelt (*mein gnedigster her et seiner churfürstlichen gnaden kamerschreiber Sebastian Schaden deßhalb lassen befelen*): Gegen eine erträgliche Schuldverschreibung (*gepurliche quitantz*) soll der Beauftragte die 400 Gulden aufnehmen. An dieser Stelle wird das geschickte Taktieren Riedesels deutlich. Um die von ihm im Folgenden berichteten Nachrichten (Krankheit des Albertiners Georg, Ereignisse in Ungarn und Frankreich *tzu Hungern/ auch zu welschlanden*) in einem freundschaftlichen Ton vortragen zu können, lässt er den Auftrag als Befehl des Kurfürsten und des Kammerschreibers erscheinen, seine eigene Rolle klammert er aus, obwohl diese finanzielle Transaktion nicht ohne seinen entscheidenden Einfluss zustande gekommen sein kann. So kann er den Brief auch mit Grüßen an den Grafen, dessen Familie und Wünschen für ein glückliches neues Jahr 1529 beenden: *Der almechtige got verleihs e. f. g., derselben*

*gemahell, meiner gnedigen frauen, und allen, die e. f. g.
lieben, ein selig Neues Jar tzu leib und seell. Amen.*[254]

Die Jahre, in denen Riedesel als Kämmerer tätig ist, sind nicht
nur mit das Fürstentum betreffenden Geschäften ausgefüllt.
Das Amt und seine Fähigkeiten in finanziellen Dingen lassen
ihn zu einem gefragten Partner auch in privaten
Finanzierungsgeschäften werden.
Im Juni 1529 übernimmt er als kurfürstlicher Kämmerer und
Amtmann von Neumark die Vermittlung in einem
Erbvergleich zwischen Ratsmeister und Rat von Erfurt mit den
Testamentsvollstreckern eines verstorbenen Dr. Eberhard
Flecke, indem der Rat von Erfurt zwei auf den Verstorbenen
und dessen Sohn lautende Leibzinsbriefe über 1560 und 1000
Gulden durch sofortige Zahlung von 100 Gulden und folgend
alljährlich durch Zahlung von 125 Gulden auf der Frankfurter
Messe einlöst.[255]

5.5 Riedesel als Informant Luthers

1532 berichtet Martin Luther in einem Brief an Nikolaus von
Amsdorf[256] diesem über Tätigkeiten Riedesels als Informant
zu Tagesereignissen und Verhandlungen des Kurfürsten mit
Herzog Georg über die anstehende Zugehörigkeit
Schneebergs. Schneeberg im Erzgebirge geht als bedeutsamer
ökonomischer Faktor hinsichtlich seines Erzvorkommens je
zur Hälfte an das albertinische Sachsen und an das
ernestinische: *„Und diesem nach ist nun die Helffte des
Schneebergs nach sothaner Churfürstlich-Ernestinischen Linie*

---

[254] ThStAM, 4-10-101 GHA Sektion I Nr. 5441
[255] Stadtarchiv Erfurt 0-1/ 4-285 vom 15. Juni 1529; Text S.189.
[256] Walch, Johann Georg: Dr. Martin Luthers sämmtliche Schriften. Bd.21
erster Theil 1507-1532, St .Louis 1903, Spalte.1737/1738; WA Br.6; [de
Wette IV: S. 355/356 2. April 1532]

gebracht worden auff Ihrer Churfürstlichen Gnaden Herrn
Sohne nehmlichen auff Churfürst Johann Friedrichen den
Großmüthigen [...]"[257]
Luther, der sich bei Amsdorf über sein langes Schweigen mit
„der Krankheit [seines] *Hauptes"* entschuldigt und diesen
bittet, sich noch etwas mit der Klärung zur Besetzung der
Stelle Melchior Mirischs (auch Miritz)[258] zu gedulden, bis die
Schneeberger Angelegenheit bereinigt (*„eben"*) sei, befindet
sich zu diesem Zeitpunkt in Wittenberg und erhält die
Nachrichten zu den Vorgängen *„aus dem eigenen Munde des*
Fürsten, des D. Brück[259] *und Riedtesels".* Anzunehmen ist, dass
sich Luther am Krankenlager des Kurfürsten befand, der
„schön auf der Besserung" sei, nachdem *„die Furcht da* [war],
seine Krankheit möchte in der großen Zehe des rechten Fußes
der kalte Brand (sacer ignis) werden". Am Krankenlager trifft
er den alten Kanzler Brück und den Kämmerer Riedesel.
Die von Luther festgestellte Besserung des Zustandes trat ein,
wahrscheinlich auch durch Amputation der Zehe. Bei einem
Jagdaufenthalt in Schweinitz im August jedoch erleidet
Johann den beschriebenen Symptomen nach einen
Schlaganfall (heftiger Kopfschmerz, Verlust der Sprache,
Bewegungsunfähigkeit) und stirbt am 16. August 1532 in
Schweinitz.

---

[257] Meltzer, Christian: Historia Schneebergensis Renovata Das ist: Erneuerte Stadt- u. Berg-Chronica Der im Ober-Ertz-Gebürge des belobten Meißens gelegenen Wohl-löbl. Freyen Berg-Stadt Schneeberg. Schneeberg 1716, S.231-232. In: http://digital.slub-dresden.de/id377301728 (Stand 25.08.2017)
[258] geb. um 1500, Dr. theol., Augustinermönch, führt als lutherischer Pfarrer in Magdeburg die Reformation ein, in https://de.wikipedia.org/wiki/Melchior_Miritz (Stand 15.03.2019)
[259] der alte Kanzler

5.6 Riedesel im Streit Luthers mit dem Zwickauer Rat im Jahr 1531

Ein Brief Luthers vom 19. Februar 1532 an seine Frau[260], Luther befindet sich am Bett des erkrankten Kurfürsten in Torgau, enthält neben Anmerkungen zu seinen Schlafgewohnheiten, *„etwa 6 oder 7 Stunden an einander und darnach zwo oder 3 Stunden hinnach"*, die wohl, wie er vermutet, *„des Biers Schuld"* seien, und Gedanken zum Abschied seines langjährigen Dieners Johannes Rieschmann-, ein Versprechen Luthers an Käthe, die zur Zeit den Pfarrherrn aus Zwickau, Nikolaus Hausmann, beherbergt, davon zu erzählen, *„wie Mühlfurt und ich bei dem Rietesel zu Gast gewest"*, der [*Mühlfurt*] ihm *„viel Weisheit* [Freundlichkeiten] *erzeiget"* habe, ihm aber *„nicht trinkerlich nach solchem Trank"* gewesen sei.

Die hier deutlich werdende Abneigung Luthers gegenüber den Schmeicheleien Hermann Mühlfurts (1518–um 1530)[261] hat seine Ursachen in der Rolle, die der Zwickauer Bürgermeister Mühlfurt 1531 zusammen mit dem Syndicus Roth [Stephan] (1492- 1546) bei der Besetzung eines Predigeramtes in Zwickau durch einen, vom Pfarrer Nikolaus Hausmann abgelehnten Kandidaten spielte.

Bürgermeister und Rat Zwickaus hatten gegen den Willen des von Luther geschätzten Nikolaus Hausmann, Pfarrers in Zwickau, den Prediger Laurentius Soranus entlassen und an dessen Stelle Stanislaus Hoffmann das Predigeramt übertragen. Luther wendet sich im Interesse des Soranus und Hausmanns am 04. März 1531 in scharfer Form an den Bürgermeister (Mühlfurt) und den Rat Zwickaus, dass man in

---

[260] de Wette, Wilhelm Martin Leberecht: Briefe, Sendschreiben und Bedenken,Bd.4, Berlin 1827, S.341-343.
[261] auch Mühlpfort

einer solchen Form nicht vorgehen könne.[262] Mit gleichem Datum schildert er dem Kurfürsten den Vorgang mit dem Hinweis, dass man, wenn dieser Vorgang *„wider den Pfarrner"* Schule mache, man Gefahr laufe, dass man *„morgen einen Münzer oder Carlstadt setzen* [einsetzen]" könne, damit geeignete Prediger das Land verließen und weil *„jetztund alle Stift und Ämter in Euer churfürstlichen Gnaden Hand"*, die Befugnis zum Einsetzen in kirchliche Ämter doch dem Fürsten zustehe.[263]

Beide Bürgermeister Zwickaus, Magister Lorenz Bärensprung (1609-1633)[264] und Mühlfurt, beschweren sich in einer Antwort vom 08. März[265] auf seinen Brief in ähnlich scharfer Form über die Angriffe Luthers, der, damit zusätzlich die Angelegenheit eskalierend, im Brief vom 24. April dem von Zwickau eingesetzten Prediger Hoffmann vorwirft: *„und doch bist du ohne ihn* [Hausmann] *zu fragen und ohne seinen Willen in dies Amt eingedrungen"*[266].
Einer Beschwerde Hausmanns beim Rat und Verlangen nach Wiedereinsetzung des Soranus wird nicht entsprochen und Hausmann erklärt, wegen der Sache nach Wittenberg zu reisen. Er verspricht aber, die Stadt Zwickau oder den Rat dort nicht anzuklagen. Der Rat stellt Hausmann daraufhin für die Reise einen Wagen zur Verfügung, muss jedoch erfahren, dass dieser nicht nur Soranus mit auf die Reise genommen hatte, beide in Wittenberg versuchten hatten, durch falsche Angaben über den Vorgang Luther zu beeinflussen, und sogar

---

[262] Walch, Sämmtliche Schriften, Bd. 21, St. Louis 1903, Nr. 1769, S. 1635.
[263] a.a.O., Nr.1770, S. 1636.
[264] https://gedbas.genealogy.net/person/database/39257
[265] Walch, Sämmtliche Schriften, Bd. 21. a a.O. Nr.1772, S. 1638-39.
[266] a.a.O. Nr.1778, S. 1653.

nach Torgau gefahren waren, um den Rat beim Kurfürsten zu verklagen.[267]

Um den eigenen Standpunkt am Hof vorzutragen, reisen Mühlfurt und Bärensprung nach der Beendigung des Landtages (03. bis 27 März) in Grimma, wo sie als Abgeordnete Zwickau, Plauen, Ölsnitz, Adorf, Pausa und Markneukirchen vertreten hatten, nach Torgau[268], um das Vorgehen des Zwickauer Rates zu rechtfertigen und den Klagen der Geistlichen [Hausmann, Cordatus] *„die Spitze zu brechen"*[269]

Luther, ohne auf die Argumente des Zwickauer Rates einzugehen, stellt sich mit dem Vorwurf, der Zwickauer Rat habe vor der Entlassung den Soranus nicht angehört, weiterhin auf die Seite der Geistlichen. In seiner Haltung dem Zwickauer Rat gegenüber scheint ihn besonders die Rolle des Zwickauer Stadtschreibers Roth geärgert zu haben, der in den Jahren 1523 bis 1528 zum Kreis Luthers in Wittenberg gehört hatte.

Der Konflikt zwischen Ratsoberen und Hausmann/Cordatus schwelte schon im Jahr 1529, so dass Luther, da er erfahren hatte, dass seine Empfehlung an den Kurfürsten nutzlos gewesen sei[270], Hausmann im August 1529[271] riet, mit Cordatus Zwickau zu verlassen. Im diesem Brief wird deutlich, dass Luther hinsichtlich der Lösung des Problems zugunsten Hausmanns auch Riedesel eine entscheidende Rolle zuschreibt: *„Der Hof ist Sitz und Schlaflager des Teufels, sei es auch der beste Fürst. Dieser Riedesel ist zufällig mit dem Fall*

---

[267] Darstellung nach Fabian, Ernst: Der Streit Luthers mit dem Zwickauer Rate im Jahre 1531. Mitteilungen des Altertumsvereins für Zwickau und Umgebung VIII 1905, S.91.

[268] a.a.O., S. 94, Anm. 57

[269] Fabian, a.a.O., S.92.

[270] Im Original „[...] intellexi, quam nihil tibi profuerit mea erga Principem promotio [...]"

[271] WA Br.5, Nr.1458, S.128/129.

beschäftigt gewesen, und der ist ein Freund jenes Mühlpforts"[272]. Inwieweit eine Freundschaft des Zwickauer Bürgermeisters mit Riedesel bestand, ist nicht verifizierbar. Fest steht, dass sich der Rat Zwickaus im Bewusstsein der Einflussmöglichkeiten des Kämmerers auf Entscheidungen des Kurfürsten in einem Brief vom 08. April 1531[273] in eigener Sache sowohl an den neuen Kanzler Christian Beyer[274] als auch an Riedesel wendet, indem vom „Anstiften der aneinander hangenden Pfaffen"[275] geredet wird und damit indirekt der auf Seiten Cordatus' stehende Luther getroffen werden soll. Beyer und Riedesel werden gebeten, Zwickau beim Kurfürsten zu vertreten.

Der Zwickauer Rat wendet sich wohlüberlegt an den sowohl in geistlichen als auch in weltlichen Angelegenheiten kompetenten Berater des Kurfürsten im Bewusstsein, dass dieser im Zuge der unter Johann Friedrich zum Ende gelangten Kirchenordnung Wert darauf legen werde, sich gegen eine Einmischung in das Einsetzungsrecht des Zwickauer Rats seitens geistlicher Instanzen (hier Cordatus/Luther) auszusprechen. Die Lösung des Zwickauer Konflikts (vgl. unten) deutet auf eine Einlussnahme Riedesels in diesem Sinne hin.

Die Formulierung Luthers hinsichtlich der Rolle Riedesels gegenüber seinem in Glaubensfragen eng verbundenen Mitstreiter Hausmann zeigt wiederum, wie er die Funktionalität seines „Gevatters" Riedesel im Interesse seiner

---

[272] a.a.O., S.129, Anm. 4; Text im Original „Aula Diaboli sedes et cubile est, etiamsi optimus sit Princeps. Eques iste asinus forte in causa fuit, et vester ille huius amicus."

[273] vom 08. April 1531, WA Br.6, Nr. 63

[274] ehemaliger Wittenberger Jurist und Bürgermeister

[275] Kunst, Hermann: Evangelischer Glaube und politische Verantwortung - Martin Luther als politischer Berater. Stuttgart (1979), S.210; ebenso Fabian, Ernst, a.a.O. S.99.

[Luthers] Absichten, genehme Kandidaten zu bevorzugen, einschätzt: sachlich-kühl.

Um den Streit der Parteien zu beenden, beruft der Kurfürst im Juli[276] Vertreter beider Parteien mit der Auflage, die Beschwerden schriftlich vorzubringen, nach Torgau.[277] Als Vertretung der Geistlichen fungieren Luther, Melanchthon und Jonas, den Zwickauer Rat vertreten Bürgermeister Bärensprung, Ratsherr Gotthard Büttner, Stadtschreiber Johann Hofmann und als juristischen Beistand der aus Kamenz stammende und in Leipzig wohnende Andreas Frank. Mühlfurt, der sich im Auftrag des Kurfürsten im Juli (vgl.unten) an Verhandlungen in Grimma befindet, stößt erst Ende Juli zur Zwickauer Vertretung in Torgau und trägt hier die Hauptlast der Arbeit für Zwickau, die ihm, wie er Roth in Zwickau berichtet, durch *„fortwährende Gastereien"*[278], das Antichambrieren der Wittenberger Gelehrten, vor allem Luthers, am Hofe und die unzureichende Unterstützung durch den zweiten Bürgermeister Bärensprung erschwert wird.

In einer Pause während der Verhandlungen am Hof äußert Luther im Beisein der kurfürstlichen Kommissarien, unter ihnen der Kanzler Dr. Brück, seine unversöhnliche Haltung dem Zwickauer Rat gegenüber und nochmals den Verdacht der Einflussnahme von Personen am Hof für die Zwickauer Seite: *„[...] Aber die von Zwickau seind große Herren und haben viel gute Gönner zu Hofe. Darum lassen sie sich nicht schelten, haben auch nicht not zu folgen [...]."*[279]

Hier erhärtet sich der Verdacht, dass Luther, wie schon im Brief an Hausmann 1529 (vgl.oben) vermutet, auch Riedesel zu *„den gute[n] Gönnern zu Hofe"* zählt.

---

[276] nach Fabian, Ernst, a.a.O. 30.Juni
[277] Brief Mühlfurts an Roth vom 16. März 1531; Fabian, a.a.O.
[278] Fabian, a.a.O., S.104.
[279] a.a.O., S.122, Anm 127.

Um Ruhe und Ordnung in der früh zur Reformation gestoßenen Stadt wiederherzustellen, lautet die Entscheidung des Kurfürsten: Die Einsetzung des Predigers durch den Zwickauer Rat wird genehmigt, die Entlassung Hausmanns und Cordatus' bestätigt und für die Zukunft festgelegt, dass ohne Wissen und Erlaubnis des Kurfürsten niemand ein kirchliches Amt besetzen dürfe.

Der aus dem Zwickauer Dienst entlassene Hausmann, dem Luther noch am 24. April sein Mitgefühl ausgedrückt hatte[280], findet eine Anstellung in Dessau. Die Entscheidung des Kurfürsten zugunsten des Zwickauer Rates dürfte nicht zuletzt durch die Beteiligung Hermann Mühlfurts von Mai bis Juli 1531 an Verhandlungen zwischen Kurfürst Johann und Herzog Georg von Sachsen zur Beilegung von Irrungen *„wegen der vermengten, wie auch Leißneck- und Erfurtischen Lehn, Straßen in Sachsen, Thüringen und Meissen, Müntze, Einräumung des Schneebergs, Gleits u.d.g."*[281] auf ernestinischer Seite beeinflusst worden sein. Die Zusammenkunft Luthers mit Mühlfurt in Torgau anlässlich eines Essens im Hause Riedesels ist wohl als Versuch Riedesels anzusehen, Luther und Mühlfurt zu versöhnen und gleichzeitig seine Rolle als primär im Interesse des Kurfürsten agierenden Kämmerers darzulegen.

---

[280] WA Br.5, a.a.O. Nr. 1787, S.1561-62.
[281] Müller, Johann Sebastian: Des Chur- und Fürstlichen Hauses Sachsen Ernestin- und Albertinischer Linien Annales von Anno 1400 bis 1700. Leipzig 1701, S. 86.

6 Reichstage, Land- und Rittertage (1528-1532)

Zu den zwischen 1521 und 1526[282] stattfindenden Reichstagen ist über eine Teilnahme Riedesels in den Gesandschaften des sächsischen Kurfürsten oder im Gefolge dessen oder dessen Vertreter nichts bekannt. In der Folge und in der gesteigerten und sich zuspitzenden Auseinandersetzung zwischen Protestanten und dem „päpstlichen" Lager einschließlich des Kaisers ist Riedesel als Vertrauter Johanns in der Vorbereitung und bei Verhandlungen der evangelischen Stände und Partei einbezogen.

Eine bedeutende Rolle Riedesels als Vertrautem des Kurfürsten und Verwalter der fürstlichen Gelder kann in der Vorbereitung, Planung und bei Verhandlungen zu Land-, Ritter-und Reichstagen im Interesse des Kurfürsten im benannten Zeitraum unterstellt werden. Im Folgenden werden die Landtage insoweit behandelt, als sie den Zeitraum betreffen, in dem Riedesel als Verwalter der Kammer tätig war und die Landtage oder Ausschussitzungen mit Steuer- und Finanztragen betasst waren. Hierbei sei angemerkt, dass Einladungen zu Landtagen oder Ausschussitzungen von den einladenden Kurfürsten vordergründig aus Anlass anstehender außenpolitischer (Türkenhilfe) Themen oder Entscheidungen des Landes hinsichtlich des Verhältnisses zur Reichspolitik ausgesprochen wurden. Der eigentliche Grund war jedoch in vielen Fällen die Notwendigkeit, die fürstlichen Finanzen, sprich Kammer, zu sanieren.

---

[282] Erfforth, Hans von: Des Heiligen Romischen Reichs Stend. mitsampt alle Churfürsten und Fürsten..., Worms 1531; vgl. Roth, Friedrich Wilhelm Emil: Die Buchdruckereien zu Worms a. Rhein im XVI. Jahrhundert und ihre Erzeugnisse. Worms 1892, S.27-30.

6.1 Reichstag zu Regensburg 1528

Um anstehende Probleme im Reich, besonders Fragen der konkurrierenden christlichen Parteiungen zu klären, ergeht durch das Reichsregiment für den 02. März 1528 eine Einladung zu einem Reichstag in Regensburg[283], der jedoch durch Karl V. am 16. April abgesagt wird[284], da, so die Vermutung Rankes[285], die päpstliche Partei noch keinen gemeinsamen Standpunkt gefunden hatte und die Beschlüsse der Stände befürchtet wurden. Stattdessen erfolgte am 23. Mai ein Ausschreiben zu einem Deputationstag für den 01. Juli des Jahres[286], der vom 05.-07. Juli stattfand.[287] Zur Vorbereitung des Reichstages in Regensburg 1528 bzw. der Teilnahme am selbigen von sächsischer Seite aus und der Rolle Riedesels hierbei liegt ein Briefwechsel des Grafen Wilhelm von Henneberg-Schleusingen mit dem Kurfürsten Johann von Sachsen und dessen Sekretär und Kämmerer Johann Riedesel im Thüringischen Hauptstaatsarchiv Meinigen vor.[288]

In Vorbereitung dieses Reichstags schreibt Johann am 08. März 1528[289] in Voraussicht auf die zu erwartenden Auseinandersetzungen beider religöser Gruppierungen auf dem Reichstag und der zu bewilligenden Hilfszahlungen an

---

[283] RTA-JR VII/1, S. 160-229.
[284] RTA-JR VII/2, S. 1010-1038.
[285] Ranke, Leopold von: Deutsche Geschichte im Zeitalter der Reformation. Bd.3, Paderborn 2011 (Reprint), S. 113.
[286] RTA-JR VII/1, S. 313-319.
[287] RTA-JR VII/2, S. 1052-1058; http://www.historischekommission-muenchen.de/fileadmin/user_upload/pdf/abteilungen/rta_juengere_reihe. pdf (Stand 25.08.2017)
[288] ThStAM 4-10-102 GHA Sektion II Archivalien-Signatur 26
[289] Nach Kühn, Johannes: Deutsche Reichstagsakten unter Kaiser Karl V. Siebenter Band, 1. Halbband, Göttingen 1963, S.204, Nr.841 (So. Reminiscere; 841)

den Kaiser einen Brief an Wilhelm IV., in dem er sich, dessen [noch] strenger katholischer Zugehörigkeit bewusst, der vertragsgemäßen Gefolgschaftstreue Hennebergs zu Sachsen vergewissert: „*Yst derhalben unser freuntliche bit an e. l.*[290]*, e. l. wollen sich yn geheym unnd stille darnach achten, auff das e. l. sich nyemand zu dinst bestellen lassen woldt, sonder beye unns als der freundt bleyben* [...].‟

Der Bitte Johanns am Ende des Briefes, dem Boten eine Antwort mitzugeben, entspricht Wilhelm IV. am selben Tag mit einer ausführlichen Versicherung seiner Gefolgstreue: [...] *und sollen sich e. l. yr das gentzlich zu uns verstehen, das wir uns widder e. l. nit bestellen aber gebrauchen lassen werden* [...].

Im Brief wird an mehreren Stellen mit der Bitte Wilhelms um ein persönliches Treffen mit dem Kurfürsten, ob in Weimar oder bei einer Reise Johanns in die Coburgischen Lande, das Bestreben ersichtlich, in einem persönlichen Gespräch die Positionen zu klären. Hierbei verweist Wilhelm auch auf die Möglichkeit in einem solchen Gespräch, Johann darüber aufzuklären, „*das widder dieselben und ire fürstenthums ge hundelt werden wollte*‟ [...] und „*wles e. l. sich besorgten vor etlichen leutten, di hir auss [er] mir zu dieser art widder e. l. handeln sollten*‟ [...]. Verständnis zeigt Wilhelm für ein Nichtzustandekommen eines Treffens in Weimar, da „*[...] Landgraf Philips zu Hessen itzund bey e. l. zu Weymar ist, mit dem e. l. auch geschefft haben* [...]‟.

Wichtig erscheint Wilhelm auch, die Haltung seines Sohnes Johann, Coadiutor zu Fulda[291], zu erklären, der zur Zeit des Abfassens des Briefes *itzo bey uns allhir ist,* und dem Johann in seinem Brief einen Zettel beigelegt hatte, um, wie zu vermuten ist, von diesem Erkenntnisse über dessen persönliche Haltung auf dem

---

[290] Euer Liebden
[291] (1503-1541), seit 04.09.1521 Koadjutor, 1529 Abt von Fulda

Reichstag und insbesondere über die Haltung der Fuldaer Erzdiözese zu erhalten.

Auch in dieser Hinsicht kann Wilhelm den Kurfürsten beruhigen: *„Wiewol er* [der Koadjutor] *unserm hern oheimen und schwager, dem Bischoffen von Maintz, mit etlichen Rittern zukomen vermandt sey, das er verhoffe* [der] *obgenmelit bischoff werde widder e. l. nicht handeln* [...]*"* und *„das er* [sein Sohn] *sich widder e. l. nit bestellen noch gebrauchen lassen wolle* [...]*."* Sollte sich der Bischof von Mainz jedoch auf dem Reichstag gegen Sachsen stellen, so beruhigt Wilhelm den Kurfürsten im Auftrag seines Sohnes, [...] *so will sich obgemelter unser sons doch dermassen das lme haltten, das e. l. kein misfallens darinne haben sollen.*[...]*".*

Im Zusammenhang mit der Bestätigung seiner Gefolgstreue aufgrund seines Dienstverhältnisses zu Sachsen durch Wilhelm werden im Brief an den Kurfürsten Geschehnisse thematisiert, die eigentlich bewältigt sein sollten, jedoch noch ihre Schatten auf die Zeit der Korrespondenz werfen: die Hildesheimer Stiftsfehde.[292]

Bischof Johann IV. von Hildesheim hatte versucht, im 15. Jahrhundert verpfändete Güter einzulösen, stieß damit jedoch auf den Widerstand des betroffenen Adels, der sich als Bündnispartner Heinrich den Jüngeren (Wolfenbüttel) suchte. Das vorher geschlossene Offensivbündnis zwischen dem Bischof und Herzog Heinrich dem Mittleren (Braunschweig-Lüneburg) (*1468 † 1532) veranlasst Heinrich den Mittleren, die Kriegshandlungen mit einem Angriff auf das Wolfenbüttler Gebiet (17. April 1519) zu beginnen.

Heinrich der Mittlere ist seit 1487 mit Magarete von Sachsen (*1469 in Meißen, † 1528 in Weimar), der Schwester Friedrichs des Weisen, verheiratet. Er hofft in seiner Auseinandersetzung auf die Hilfe seines Schwagers Friedrich

---

[292] vgl. Ludolphy, a.a.O., S. 261-272.

d. Weisen, der als Reichsvikar für Frieden im Reich zu sorgen hat. Dieser verweigert jedoch die Hilfe und versucht zwischen den Parteien zu vermitteln, während Herzog Johann eher geneigt ist, seiner Schwester die geforderte Hilfe zu gewähren.

Im Gegensatz zum vermittelnden Verhalten Friedrichs des Weisen nehmen Karl V. und dessen Beauftragte im Reich eindeutiger Partei für die Wolfenbüttler Seite. Ausschlaggebend für diese Parteinahme ist die Tatsache, dass sich Heinrich der Mittlere durch Rückzug an den Hof des französischen Königs (Franz I.) den Verhandlungen auf dem Reichstag zu Worms entzogen und damit Aufenthalt bei einem Gegner Karls V. genommen hatte. So wurde am 24. Juli 1521 die Acht über den Bischof von Hildesheim, Heinrich d. Mittleren und alle Verbündeten verhängt.

Vor seiner Flucht nach Frankreich hatte Heinrich d. Mittlere 1520 die Regentschaft seinen Söhnen Otto und Ernst übertragen. Sein Sohn Ernst (1497–1546), der von 1512-1518 in Wittenberg studiert hat, übernimmt nach dem Verzicht seines Vaters die Herrschaft als Herzog Ernst I. von Draunschweig-Lüneburg, heiratet 1528 die Prinzessin Sophia von Mecklenburg-Schwerin (1508–1541) und und führt die Reformation in seiner Herrschaft ein.[293]

Sein Vater, der 1522 auf die Herrschaft verzichtet hatte, kehrte 1527 nach Deutschland zurück.

Der Gegner Heinrichs des Mittleren in der Hildesheimer Stiftsfehde, Heinrich II. (der Jüngere) (1489-1568), Herzog zu Braunschweig-Lüneburg [Wolfenbüttel] und Sohn des Herzogs Heinrich I. von Braunschweig-Wolfenbüttel (1463–1514) (gen. der Ältere) aus dessen Ehe mit Katharina (1465–1526), Tochter des Herzogs Erich II. von Pommern, hatte ein gutes Verhältnis zu Karl V. : *„Kaisertreue bildete […] ein*

---

[293]https://www.deutsche-biographie.de/sfz69750.html#ndbcontent (Stand 15.03.2019)

bestimmendes Element seiner Politik. Am Vorbild Karls V. orientierte H. sein Urteil und Verhalten gegenüber der Reformation: Er hielt bis an sein Ende 1568 in einer protestantisch werdenden Umwelt zäh an der alten Kirche fest. "[294]

Während der Kriegshandlungen in Italien zwischen Frankreich und Karl dem Fünften – und damit sind wir wieder bei der Korrespondenz zwischen Wilhelm dem IV. von Henneberg-Schleusingen und Kurfürst Johann-„[...] *zog der Herzog von Braunschweig auf Befehl des Kaisers mit zehen tausend Fusgängern und acht hundert Reutern aus Deutschland nach Italien [...]"*[295] Am 19 Juli 1528 erteilt Herzog Heinrich II. der Jüngere von Braunschweig-Lüneburg, als kaiserlicher Obrist-Feldhauptmann in Italien fungierend, in Mailand den Grafen Christoph von Lupfen und Georg von Bitsch, die der Armee in Italien treue Dienste geleistet haben, einen Schutz- und Geleitsbrief für ihre Rückkehr nach Deutschland.[296]

Auf dem Weg zum Entsatz von Neapel scheiterte die Eroberung von Lodi „[...] *und weil kein Geld zur Bezahlung der Deutschen vorhanden war: so kehrte ein Theil derselben zerstreut, und darnach der Herzog, ohne seine Reise nach Neapel fortzusetzen, zurück.* "[297]

Auf diesem Hintergrund werden die Formulierungen Wilhelms Im Brief vom März des Jahres verständlich, dass er „[...] *e[uer]. L[iebden] nit bergen* [wolle], *das uns unser her und oheim hertzog Heinrich von Braunschweig und Lunenburg am nechstvergangen Freitag geschrieben hat* [...] *mit achthundert pferden* [...] *in Italia* [...] *zureitten"*. Weiterhin

---

[294] https://www.deutsche-biographie.de/sfz35791.html (Stand 24.01. 2018)
[295] Goebels, Johan Heinrich David: Beiträge zur Staatsgeschichte von Europa unter Kaiser Karl dem Fünften aus theils gedruckten theils ungedruckten Nachrichten. Lemgo 1767, S. 24- 25.
[296] http://digi.ub.uni-heidelberg.de/diglit/lehm481?ui_lang=ger (Stand 24.01. 2018)
[297] a.a.O.

habe der Herzog „*durch unser herschafft zu reitten angezeigt*"
und „*wolle* [...] *entweder zu uns kommen oder uns zu ime
bescheiden, denn er viel und mancherley mit uns zu reden
habe, das sein l. [iebden] in schrifftten nicht können
ausrichten*"[298].

Der Brief Wilhelms an Johann als Antwort auf einen Brief von
diesem macht deutlich, wie sehr Wilhelm daran gelegen ist,
beim Reichstag, wenn er denn selbst auf diesem erscheinen
sollte, als Parteigänger Johanns aufzutreten. Johann konnte
mit Recht auf eine Parteinahme Wilhelms des IV. drängen, da
dieser 1516 den wettinisch-hennebergischen Dienstvertrag
erneuern musste.[299].

Wie Wilhelm IV. aus den Briefen Johanns bekannt ist, ist es
nicht sicher, ob dieser persönlich in Regensburg erscheint.
Wenn dies der Fall sein sollte, beabsichtigt er, ebenfalls nicht
in Regensburg zu erscheinen: („[...] *aber* [wenn] *e*[uer].
L[iebden] *in eygener person nicht hynauff reiten wollten wir
auch in eygener person nicht hinauff reitten, sondern solchen
reichstag durch unser Rethe einen besuchen lassen* [...]"[300]

Wichtiger als der Brief Wilhelms an Johann für die
Einschätzung der Rolle Riedesels in der Vorbereitung des
Reichstages zu Regensburg ist der an Riedesel selbst
gerichtete zweibögige Anhang. Dieser macht deutlich, dass
die einflussreiche Rolle Riedesels, sein persönlicher Einfluss
auf den Kurfürsten in benachbarten Herrschaften bekannt ist.
Wilhelm fordert Riedesel auf, beim Kurfürsten in Erfahrung zu
bringen, ob dieser in Regensburg persönlich erscheint oder
nicht: „*Lieber besonder, unser gutlich begerde ist an Dich du
wollest erfarung haben, ob der hochgeborne furst und her, her
Johans hertzog zu Sachssen und churfurst und unser lieber her
und oheim den Reichstag zu Regenspurg in eigener person*

---

[298] ThStAM 4-10-102 GHA Sektion II Nr. 26, 6 Blatt
[299] Ludolphy, a.a.O., S.246.
[300] ThStAM, 4-10-102 GHA Sektion II Nr. 26

besuchen werde oder nit und ob sein liebd[en] auch zu willens seint, uns mit seinen liebd[en] *uff solchen reichstag zu nehmen [...]"*.
Wilhelms weitere Anliegen an Riedesel betreffen die mit einem persönlichen Besuch des Reichstags verbundenen materiellen Sorgen: Es fehlen genügend Pferde: *Es mangelt uns ye zu zeitten an pferd*[en], da seine vier Söhne *„im Harnisch reiten"*, so dass ihm Riedesel berichten möge, ob *„obgemeldt unser her und oheim baß leyden, das wir mit zeh*[en] *oder zwolff pferden ungerust"* erscheinen.
Zusätzlich fordert Wilhelm Riedesel auf, ihn über die für das Erscheinen erforderliche Kleidung zu informieren, sowohl, was die Beschaffung und die Farbe betrifft (*desgleichen auch an kleidung, das wir das auch alsbald nicht bekommen mögen zu seiner liebden farbe zu kleyden*), als auch Kenntnis über *„muster der kleidung oder was sein liebden diesen sommer kleyden woltten"*.[301]

Im Antwortschreiben an Wilhelm vom 13. März 1528[302] bedankt sich Johann für die Zusicherung Wilhelms, dass er und sein Sohn, der Coadjutor in Fulda, auf dem Reichstag die Sache Johanns vertreten wollen. Gleichzeitig kündigt er an, auf dem Reichstag nicht selbst zu erscheinen, [...] *da auch die vier Kurfürsten am rein* [Rhein][303] *den reichstag nit gedencken zu besuchen.*[...][304] und dass er [...]"*gedencke* [s]*eyne rethe so hinzuschicken"*[...][305]. Die Möglichkeit eines persönlichen Treffens mit Wilhelm, um das dieser gebeten hatte, sieht er,

---

[301] ThStAM, 4-10-102 GHA Sektion II Nr. 26; vgl. auch Kühn, Johannes a.a.O., S.204; Nr. 842; vgl. Anhang S. 210-212.
[302] ThStAM 4-10-102 GHA Sektion II Nr. 26 1 Bl
[303] Erzbischöfe von Mainz, Köln und Trier, sowie der Pfalzgraf bei Rhein
[304] a.a.O.
[305] a.a.O.

wenn er von Torgau, wo er sich bei Abfassen des Briefes befindet, [...] *hinauff ken Weymar zu komen* [...][306] werde. Die zögerliche Haltung des Kurfürsten, persönlich auf Reichsversammlungen zu erscheinen, ist sicher nicht nur dem Versuch geschuldet, sich Entscheidungen gegen das Reichsregiment auf den Versammlungen zu entziehen, sondern entspringt auch der zu erwartenden finanziellen Belastung durch einen Zug zum Reichstag, die deutlich geringer ist, wenn man einen Gesandten als Sprecher schickt. In einem weiteren, auf diesen folgenden Brief[307] Johanns aus Torgau an Graf Wilhelm macht Johann nochmals seine Unentschlossenheit deutlich, ob er *yn eigener person den* [Reichstag] *wolle besuchen adder* [durch Räte] *beschicken*, kündigt jedoch an, *in kürts* [...] *zu doringen* [zu] *seyn*, d.h. sich in Weimar aufzuhalten.

Im Schreiben des sich noch in Torgau aufhaltenden Johann vom 6.April 1528[308] an Wilhelm wird festgestellt, dass kein Treffen in Weimar möglich ist, da Wilhelm am 21./ 22. April wieder nach Schleusingen reist. Johann will erst nach seiner Ankunft in Weimar Wilhelm *„zu uns bescheiden"*, und bittet darum, dass Wilhelm Sorge trägt, dass Johanns Schreiben auch angenommen und ihm nachgeschickt wird. Johann bittet weiterhin, in der Rüstung, wie *„sie uns zu dienen zugetan"*, in Zukunft nach Nachricht durch Johannes *„mit solcher rüstung* [...] *ziehen und folgen"*.

Am Ende des Monats Juni wendet sich Riedesel selbst an den Grafen, gibt ihm zwar Tage kund, an denen der Kurfürst in Weimar anwesend ist und für Wilhelm die Möglichkeit eines Gesprächs bestünde, er aber dem Grafen empfiehlt, da bis Sonntag *allerley schon alhir/ tzehandeln sein* werde, im Interesse des Kurfürsten auf ein Vorsprechen in Weimar zu

---

[306] a.a.O.
[307] a.a.O.(8)
[308] a.a.O.(IV)

verzichten. Der Brief Riedesels ist einerseits bestimmt, den Kurfürsten vor diesem – so scheint es – inzwischen lästigen Ansuchen eines persönlichen Gesprächs mit dem Grafen zu schützen, andererseits kann er den Grafen hinsichtlich ausstehender [Dienst]gelder beruhigen: *„Des geldis halben sol es, wils got, uf e. f. g. tzukonfft nicht mangel haben."*

Hinsichtlich ausstehenden Dienstgeldes beruhigt Riedesel im Auftrag des Kurfürsten im Anhang zum Brief vom 06. April[309] Graf Wilhelm, dass ihm durch seinen Diener *Jorgenn* [Jörg] *Multor die drithalb hundert gulden dinstgeldes* von Torgau aus zugestellt würden.

Den Erhalt des in zwei Zahlungen in Höhe von je *drithalbhundert gulden*[310] ausstehenden Dienstgeldes bestätigt Graf Wilhelm für den zweiten Termin *uff Sant Johanstag Sonnwenden* für sich und seine Erben in einer gesiegelten Urkunde vom 01. Juli 1528.[311]

6.2 Reichstage zu Speyer (1526/1529)

Auf dem von Karl V. am 10. November 1528 für den 02. Februar 1529 ausgeschriebenen, auf den 21.Februar 1529 vertagten und vom 15. März bis zum 22. April 1529[312] zweiten Reichstag zu Speyer einigen sich die katholischen Stände unter König Ferdinand als königlichem Statthalter auf ein Vorgehen gegen die lutherischen Stände und beschließen die Aufhebung des Speyer Reichstagsabschieds auf dem 1. Reichstag zu Speyer vom 25. Juni bis 27. August 1526, nach dem „die Umsetzung des Wormser Edikts in die Verantwortung der einzelnen Stände fallen sollte. Der

---

[309] ThStAM 4-10-102 GHA Sektion II Nr. 26, 1 Bl (e)
[310] 350 Gulden
[311] ThStAM 4-10-102 GHA Sektion II Nr. 26 (4/6)
[312] RTA-JR VII/1, S. 478-880; RTA-JR VII/2, S. 1073-1395.

Reichsabschied legte die Grundlagen für die Konfessionswahl der Reichsstände wie auch für den Aufbau eines evangelischen Kirchenwesens"[313]. Ansätze zu einer Kirchenreform auf nationaler Grundlage scheiterten jedoch am Widerspruch des in Spanien weilenden Kaisers. Auf dem 2. Reichstag des Jahres 1529 verschärfte Ferdinand gegen den Willen Karls die Gangart gegenüber den Evangelischen durch die Aufhebung des Speyrer Reichstagsabschieds auf dem 1. Reichstag zu Speyer. Der anschließende Protest der lutherischen Stände führte zur Bezeichnung dieser Gegenbewegung als Protestanten und im Weiteren zu Vorbereitungen zu einem Defensivbündnis, dem Schmalkaldischen Bund unter Führung des Landgrafen Philipp von Hessen (1504-1567).[314]

Landgraf Philipp, der zum Motor der Bündnisverhandlungen wurde, versucht während der Bündnisverhandlungen hinsichtlich eines protestantischen Bundes im Anschluss an den 2. Reichstag zu Speyer auch, Johann von Sachsen dahingehend zu beeinflussen, dass dieser seinen Bruder Georg in Dresden, der katholischen Seite zugehörend, dem protstantischen Bündnis beitreten möge („[...]*das margrave Jorge auch mit in die/ buntniß kome so es moglich were* [...]"[315]

6.3 Riedesel auf dem Reichstag zu Augsburg 1530

In der Vorbereitung auf den 1530 stattfindenden Reichstag zu Augsburg versucht Landgraf Philipp ein abgestimmtes Vorgehen gegen Kaiser und katholische Partei mit dem

---

[313] Rabe,Horst: Reich und Glaubensspaltung. Deutschland 1500–1600. München 1989, S.211–213.
[314] a.a.O.
[315] Landgraf Philipp von Hessen an Kurfürst Johann von Sachsen 20. Mai 1529 (29b)

Kurfürsten zu erreichen, indem er Luther bittet, den Kurfürsten dahingehend zu beeinflussen, auf den Kaiser durch Verweigerung der Türkenhilfe Druck auszuüben.[316] Luther antwortet unbestimmt, dass er vom Kurfürsten zur Angelegenheit noch nicht gefragt worden sei, er keine Kenntnis von den Verhandlungen zur Türkenhilfe und dem Schmalkaldischen Bund habe, bei Nachfrage durch den Kurfürsten aber sein Bestes tun werde.[317] Sein Rat für den Kurfürsten[318], der von Philipp ebenfalls die Vorschläge bekommen hatte, ist die Ablehnung der Forcierung kriegerischer Vorbereitungen und Handlungen gegen Kaiser und katholische Stände, denn damit, so Luthers Hoffnung noch zu diesem Zeitpunkt, würde ein Nebeneinanderexistieren zweier Konfessionen erschwert, ein Weiterbestehen einer christlichen Kirche unmöglich gemacht.

Zum Reichstag selbst, auf dem Kurfürsten, Fürsten und Reichsstädte unter Kaiser Karl V. die Verlesung des „Augsburger Bekenntnisses" (Confessio Augustana) der lutherischen Partei erleben sollten, reist am 03. April der sächsische Kurfürst mit Gefolge von Torgau ab und erreicht die Stadt am 02. Mai.
Im Januar 1530 hatten die verbündeten lutherischen Stände über das Verhalten gegenüber Kaiser Karl V. auf dem anstehenden Reichstag beraten und die kurfürstlichen Räte um den 12. März Bedenken hinsichtlich der Reise des Kurfürsten zum Reichstag formuliert.[319]
Der Schösser Arnold von Falckenstein, Befehlshaber der Feste Coburg, Bruder des kursächsischen Hofmarschalls Christoph

---

[316] WAB 5 Nr. 1503, S. 197 (09. Dezember 1529)
[317] WAB 5 Nr. 1507, S.203 (16. Dezember 1529)
[318] WAB 5 Nr. Nr. 1511, S.208 (24. Dezember 1529)
[319] Förstemann, Karl Eduard [Hg]: Urkundenbuch zu der Geschichte des Reichstages zu Augsburg im Jahre 1530. Bd.1, Halle 1833, S.11 ff.

von Falckenstein, hatte wohl vor Beginn der Reise des Kurfürsten nach Augsburg bei Riedesel nach dem Termin der Reise angefragt, denn dieser antwortet dem Schösser in einem Brief vom 15. März 1530 aus Torgau[320], er möge sich gedulden, „*bis mir der allmächtig Gott zu Euch gen Koburg hilft, wie Ihr ongezweifelt des Erfahrung haben werdet in Kurz geschehen soll.*"[321]

Johann informiert die „*Stadträthe[n] in seinen Landen*"[322], wozu sicher auch die Neumarks gehören, und seine Amtmännern[323] über seine Abwesenheit in Augsburg und mahnt, während seiner Abwesenheit nach seinen Befehlen zu handeln (*von unser wegen bevehlhen*) und darauf zu achten, dass Pfarrer und Prediger in der Weise predigen, wie es die Visitatoren angeordnet haben (*pfarrern und predigern sich des, was unser visitatorn- verschafft haben, unweggerlich halten*)[324].

Luther, sich in Reichsacht befindend, darf persönlich nicht in Augsburg erscheinen, bleibt deshalb an der sächsischen Grenze auf der Feste Coburg in der Nähe des Handlungsortes und muss von dort die Vorgänge in Augsburg verfolgen. An seiner Stelle übernimmt Melanchthon die Führung der Protestanten bei den Augsburger Verhandlungen.

Der zu diesem Zeitpunkt unter Kopfdröhnen (*passus tonitrum capitis*) leidende Luther, schreibt dem Gabriel Zwilling am 19. Juni 1530 nach Torgau, dass er schon einen Monat keine Nachrichten aus Augsburg erhalten habe, wie ihm der „Quaestor", bei dem es sich um den Schösser und Burgvogt

---

[320] im Schlossarchiv Coburg befindlich; Knaake, a.a.O., S.382 Anm.3.

[321] D. Martin Luthers Werke. [Hg. Knaake, Joachim Karl Friedrich] Kritische Gesamtausgabe Briefwechsel Bd. 5, Weimar 1934, S. 382 Anm.3.

[322] Förstemann, Karl Eduard: Urkundenbuch, a.a.O. Nr.41, S.131 (01. April 1530)

[323] a.a.O., Nr.42, S.132. (gleiches Datum wie Nr.41)

[324] Förstemann, Urkundenbuch, a.a.O., S.133.

Arnold von Falckenstein handelt, berichtet habe (*Ex Quaestore hic accepimus*).[325]
Lediglich Riethesel hätte ihm berichtet, dass der Kaiser am 15. Juni in Augsburg eingetroffen sei.[326]
Knaake (a.a.O.) lässt unentschieden, welches der den Kurfürsten begleitende Quaestor ist, von dem Luther diese Nachricht erhält: vom kursächsischen Hofmarschall Christoph von Falckenstein, dem Bruder des Schössers, oder dem kursächsischen Kämmerer Johannes Riedesel. Dass es der Kämmerer sein muss, belegt der Nachsatz Luthers *„ita scripsisse Riethesel nostrum"*, der eng mit der im Satz vorhergehenden Aussage verknüpft ist.
Über die Ankunft Luthers auf der Coburg berichtet Veit Dietrich dem sich auf der Reise nach Augsburg befindlichen Melanchthon[327], Luther selbst über erste Eindrücke ebenfalls an Melanchthon im Brief vom 24. April 1530.[328]
Riedesel befindet sich im Tross als Begleiter des Kurfürsten 1530 in Augsburg. Im Verzeichnis des Reisezuges des sächsischen Kurfürsten zum Reichstag nach Augsburg ist Johann Riedesel im Hofgesinde unter den Räten nach Christoph von Taubenheim mit 3 Rössern verzeichnet und hat laut Futterzettel Anspruch auf Futter für diese drei (iij) Pferde.[329]

---

[325] D. Martin Luthers Werke. [Hg. Knaake, Joachim Karl Friedrich] Kritische Gesamtausgabe Briefwechsel Bd. 5, Weimar 1934, S.381-383, Nr. 1597:*„Nam nobis integro mense nostri ex Augusta nihil responderunt."* S. 382.
[326] a.a.O.:*"Ex Quaestore hic accepimus, Caesarem 15. Junii ingressum esse Augustam, ita scripsisse Rithesel nostrum."*
[327] Scheible, Heinz (Hg.): Melanchthons Briefwechsel. Kritische und kommentierte Gesamtausgabe, Bd. 1, Regesten 1-1109 (1540-1530) Stuttgart 1977, S.377.
[328] a.a.O.
[329] Förstemann, Urkundenbuch Bd.1, a.a.O., S. 26-30.

Riedesel und dem Hofmarschall Johann von Dolzig (um 1485
1551) wird zusätzlich ein Tross zugebilligt.[330]
Wie Luther am 24. September seiner Frau berichtet[331], habe
ihm Riedesel aus Augsburg über Einzelheiten der
Verhandlungen Nachricht gegeben: über die Absicht der kath.
Seite, Klöster für Nonnen und Mönche wieder zu öffnen und
dass *„er hoffe, dass man zu Augsburg abscheiden werde mit
Frieden in allen Gassen"*[332], wobei diese Hoffnung Riedesels
durch den Reichstagsabschied vom 22. September nicht
erfüllt wird.
Während des Reichstages zieht Riedesel am 25. Mai im
Auftrag des Kurfürsten bei zwei Abgesandten Nürnbergs,
Clemens Volkamer und Christoph Kreß, Erkundigungen ein,
ob sich die Stadt Nürnberg dem Kaiser schriftlich erboten
habe, „sich seinen Anordnungen in Glaubenssachen zu
unterwerfen."[333] Diese beruhigen Riedesel dahingehend, dass
ihr Auftrag darin bestehe, „sich genau nach dem Churfürsten
von Sachsen und Markgraf Georg[334] zu richten"[335].
Obigen Brief Luthers an Käte überbringt ein Berliner Bürger
namens Wolf Hornung, der vom Kurfürsten Joachim von
Brandenburg vertrieben worden war und sich zur Regelung
seiner Privatangelegenheiten in Augsburg und Coburg
aufhielt. Die lange Trennung von seiner Frau hatte
Vermögensstreitigkeiten zwischen ihr und ihrem Manne

---

[330] Förstemann, a.a.O., S.30.
[331] WAB 5, Nr. 1725, S.633-634.
[332]Luther an Käthe im Brief vom 24. 09.1530, zit in Clemen, O.: Luthers
Briefe an seine Käthe, Berlin o.J., S.18.
[333] Rotermund, Heinrich Wilhelm: Geschichte des auf dem Reichstage zu
Augsburg im Jahre 1530 übergebenen Glaubensbekenntnisses der
Protestanten, nebst den vornehmsten Lebensnachrichten aller auf dem
Reichstage zu Augsburg gewesenen päpstlich und evangelisch Gesinnten.
Hannover 1829, S.480-481.
[334] (1484-1543) Markgraf von Ansbach, früher Anhänger Luthers
[335] Rotermund, a.a.O.

hervorgerufen, die Luther suchte zu schlichten. Im Gegenzug fungierte Hornung als Bote von Briefen Luthers von der Veste, so auch als Überbringer des Briefes an Käte.[336] Der Kurfürst reist am 23. September von Augsburg ab, mit ihm auch Riedesel.

Luther darf sich am 04. Oktober dem Kurfürsten und seinem Gefolge auf dem Weg über Neustadt, Lehsten, Schleiz, Weida Altenburg und Grimma anschließen und ist am 13. Oktober wieder in Wittenberg.

6.4 Die ernestinischen Landtage

Das zerrüttete Finanzwesen des ernestinischen Sachsens und der durch ständige vorherzusehende oder aktuell notwendige Ausgaben wie Forderungen des Reichsregiments, Reisen des Kurfürsten, Festungsbau usw gestiegene Schuldenstand des Landes bedurften hinsichtlich der Sanierung der Zustimmung der Landstände. Diese Zustimmung erfolgte oder wurde verweigert auf regelmäßig durch die Kurfürsten einzuberufende Landtage oder Ausschussitzungen. (vgl. unten).

Zu den Landtagen werden die Landstände eingeladen: Grafen und Herren, die in einem Schutzverhältnis zu den Ernestinern stehen, Prälaten, schriftsässige Adlige und Abgesandte der Städte. In einigen Fällen erging die Einladung nur an ausgewählte Personen aus dem Kreis der Ständevertreter oder einzelne Stände.[337]

Seit 1514 bemühen sich die Landesherren mit Hilfe der Landstände, die auf der Kammer lastenden Schulden zu

---

[336] vgl. Brief Melanchthons an Luther vom 27. Juni 1530, WA Br. 5, Nr. 1607, S. 403, Anm.2; auch Clemen, a.a.O., S.18.; de Wette, Bd.4, S.173/174.

[337] vgl. im Folgenden Müller, Ernst: Die Ernestinischen Landtage in der Zeit von 1485 bis 1572 unter besonderer Berücksichtigung des Steuerwesens. In: Forschungen zur Thüringischen Landesgeschichte Bd.1, Weimar 1958, S.188-226.

tilgen. In dem Bündel von Maßnahmen und Steuern, die von den Landständen zur Tilgung bewilligt werden musste, spielt die nach längerem Aussetzen von Friedrich dem Weisen wieder eingeführte Abgabe vom Getränk (Zehnt vom Getränk) eine besondere, weil ertragreiche Rolle. Die Getränkesteuer als Verbrauchssteuer, die die einzelnen Bewohner zu tragen hatten, war leichter einzunehmen als eine Steuer nach Vermögens- und Einkommensveranlagung.[338]

Die Getränkesteuer wurde auch deshalb auf den Landtagen oder auf Ausschussitzungen auf Antrag der Kurfürsten fast ausnahmslos durch die Ständevertretung verlängert und gebilligt. Dies geschah durchgängig unter den drei Kurfürsten, denen Riedesel diente, auch nach seiner Entlassung 1532.

Um die Landtage zu entlasten oder schneller Entscheidungen herbeiführen zu können, hatte man Ausschüsse (den kleinen und den großen) gebildet, die zwischen den Landtagen zu Ausschusstagen geladen wurden.

Die Einnahme dieser Getränkesteuer geschah in hierfür eingerichteten Kreisen des Kurfürstentums meist durch Amtleute oder Bürgermeister.

Auf den im Einzelnen nicht zu benennenden Landtagen bestand das grundsätzliche Bedürfnis der Stände nach Rechnungslegung und Auskunft über den Verbleib der bewilligten Steuern und Abgaben.

Auf dem Landtag vom 03. Mai 1523[339] in Altenburg wurde festgestellt, dass die Schulden der Kammer nicht geringer geworden, sondern durch fürstliche Bauvorhaben, Reisen des Kurfürsten, Zinsen für Anleihen und Sinken der Einnahmen aus dem Bergbau gestiegen waren.

---

[338] Müller, Ernst: Türkensteuer und Landsteuer im ernestinischen Sachsen von 1485 bis 1572. Inauguraldissertation Jena 1951, S. 17.
[339] Müller Landtage, a.a.O., S. 194.; Burkhardt, a.a.O., Nr. 439-455.

Bauvorhaben (Befestigungen von Gotha und Wittenberg) und Reisekosten waren auch auf folgenden Ausschussitzungen und Landtagen Argumente der Landesherren für Anträge auf weitere Bewilligungen für Steuern. Zur Erhebung der Steuern sollte die Anlage von Vermögensverzeichnissen helfen, die bewegliche und unbewegliche Güter und Einnahmen erfassten und in Weimar eingereicht werden mussten, wo sie durch den Rentmeister Burkhard Hundt und den Kammermeister Sebastian Schade überprüft wurden.

Eine Verschlechterung des Münzwertes und Manipulationen aufgrund der Minderung der Einnahmen für die Kammer bei Münzgeschäften führte nach jahrelangem Streit in der Münzpolitik zwischen Ernestinern und Albertinern zum Grimmaischen Machtspruch vom 17. Juli 1531[340] durch eine Schlichtungskommission beider sächsischen Häuser.

Auch die Erhebung einer Türkensteuer 1529 infolge der drohenden Türkengefahr für Mitteleuropa wurde von den Ständen mit der Auflage, sie nur bei wirklich eintretenden Rüstungsanstrengungen einzusetzen, einmütig gebilligt.

Zur Einnahme der Türkensteuer wurde das Fürstentum in Kreise eingeteilt (Weimar, Gotha, Pößneck); eine korrekte Auflistung anhand der Vermögen und Einnahmen der Bewohner angefordert. Eine klare Trennung der Türkensteuer von der Landsteuer, wie von den Landständen gefordert, war jedoch nicht vorgesehen.[341]

Als Amtmann in Neumark war Riedesel mit der Einnahme der Steuer befasst. Als Kämmerer war er versucht, im Interesse des Kurfürsten die durch die Landstände geforderte strenge Trennung der Ausgaben für Hof und Landesinteressen zu umgehen oder aufzuweichen. Der Einfluss der Landstände auf Erhebung und Verwaltung der Steuern war in den Jahren, in denen Riedesel als Kämmerer fungierte, gestiegen. Da

---

340 Müller, Landtage, S.191.
[341] Müller, Türkensteuer, a.a.O, S. 27.

Anweisungen zur Auszahlung von Geldern jedoch auf Anordnung oder Befehl des Kurfürsten geschahen, war ein Widerstand gegen den Landständen entgegenstehende Anordnungen infolge der Durchsetzung besonders der Ausschüsse mit abhängigen Hofbeamten kaum zu leisten.[342] Inwieweit das Finanzgebaren Kurfürst Johanns hinsichtlich der Einnahmen aus der Türkensteuer durch Riedesel beeinflusst war, sei dahingestellt, war jedoch Anlass für Beschwerden der Stände: Die Türkensteuer wurde, nachdem die Gefahr eines Angriffs der Türken nicht mehr bestand, weiter erhoben und unterlag keiner Kontrolle durch die Stände.[343]

Die Frage der Sequestration der geistlichen Güter, die auch durch Reichstage nicht gelöst worden war, bedurfte der Zustimmung der Landstände. Zum 12. Dezember 1530 beruft Johann einen Landtag[344] nach Altenburg ein, der *„wegen der dort eingetretenen Sterbensläufte"*[345] auf den gleichen Tag nach Zwickau verlegt wird. Unter den Geladenen zu diesem Landtag ist *Johann Ritesel zu Waldich und Neuenmarckt*[346] unter den *Edelleuth auff der cantzleyschrifft Thüringens* geladen ebenso wie *Neuemarckt* von den Städten Thüringens. Wichtige Ergebnisse waren der Antrag der Stände auf Durchführung der Sequestration und sichere Hinterlegung des Überschusses aus der Nutzung der eingezogenen Güter.

Ein hierzu gebildeter und für den 05. März 1531 nach Torgau berufener Ausschuss[347] musste feststellen, dass trotz Getränkesteuer und Strafgeldern die Schuldenlast der Kammer weiter gestiegen war. Als Ergebnis der

---

[342] Müller, Türkensteuer, a.a.O., S. 49.

[343] Müller, Landtage, S 260.; Burkhardt, a.a.O., Nr. 353

[344] Burkhardt, a.a.O., Nr. 378

[345] a.a.O., S. 205.

[346] a.a.O., Nr 379.

[347] Burkhardt, a.a.O. Nr.408; Müller, S. 201-202.

Verhandlungen wurde eine zweijährige Sequestration festgelegt und eine Güter- und Einkommenssteuer bewilligt. Nach dem Tod des Förderer Riedesels, des Kurfürsten Johann, am 16. August 1532 wird durch die Nachfolger der große Ausschuss zum 21. Oktober 1532 nach Weimar einberufen.[348] Beschwerdeführung und Anliegen der Stände betrifft den Verbleib der Gelder, da die Schulden der Kammer weiter gestiegen waren, Anliegen der Nachfolger ist die Bewilligung von Steuern zur Minderung der Schuldenlast. Das Bestehen der Stände auf strengste Einhaltung der den Sequestratoren aufgegeben Instruktionen könnte möglicherweise auf das von einigen Hofpersonen bemängelte Verhalten Riedesels als Kämmerer gesehen werden.

6.4.1 Fränkische Rittertage 1528/1529 (Tag der Ritterschaft in Schweinfurt) [349]

Die Einladung zu den vom September 1528 bis Januar 1529 stattfindenden Fränkischen Rittertagen ergeht, wie einer der eingeladenen Ritter, Hans von Sternberg[350], richtig vermutet, um Stellung von Reisigen, Reiterdienste der Ritterschaft für den Kaiser Karl V. oder Geld für den Kaiser durch die Ritterschaft.

Mit der Einladung zum Beginn der Tage am 22.November. in Schweinfurt wird Graf Wilhelm von Henneberg durch den Reichsvizekanzler Balthasar Merklin (von Waldkirch)[351] beauftragt. Waldkirch war zuvor (1528) durch die deutschen Länder gereist, um Unterstützung gegen Frankreich, für die

---

[348] Müller, Landtage, a.a.O., S.204.
[349] Deutsche Reichstagsakten. Jüngere Reihe. Siebenter Band. I. und II. Halbband. Herausgegeben durch die Historische Kommission bei der Bayerischen Akademie der Wissenschaften. Göttingen 1963, Anhang I, Archivalien-Signatur: 211, S.388 ff.
[350] a.a.O., S.389.
[351] (1479-1531) Bischof von Hildesheim und Konstanz

Königswahl Ferdinands I. und den Kampf gegen den Protestantismus durch die Reichsstände zu erlangen. Die Einladungen ergehen entweder persönlich an einzelne Ritter oder es werden Personen als Mittelsmänner ernannt, die einzelne Ritterschaften einladen. Bemerkenswert in diesem Zusammenhang ist, dass der die Ritterschaft auf der Baunach benachrichtigende Klaus von Hesperg zu Eishausen die Aufforderung zum Besuch der Rittertage an den „kursächsischen Sekretär Hans Riedesel"[352] mit folgendem Begleittext schickt: „Vermutlich werde von Gottes Wort oder einem Reiterdienst die Rede sein. Er wolle seinen Sohn hinschicken, und falls er dann merke, dass die Werbung dem Kurfürsten entgegen ist, werde er gemäß seinen *pflichten* mitteilen".[353]

Der Schweinfurter Tag, auf dem Waltkirch für den Reiterdienst wirbt, ist durch die vielen Absagen kaum besucht. Ohne Beschluss zum Antrag Waltkirchs wird ein weiteres Treffen zu getrennten Beratungen der Ausschüsse auf den 29.Dezember des Jahres anberaumt.

Im Vorfeld der Rittertage schreibt am 8. Juli 1529 Graf Wilhelm von Neuenahr[354] an Herzog Johann Friedrich: *„Ich hoffen, es haben min genedegste heren, u[nser] g[nädigster] her vatter und Coellen, sich uf deissem Richsdage* [Frühjahr 1529] *so vil mit einn unterret, das ich nit zwiffel, es wird nit lichtlich emantz ein unverstant zwischen ir cff [churfürsten] z[u] brengen."*[355]

Johann Friedrich, über die angeblich freundschaftlichen Besprechungen zwischen Köln und Kursachsen erfreut, dankt

---

[352] Deutsche Reichstagsakten a.a.O. S.388.
[353] a.a.O. Anm.2
[354] Wilhelm II. Graf von Neuenahr (zwischen 1485-91 – 1552) deutscher Diplomat und Förderer der Reformation.
[355] Cornelius, C. A.: Briefwechsel zwischen Herzog Johann Friedrich von Sachsen und Graf Wilhelm von Neuenahr in den Jahren 1529 bis 1596. In: Zeitschrift des Bergischen Geschichtsvereins, Bd.10, Bonn 1874, S.156-157.

Neuenahr[356] für seine Bemühungen um das Zustandekommen der Gespräche zwischen Köln und dem Kurfürsten (Johann).

Auf dem Reichstag zu Speyer hatte der Reichsvizekanzler Waltkirch jedoch nicht mit dem Kurfürsten über die Königswahl geredet, sondern der Kurfürst hatte sich über seinen Kämmerer Riedesel wegen eines kaiserlichen Indults *„und etlicher andern sachen halben, dovon wir beide vor eim jore zu Weimar miteinander geredt"*[357] an Waltkirch gewandt. 1528 waren Neuenahr und Wilhelm von Nassau-Dillenburg (1533 -1584) im Auftrag Karls V.[358] in Torgau zu Unterredungen mit dem Kurfürsten zu theologischen Problemen, zur Restitution der Kirchengüter, Reichstürkenhilfe und Königswahl Ferdinands, die Johann als einziger der Wahlberechtigten ablehnte, und forderten ihn auf, persönlich auf dem für 1529 geplanten Reichstag in Speyer zu erscheinen.

Ein besonderes Anliegen des sächsischen Kurfürsten in der Formulierung *„etlicher andern sachen halben"*, mit dem er Riedesel sich an Waltkirch wenden lässt, ist das Erreichen des kaiserlichen Lehensindults[359], welchen er durch Waltkirch für ein Jahr erhält.[360]

Das von Kurfürst Johann bei Karl V. angestrebte Lehensindult bestand aus der förmlichen Belehnung mit dem Kurfürstentum Sachsen, was Johann aufgrund des durch ihn bestehenden Schutzes der Protestanten von Karl V. verweigert wurde. Die Belehnung erhielt erst Johann Friedrich 1534 in Wien.

---

[356] Mentz, Johann Friedrich I, Beilage Nr. 18, S.130.

[357] a.a.O.

[358] Förstemann a.a.O. S. 220, Nr.79: Instruktionen Karls V.

[359] Vorläufige Belehnung

[360] vgl. auch Held, Paul: Ulrich von Hutten. Seine religiös-geistige Auseinandersetzung mit Katholizismus, Humanismus, Reformation. Leipzig 1928, S.125, Anm. 2.

Ansonsten ist Waltkirch auf den Rittertagen an den Reiterdiensten interessiert. Über den Anteil, den die anderen Fürsten hinsichtlich der Stellung von Reitern versprochen hatten und nach dem sich Johann orientieren will, äußert sich Waltkirch nicht. Auch befinden sich unter den Informationen, die Johann von Waltkirch erhält, nicht die bei Gesprächen im Oktober erbetene kaiserliche Versicherung *„des evangelii halben"*.

Die Rolle Neuenahrs in den Verhandlungen zwischen den Parteien im Vorfeld des Reichstags zu Speyer hinsichtlich der von Karl V. angestrebten Königswahl seines Bruders Ferdinand unter Berücksichtigung sächsischer Interessen kann nicht hoch genug eingeschätzt werden.

Auf dem Speyrer Reichstag 1526 zugegen, vermittelt er in Stretigkeiten zwischen Kurköln und Jülich-Kleve-Berg. Im gleichen Jahr ist er am Zustandekommen des Ehevertrags zwischen Johann Friedrich und Sibylle von Jülich-Kleve-Berg (1512–1554) beteiligt

Auf dem Reichstag in Speyer 1529 leitet Wilhelm II. von Neuenahr die Kölner Delegation. Neuenahr ist es auch, der in Dillenburg im März/April 1530 vom sächsischen Hofmarschall Hans von Dolzig[361] zusammen mit Heinrich III. von Nassau-Dillenburg (1483–1538) bzw. dessen Bruder Wilhelm von Nassau-Dillenburg (1487-1559) mit der Vermittlung zwischen dem Kaiser und Kurfürst Johann von Sachsen beauftragt wird.[362]

Die zähen Verhandlungen und Einigungsversuche auf einen gemeinsamen Kandidaten für die Königswahl, die Neuenahr zwischen den Reichstagen von Speyer 1929 und dem von

---

[361] (um 1485–1551)

[362] Hans von Doltzig an Johann von Sachsen vom 28. März 1530 aus Dillenburg. In: Förstemann, Karl Eduard: Urkundenbuch zu der Geschichte des Reichstages zu Augsburg im Jahre 1530 Band I, Halle 1833, Nr. 40, S. 127–130.

Augsburg 1530 führt, lassen eine bedeutsame Rolle Riedesels nicht erkennen.

6.4.2 Königswahl Ferdinands 1531

Nach dem Tod Kaiser Maximilians aus dem Hause Habsburg (1459-1519) und die Tatsache, dass durch den Tod des vor dem Vater gestorbenen einzigen Sohnes Philipp ein Erbe in direkter Nachfolge fehlte, fiel das Erbe an die Enkel Karl (V.) und Ferdinand. Die im habsburgischen Haus geltende, traditionsgemäße Teilung des Erbes und Regentschaft zu *„gemeinsamer Hand"* legte Karl dahingehend aus, dass die Teilung nur für die österreichischen Erblande gelte. Dem Anspruch Karls stimmte Ferdinand mit Aussicht auf das ungarisch-böhmische Erbe im Wormser Teilungsvertrag vom 21. April 1521 zu. Aufgrund des Widerstandes einiger Stände gegen diese Lösung kam es zum Brüsseler Vertrag vom 07.Februar 1522, laut dem Ferdinand bei Abwesenheit Karls kaiserlicher Stellvertreter im Reich wurde. In dieser Funktion leitet Ferdinand auch drei Reichstage in Nürnberg (1522 bis 1524) sowie zwei Reichstage in Speyer (1526 und 1529). Das Versprechen Karls, im Reich die Wahl Ferdinands zum König (römischen) und damit dessen Nachfolge als Kaiser durchzusetzen, wurde durch Agitation des Vizekanzlers Waltkirch und intensive Verhandlungen der zur Wahl berufenen Kurfürsten und Bischöfe letztendlich erreicht. Ferdinand wurde in Köln am 5. Januar 1531 mit fünf Stimmen gegen den Protest des sächsischen Kurfürsten zum König gewählt. Die ablehnende Haltung Johanns wurde von dem überwiegenden Teil der protestantischen Stände und auch, obwohl dem altgläubigen Lager zugehörig, von den Wittelsbacher Bayern eingenommen. [363]

6.4.3 Landtag zu Altenburg (Zwickau) 1530/1531

Um sich hinsichtlich der inzwischen angehäuften Probleme und ihrer Lösung Rückhalt der Stände im Fürstentum zu verschaffen, wird für den 18. Dezember 1530 vom Kurfürsten Johannes ein Landtag nach Altenburg einberufen und zum gleichen Termin durch Anschreiben vom 29. November nach Zwickau verlegt[364],

Auf diesem Landtag spielt Johann Riedesel ohne Zweifel eine nicht zu unterschätzende Rolle. Zum einen ist er laut Landtagsordnung als *„man singular* [...] zu Waldich [Wallich][365] *und Neuenmarckt"* unter den *„Edelleuth auff der cantzleyschriefft"*[366] geladen, zum anderen fungiert er bei den Beratungen und Beschlüssen als Kämmerer des Kurfürsten bei der Durchsetzung dessen Interessen.

Als Verhandlungssachen werden u. A. genannt: Ordnung der kurfürstlichen Finanzen, Verhalten Sachsens auf dem Reichstag wegen der Sequestration geistlicher Güter,

---

[363] Horst Rabe: Reich und Glaubensspaltung. Deutschland 1500-1600. München 1989, S. 218.

[364] Ernestinische Landtagsakten. Band I. Die Landtage von 1487-1532. [Hrsg. Thüringische historische Kommission. Bearbeitet von Burkhardt.C. A. H.], Jena 1902, Nr. 380, S.205.

[365] Wallichen zwischen Erfurt und Weimar gelegen, bis 1525 Klosterhof der Klöster Pforta (1265-1291) und Bürgel (1237-1525) wird unter Johann Friedrich dem Amt Neumark zugeschlagen und damit wird Johann Riedesel *"erblicher"* Inhaber und Besitzer des Hauses Waldich". Vgl. https://geo.viaregia.org/testbed/pool/editmain/T1_2476_Chronik_Wallich en.htm (Stand 24.08.2017)

[366] a.a.O., S.201.

128

Verhalten des Kaisers gegenüber den der neuen Lehre zugeneigten Stände, Türkengefahr und Türkenhilfe.[367] Die genannten Punkte lassen erkennen, dass im Jahr 1530 versucht wurde, auf dem Landtag Geschlossenheit der sächsischen Stände und des Kurfürsten gegenüber Kaiser und den Anhängern der alten Lehre zu finden.

Die kurfürstlichen Ausführungen durch seine Räte auf dem Landtag hierzu, d.h. in Sachen Religion, finden dankbare Zustimmung in der Antwort der Stände.

Zur Behebung der finanziellen Nöte des Kurfürsten wurden im Vorfeld des Landtages durch die kurfürstlichen Räte Vorschläge konzipiert[368]: Aufstellung aller kurfürstlichen Schulden, Feststellen der Einnahmen; Kosten der Hofhaltung, Erfassen der Rückstände bei Amtleuten und Beamten, Erstellen eines neuen, kostendeckenden Etats ohne Neuverschuldung und Beantragen der Übernahme der Schulden durch die Landstände bis zur Schuldentilgung und letztendlich Gewährung einer Pension für den Kurfürsten bis zur Schuldentilgung.

Bei diesen Vorschlägen, die größtenteils der Konsolidierung der finanziellen Lage des Kurfürsten und dessen Hofhaltung dienten, agierte der für die Schatulle des Kurfürsten verantwortliche Riedesel sicher nicht im Interesse der Stände. Die Antwort der Stände ist im Einzelnen nicht belegt, auch nicht, ob die Vorschläge vorgetragen wurden. Die Stände erklärten sich aber bereit, zur Hilfe in finanziellen Fragen einen Ausschuss zu bilden, der bevollmächtigt sei, über finanzielle Hilfe und deren Ausgestaltung zu entscheiden. Nicht belegbar ist, ob Riedesel als Begleiter Herzog Johann

---

[367] vgl. im Folgenden Gutekunst Novum forum S.288 ff.
[368] Ernestinische Landtagsakten. Band I, a.a.O., Nr.377, S.196.

Friedrichs beim Konvent der protestierenden Stände zu Schweinfurt am 17. April 1532 anwesend ist.[369]

7 Riedesel und die Enteignung der Klöster

Im Brief vom 01. Januar 1527[370] an Spalatin, der sich in Altenburg befindet, entschuldigt sich M. Luther für sein langes Schweigen und kommt auf Unregelmäßigkeiten bei der Enteignung der Klöster (Sequestration) zu sprechen: *„Sehr ernst, mein lieber Spalatin, ist die Sache, welche den Raub der Klöster betrifft, [...]"*[371]. Luther spricht hier die unkontrollierte Enteignung von Klosterbesitz durch Städte und Adel an, Besitz, der eigentlich im Sinne des Reformators für den Unterhalt von Kirchen, Predigern und Schulen gedacht ist. Der in dieser Angelegenheit sehr engagierte Luther berichtet weiterhin, dass er *„wider den Willen aller sogar in das Gemach des Fürsten* [der sich zur Zeit in Wittenberg aufhält] *eingedrungen, um mit ihm allein über diese Sache zu reden. Nur Riedesel war dabei [...]."*[372] Die Anwesenheit Riedesels bei diesem Gespräch wirft ein Licht auf die enge Beziehung des Kämmerers zum Kurfürsten, gleichzeitig hat der Kurfürst wohl bei dem auch für ihn brisanten Thema auf die Anwesenheit Riedesels bestanden, denn dieser, zuständig für die kurfürstlichen Bestände an Geldmitteln und zu Geld umzumünzenden Klosterschätze, hatte sich sicher bei der unkontrollierten Enteignung der

---

[369] Müller, J. S., Des Chur- und Fürstlichen Hauses, a.a.O., S. 86.
[370] Walch Dr. Martin Luthers sämmtliche Schriften, Bd. 21 Erster Theil, St Louis 1903, Sp. 909-912.; ebenso: Martin Luther Die Briefe. [Hg. Aland, Martin], Göttingen 1983
[im Original lat. : De Wette a.a.O. Briefe, Sendschreiben, 3. Theil, S.146.]
[371] de Wette III, S.146-148.
[372] de Wette, a.a.O. ; WA Br. IV, Nr.1067, S.149-151.

Klöster im Interesse des dauernd in finanzieller Not befindlichen Hofhaltung des Kurfürsten beteiligt.

Dies wird im weiteren Bericht Luthers an Spalatin angedeutet: *„Unter dem besten Fürsten fürchte ich, dass mir und uns allen blauer Dunst, leerer Schein und Märlein aufgebunden werden [...]"*[373].

Nicht zu belegen, jedoch zu vermuten ist, dass aufgrund dieses Gesprächs der Kurfürst sich genötigt sah, die Visitationsinstruktion von 1527 ausarbeiten zu lassen, die ab 1528 eine geregelte Verwendung des enteigneten Klosterbesitzes durch die Visitationen ermöglichte.

Riedesel selbst wird ca. fünf Jahre später im Zusammenhang mit einem in diesem Kontext geschehenen Ereignis seine Stellung als Kämmerer verlieren.

8 Patronatsherr und Visitationen

Wichtigstes Recht des Patronats ist das Pfarrbesetzungsrecht. Erster für Neumark mit lutherischem Bekenntnis bekannter Pfarrer ist Wolfgang Steinbach von 1534-1536. Die Kenntnis von Riedesels Geneigtheit dem lutherischen Bekenntnis gegenüber und die Tatsache, dass Neumark landesherrlicher Besitz ist, lässt vermuten, dass schon vor diesem Zeitpunkt ein, lutherischem Gedankengut geneigter Pfarrer in Neumark predigte.

Das durch Erbfolge auf andere Personen übertragbare persönliche Patronat, erworben durch „Erbauung, Stiftung und Dotation" im kirchlichen Bereich, ohne Notwendigkeit einer urkundlichen Bestätigung urvordenklicher Besitz, durch längere Ersitzung über etwa 40 Jahre ohne Widerspruch ausgeübt oder vom Landesherrn verliehen[374], besitzt zur Zeit

---

[373] de Wette III, a.a.O.
[374] Arndt, Georg: Das Kirchenpatronat in Thüringen. Jena 1927, S. 7.

der dritten Visitation in Thüringen in Neumark der Kurfürst, während Riedesel als Patronatsherr für Hottelstedt aufgeführt ist.[375] Der vor der Belehnung Riedesels mit Neumark im Jahr 1542 als Amtmann in Neumark fungierende Georg von Gottfardt[376] dürfte aller Wahrscheinlichkeit noch der alten Religion zugehörig gewesen sein, so dass unter dem Luther anhängenden Kurfürst Johann in Neumark schon ein protestantischer Pfarrer diente. Unter den neun Geistlichen, die als „papististisch oder unbrauchbar"[377] im Zuge der Visitation entlassen wurden befindet sich der Pfarrer Neumarks nicht. Ein Eingehen auf mit dem Patronatsrecht verbundene Einzelheiten (erbliche Kirchstühle ohne Bezahlung, Sterbegeläut u s w) würde den Rahmen der Arbeit sprengen. Anzumerken im Hinblick auf die nach dem Kämmerer Johann Riedesel weiterhin in Neumark sitzenden Nachkommen ist jedoch, dass die kirchlichen Lasten, besonders kirchliche Bauvorhaben aus dem Kirchenvermögen zu zahlen waren und der Patron oder Lehnsherr lediglich zur Anschaffung von Gerätschaften und Bekleidung von Altar, Taufstein und Predigtstuhl herangezogen werden konnte. Dies wird für Neumark zum Problem, als die Gutsherren sich weigerten, zur Wiedererrichtung der im 30 jährigen Krieg zerstörten Kirche zu spenden und der Pfarrherr selbst von der Unstrut Bauholz nach Neumark transportieren musste.

8.1 Visitation in Neumark[378]

Das Jahrzehnt zwischen 1520 und 1530 ist geprägt durch die verstärkte Hinwendung großer Teile der Priesterschaft zum

---

[375] Burckhardt, Carl August Hugo: Geschichte der sächsischen Kirchen- und Schulvisitationen von 1524-1545, Grunow 1879; S.131.

[376] Aeltere und neuere Gesetze, Ordnungen und Circularbefehle für das Fürstenthum Weimar und für die Jenaische Landesportion bis zum Ende des Jahres 1799. (Hg. Schmidt Johannes), Jena 1803, S.523.

[377] a.a.O. S.135.

[378] vgl. den Text der Visitation im Anhang S. 190-197

lutherischen Bekenntnis, dessen Unterstützung durch den in Weimar residierenden Bruder des Kurfürsten Johann, Kurfürst ab 1525, und besonders dessen Sohn Johann Friedrich, Kurfürst ab 1532, aber auch durch eine gewisse Unsicherheit der Priesterschaft hinsichtlich ihrer Zugehörigkeit zur römischen oder lutherischen Glaubensversion und damit in ihrer Verkündigungspraxis. Hinzu kommt, dass der Adel Thüringens zu großen Teilen noch dem Katholizismus anhängt.

Die Auflösung der Klöster und geistlichen Güter veranlasste die Bevölkerung, z.t. selbst Geistliche gehörten dazu, sich an mobilem Kirchengut zu bereichern. Die „freigewordenen" Güter, deren Erlös eigentlich der Besoldung der Pfarrer und der Errichtung des in Unordnung geratenen Schulwesens dienen sollte, wurden so dem kurfürstlichen Zugriff entzogen. Kurfürst Johann I. von Sachsen gibt deshalb auf Anregung Martin Luthers vom 22. November 1526 im Jahr 1527 eine Visitationsinstruktion in Auftrag, die von Melanchthon hinsichtlich geistlicher Themen unter dem Titel „Unterricht der Visitatoren an die Pfarrherrn im Kurfürstentum zu Sachsen" ausgearbeitet und am 26. September 1528 durch den Kurfürsten angeordnet wird.[379] Diese "Instruction" gibt an, auf welche Gesichtspunkte die Kommission bei der Visitation zu achten hat.

Als praktische Probleme stellen sich unter Anderem die Sicherung des kirchlichen Eigentums vor Entfremdung (Zugriff) durch Adel und Städte und die Umwidmung des aufgelösten Klosterbesitzes in Mittel zum Unterhalt des Kirchen- und Schulwesens.

Um die Versorgung der Pfarrherren sicherzustellen, mussten vorerst die Pfarrmatrikel auf den vor der Sequestierung bestehenden Stand gebracht und die alten Rechte festgestellt werden, da *„die alten Rechte* [...] *teils von den*

---

[379] Müller, J. S.: Des Chur- und Fürstlichen Hauses, a.a.O., S. 81.

Patronatsherren, theils durch die Gemeinden und Stell [en]
inhaber[n] *verringert und unkenntlich geworden waren, zum
Theil* [...]*die Fixierung dieser Rechte gar nicht möglich* [war],
*da die alten Pfarrregister zu Grunde gegangen oder von den
Inhabern der katholischen Zeit muthwillig vernichtet
waren.*"[380]

Die Überprüfung geschieht im hier zu behandelnden Bereich
vorerst durch Vorladung nach Weimar durch die Visitatoren
für das Weimarer Gebiet[381]: den kursächsischen Amtmann auf
der Wartburg Christoph von der Planitz[382], Philipp
Melanchthon, den Superintendent Gothas Friedrich Myconius
(1490-1546) und den Superintendenten Eisenachs Justus
Mecum (lat. Menius) (1499-1558)[383]. Diese werden auch in
den „Annales" von Müller[384] genannt Georg von Wangenheim
zu Tüngeda (1495-1556)[385] wird bei Arper[386] als Visitator
falsch angegeben. Ebenso zitiert Arper Myconius im
Zusammenhang mit der ersten Visitation 1528 falsch: „[...]
habe ich neben [...] *Johann Cotta helffen visitieren* [...]"[387].
Myconius nennt die Visitatoren, die ihm in beiden
Visitationen, 1528 und 1534, zur Seite standen.
Die Teilnahme des Georg von Wangenheim[388] ist sowohl für
die Visitation 1528 als auch für 1533 fraglich.

---

[380] Burckhardt: Geschichte, a.a.O. S.137

[381] a.a.O. S. 28: Weimar mit Buttstedt, Buttelstedt, Rastenberg, Neumark,
Rossla

[382] auch bei Myconius Friedrich: Geschichte der Reformation.
(herausgegeben von Clemen, Otto) Voigtländers Quellenbücher Bd.68,
Leipzig o.J., S.47.

[383] Arper, Karl: Aus Weimars kirchlicher Vergangenheit. Weimar; L.
Thelemann, 1900, S. 44.

[384] Müller, J. S.: Des Chur- und Fürstlichen Hauses., a.a.O., S.82.

[385] Nach: brigittegastelancestry.com/royal/bernhardanc3.htm stirbt
Wangenheim vor 1574 (ohne Quellenangabe)

[386] Arper, a.a.O., S. 44.

[387] Arper, a.a.O

[388] Probst des Gothaer Stifts 1524, Übertritt zum Luthertum 1528

Über eine Einladung Neumarks unter den zu dieser ersten Visitation zu Visitierenden ist nichts bekannt.

Zeitpunkt dieser Visitation ist für die Superintendentur Weimar unter der Superintendentur Johannes Graus nach Aufenthalt Melanchthons in Weimar entweder vom 20. Oktober – 22. November 1528 oder 07. Januar – 20. Januar 1529.[389] Burkhardt[390] terminiert diese zweite Thüringer Visitation in Eisenach, Gotha und Weimar vom 23. November 1528 bis zum 5.Januar 1529.

Die Rolle Riedesels als vermittelnde Instanz zwischen den von „außen" an den Hof getragenen Wünschen hinsichtlich kirchenpolitischer Belange und dem Kurfürsten werden auch hinsichtlich von Abläufen der Visitationen, z.B. der von 1528 erkennbar.

Riedesel selbst wird neben seiner Rolle als Lehnsträger in Neumark als Vermittler in einem anderen Bereich genannt:

Die Visitatoren des Kurkreises, Visitationsort ist Wittenberg, Martin Luther, Hauptmann Wittenbergs Hans Metzsch und Benedict Pauli, Licentiat in Wittenberg, bitten den Kurfürsten in einem Brief vom 26. November 1528, den vierten Visitator, den Landrentmeister Hans von Taubenheim noch im Visitationsgeschäft zu belassen, da sie „vieler Unrichtigkeiten halben noch nicht vollkömmlich den Kreis Wittenberg ausgerichtet"[391] hätten.

Taubenheim hatte die übrigen Mitglieder der Kommission „aus einer Schrift, so Johann Riedtesel an ihn gethan"[392] davon unterrichtet, dass der Kurfürst in der Annahme, die Visitation sei beendigt, ihn anfordere.

---

[389] Müller, Ernst: Martin Luther und Weimar. Tradition und Gegenwart. Weimarer Schriften, Heft 6 1983, S. 54.

[390] Burckhardt, a.a.O., Vorwort XXVII

[391] Walch, Johann Georg: Dr. Martin Luthers sämmtliche Schriften. Bd.21 erster Theil Dr. Luthers Briefe, St.Louis 1903, Sp.1245

[392] a.a.O.

Die Begründung der Bitte, „*dass uns die Kirchenrechnungen sehr dunkel und irrig vorgetragen, und ist unter uns keiner, der sich derselben nach Nothdurft versteht*"[393] zeigte Wirkung: Der Kurfürst beließ den im Rechnungswesen versierten Taubenheim bis zum Ende der Visitation in der Kommission. Die am 03. März 1533[394] beginnende und bis 1535 dauernde 3. Visitation in Thüringen, die auch Neumark erfasst, wird infolge einer der letzten Verfügungen des Kurfürsten Johannes, der am 16. August stirbt, am 12. August 1532 in Gang gesetzt und laut Burkhardt[395] von Justus Menius Friedrich Myconius, Georg von Denstedt und dem Eisenacher Bürgermeister Johann Cotta (1500-1561) durchgeführt. Georg von Denstedt wird gleichzeitig Executor für den Saalgrund, die Ämter Weimar, Rossla usw.

In der bei Burkhardt aufgeführten Liste werden Neumark und das unter Stedten geführte Ottmannshausen als kurfürstlich genannt, Hottelstedt als „*zu von Riedesel*".

Als Ergebnis der dritten Visitation konnte für Thüringen festgestellt werden, dass dank der erloschenen Stiftungen und der Auflösung der thüringischen Klöster „für die materielle Lage der Geistlichen [Ausserordentliches]"[396] geleistet worden war und 46 von 70 Geistlichen sich dem lutherischen Bekenntnis angeschlossen hatten.

Das Protokoll der Visitation Neumarks (mit Filiale Thalborn) befindet sich im Thüringischen Hauptstaatsarchiv Weimar [397] und nennt als Visitatoren die von Burkhardt Genannten[398]: Justus Menius, Friedrich Myconius, Georg von Denstedt und Johann Cotta.[399]

---

[393] a.a.O.

[394] Burkhardt, Geschichte, a.a.O. S.124-141.

[395] a.a.O., S. 125.

[396] Burkhardt, a.a.O., S.139.

[397] ThHStAW, EGA, Reg. Ii 4 Bd. II, Seite 68r, 68v, 69r, 69v (Bearbeitung Annette Scherer)

[398] Burkhardt, Geschichte, a.a.O.

Georg von Denstedts Erwähnung als Visitator bedarf einer kurzen Erläuterung.

Ein Georg von Denstedt (von Tennstedt) (* um1483 + ?) wird 1499 als Student in Erfurt geführt, ist 1519 Ratsherr in Erfurt, ab 1522 Ratsmeister der Stadt und 1529 1. Ratsherr als Oberratsmeister[400] bei Hartung „Obrist-Rathsmeister"[401].

Ein Sohn mit Vornamen Georg (1510-1561) wird ebenfalls als als dritter Ratsherr in Erfurt genannt.[402]

Die zur Visitation 1533/1534 Thüringens verfügbaren Quellen[403] nennen grundsätzlich als Visitator den von 1534 bis 1536 in Saalfeld als Amtmann fungierenden Georg von Denstedt zu Diefurth (Tiefurt). Dieser ist neben Ewald von Brandenste[a]in und dem Schösser von Weimar „im kraiß zu Weimar"[404] als Exekutor der Münzprobation für den Kreis Weimar genannt und als kurfürstlicher Kommissar an der Sequestration der Thüringer Klöster beteiligt. In diesem Zusammenhang tauscht er sein Gut in Tiefurt mit Bewilligung Johann Friedrichs gegen das säkularisierte Kloster Heusdorf.[405]

---

[399] nach Hoffmann, A. G. [HG]: Allgemeine Encyklopädie der Wissenschaften und Künste Zweite Section H-N. Leipzig 1842, S.262. auch Georg von Wangenheim

[400] www.familienforschunggreuel.de/GreuelErfurt/.../html/atafelp5101.htm (Stand 07.02.2018)

[401] Hartung, Bernhard [Hg]:Häuser-Chronik der Stadt Erfurt geschöpft aus den Archiven und der Magistratsbibliothek, Acten und sonstigen authentischen Quellen, Erfurt 1861, S.205.

[402] vgl. Anm. 222

[403] vgl. Löbe, Julius: Nachträge und Berichtigungen zur Familie v. Denstedt. Mitteilungen des Vereins für Geschichts- und Altertumskunde zu Kahla und Roda, Vierter Band, S. 429–439.

[404] Müntz-Gebott und Ordnung, wellicher gestalt die Chur- und Fürsten zu Sachsen … in iren Fürstenthumben und Landen sich von wegen der großen unrichtigkeit so ain zeyther der Müntz halben fürgestanden, verglichen und verainiget haben. 1561 Digitalisat der Bayerische Staatsbibliothek. [8 Seiten]

[405] Löbe, a.a.O., S.135-136.

Aufgrund des fehlenden Todesdatums des „Obrist-Ratsmeisters" und weiterer Informationen zu dessen Wirken nach 1529 besteht die Möglichkeit, dass Georg von Denstedt aus Erfurter Diensten in den Dienst des Kurfürsten getreten ist und hier als Visitator fungierte, vorausgesetzt, der Zweig der Familie ist protestantisch.

Die Teilnahme eines Georg von Denstedt, einem Erfurter Ratsherren, an der Visitation Thüringens, sprich Neumarks, wird noch fraglicher, wenn man den Ausführungen des Chronisten Christian Schlegel[406] folgt, der als geistliche Visitatoren Myconius und Menius nennt, als weltliche, Georg von Denstedt (Amtmann zu Saalfeld), Johann Cotta (Bürgermeister Eisenachs) und zusätzlich Georg von Wangenheim. *Georgius von Denstedt* wird in einer Anmerkung als *Executor* der Visitation bezeichnet.

Es ist zu bezweifeln, dass einem kürzlich aus Erfurter Diensten in sächsische Dienste gewechselten Erfurter Ratsherren eine Amtsmannschaft Kursachsens zugesprochen wurde, außer man sieht darin ein Werbegeschenk des Kurfürsten an einen fähigen Beamten.

Da der Autor mit größter Wahrscheinlichkeit die *Annales* Müllers als Quelle nutzt[407], stehen als Visitatoren in Neumark Myconius, Menius, Cotta, von Wangenheim und Georg von Denstedt zur Verfügung, wobei nicht mit letzter Sicherheit festzustellen ist, wer, da Unterschriften der Visitatoren fehlen, von den beiden Letztgenannten als Visitator in Neumark fungiert.

Erklärbar wird das Auftauchen Georg von Denstedts sowohl als Visitator als auch als Exekutor 1533 in Neumark, wenn man davon ausgeht, dass der Amtmann von Saalfeld nach der Visitation neben anderen Exekutoren, die neben der lokalen

---

[406] Schlegelii, Christiani ausführlicher Bericht von dem Leben und Tod Caspari Aquilae. Leipzig u. Franckfurt 1737, S. 244.
[407] Müller, J.S., Annales, a.a.O., S.88.

Obrigkeit als Kontroll- und Strafinstanz fungierten, im Anschluss die Behebung der in den Visitationsprotokollen festgestellten Mängel und die Beachtung der Verbesserungsvorschläge überwachte.

Gewöhnlich mussten sich zur Visitation vor Ort der Pfarrer, unter Umständen der Küster/Kirchner, der Kirchenpatron (war meist der Lehns- und Gerichtsherr) oder gegebenenfalls Vertreter des Stadtrates einfinden. Die wichtigsten Aussagen wurden in einem Visitationsbericht oder -protokoll zusammengefasst. Der Schreiber des Visitationsprotokolls für Neumark ist bekannt. Es ist Dietrich Gärtner[408], dessen kunstvolle Handschrift es verdient, vorgestellt zu werden.

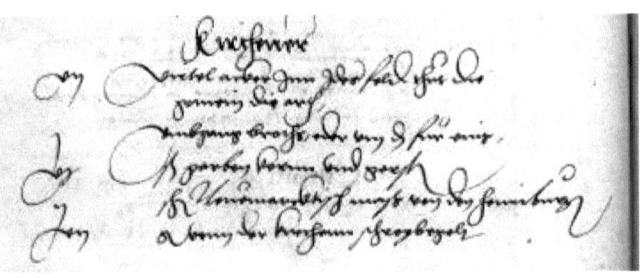

Riedesel selbst findet im Text des Visitationsprotokolls neben seiner Funktion als Patronatsherr mit der Ernennung des Pfarrers (*Rietesel daselbst die nominacion*[409]) an einer zweiten Stelle Erwähnung. Einem Bürger Neumarks, Seytzman, werden elf alte Schock (Groschen), die er jährlich mit elf Schneebergern[410] der Kirche verzinsen muss, erlassen. Hierzu willigt Riedesel als Patronatsherr ein. Gleichzeitig werden jedoch die Alterleute (*alterleuten*) von den Visitatoren aufgefordert, bis zur Besserung der finanziellen Lage des

---

[408] Burkhardt, a.a.O., S.125.
[409] ThHStAW, EGA, Reg. Ii 4 Bd. II, Blatt 68r
[410] in Schneeberg geprägter Silbergroschen

Betroffenen in Zukunft ähnliche Handlungen im Interesse des kirchlichen Besitzes zu vermeiden.[411] Die im Text des Protokolls genannten und neben Riedesel mit dem Schulderlass befassten und im ausgehenden Mittelalter als Alterleute (auch Kirchväter, Vitrici, Magistri fabricae) Bezeichneten, werden in vorreformatorischer Zeit von den Kirchenobern ernannt und verwalten unter Mitwirkung des Pfarrers und Patrons die kirchlichen Angelegenheiten. Mit Beginn der Reformation werden der Bürgerschaft Zugeständnisse gemacht und meist zwei vom Stadtrat aus der Bürgerschaft gewählte und als Kontrollinstanz der Stadt mit dem Eintreiben und Verteilen der Kircheneinkünfte befasste Personen übernehmen die Funktion.

Sie sind wichtige kommunale Vertreter der sogenannten Kirchenfabrik (*fabrica*), in der „alles an Zustiftungen von Bürgerlichen und Geistlichen zusammenfloss, was bestimmt war für den baulichen Unterhalt der Kirche, für die Beleuchtung der Kirche und andere Zwecke"[412]. Die angesammelten Kapitalien der Kirchenfabrik konnten ebenso, wie Bünz für Jena feststellt[413], für Darlehenszwecke ausgegeben werden, indem jeder Bürger sich gegen Zinsen Geld leihen konnte. Diese Funktion der Kirchenfabrik wird durch den Fall Seytzman deutlich: Die ihm geliehenen *eylf althe schog, so er mit 11 schneberg[ern] jerlich hat dem gotshause vertzinsen sollen* werden auf Anordnung der Visitatoren und

---

[411]ThHStAW, EGA, Reg. Ii 4 Bd. II, Blatt 29v; im Original: *Seytzman zum Neuenmarckt sind umb/ gottes willen erlassen word[en] eylf/ althe schog, so er mit 11 schneberg[ern] jerlich/ hat dem gotshause vertzinsen sollen./ Dartzu Johann Rietesel verwilligt, doch/ haben die visitatores, dergleichen einbruch/ zuverhueten, den altherleuten nicht mer,/ dan das sie alleine dem armen biß zu/ seiner sachen besserung anstand geben/ wolthen, angetzeigt.*

[412] vgl. Bünz, Enno: Die mittelalterliche Pfarrei. Ausgewählte Studien zum 13.-16. Jahrhundert. Tübingen 2017, S.543 ff mit Quellenhinweis Anm. 84

[413] a.a.O, S.544.

unter Einwilligung des Patronatsherren Riedesel dem Vermögen der Kirchenfabrik entzogen und können nicht mehr eingetrieben werden.

9 Das Jahr der Entlassung 1532

Im Februar 1532 befindet sich Riedesel in Torgau, wohin er sicher aufgrund der Erkrankung des Kurfürsten angereist war oder sich schon in seinem Haus aufhielt. Am 19. Februar war auch Luther mit Justus Jonas nach Torgau ans Krankenbett des Kurfürsten gereist, den, so Luther im Brief vom 27. Februar an seine „Hausfrauen" Käthe[414], „der Teufel [...] ihm den Fuß gebissen und gestochen [hat]". Der Kurfürst stirbt (wahrscheinlich) nicht am Wundbrand, der betroffene Zeh wird erfolgreich amputiert, sondern er stirbt nach kurzer Regeneration im selben Jahr bei einem Jagdaufenthalt in Schweinitz, den beschriebenen Symptomen nach an einem Schlaganfall.

Neben Bericht über seinen Schlafgewohnheit, „etwa 6 oder 7 Stunden an einander und darnach zwo oder 3 Stunden hinnach", der wohl, wie er vermutet, „des Biers Schuld" ist, und Anmerkungen zum Abschied seines langjährigen Dieners Johannes Rieschmann, verspricht Luther Käthe, die zur Zeit den Pfarrherrn aus Zwickau, Nikolaus Hausmann, beherbergt, davon zu erzählen, „wie Mühlfurt und ich bei dem Rietesel zu Gast gewest", der ihm „viel Weisheit erzeiget" habe, ihm aber „nicht trinkerlich nach solchem Trank" gewesen sei.

---

[414] de Wette, Wilhelm Martin Leberecht: Briefe, Sendschreiben und Bedenken,Bd.4, Berlin 1827, S.341-343.

9.1 Entlassung Riedesels 1532: die Neider

Bei der Entlassung Riedesels spielen sowohl sachliche Argumente (vgl. unten) als auch persönliche Anfeindungen durch Hofbeamte eine Rolle Es sind meist Hofbeamte, denen die Sonderstellung Riedesels beim Kurfürsten Johannes missfiel und in deren Augen besonders die Siegelung, eigentlich Aufgabe und Recht des Kanzlers, durch Riedesel als Amtsanmaßung galt. Diese sahen nach dem Tod Kurfürst Johanns, des Gönners Riedesels, die Chance, beim Nachfolger Johann Friedrich den Einfluss Riedesels am Hof einzuschränken oder gar auszuschalten.
Wenn auch in der Literatur keine Personen präzise benannt werden, ist es doch möglich, den Personenkreis einzuschränken und unter diesem den Hofrat Hans von Minckwitz zu nennen.
Der alte Kanzler Dr. Brück als Siegelbewahrer und Aussteller von Urkunden sah sich möglicherweise in seiner Rolle beschnitten, indem Riedesel die Nähe Johanns gewinnt und als Kämmerer Siegelbewahrer wird, ist aber aller Wahrscheinlichkeit nicht gemeint, wenn Luther im Brief vom 14. März 1534 Riedesel nach dessen Entlassung rät, den Kurfürsten nicht unter Druck zu setzen, da *„die falschen Freunde [...] noch zu neu im Regiment"* [seien]. [415] Mit dem von Luther als *„falscher Freund"* Bezeichneten, der Druck auf Johann Friedrich ausübt, ist mit einiger Sicherheit der schon in einem Brief Luthers vom 17. Oktober 1532 an Johann Friedrich[416] mit „D.C." apostrophierte, 1528 als Kanzler an den Hof des Kurfürsten Johann nach Weimar berufene neue Kanzler Dr. Christian Beyer (1482-1535) gemeint. (vgl. Kap. Reaktion Luthers 9.2)

---

[415] de Wette, Bd.4, Berlin, G. Reimer, 1825-1856. S.522-524; auch 14.3.1534 (WAB 7, 40-42 Nr. 2094)
[416] WAB 6, Nr.1967, S.377-378.

Nicht „neu im Regiment" jedoch entschiedener und einflussreicher Gegner Riedesels ist Hans von Minckwitz der Jüngere von Trebsen (1507-1534).

Um die schnelle Entlassung Riedesel nach Amtsantritt Johann Friedrichs zu beleuchten, ist es notwendig, auf die Position und das Gewicht des Einflusses des Hans von Minckwitz am Hof und besonders auf den Einfluss Minckwitz' auf den Nachfolger Johanns, den Sohn Johann Friedrich, der 1532 Regent wird, näher einzugehen.

Der Vater[417] des Hans von Minckwitz zu Trebsen mit gleichem Namen hatte von 1488 bis 1497 schon als kursächsischer Rat und Obermarschall am herzoglichen Hof gedient.

Sein Sohn Hans von Minckwitz[418] steigt nach erfolgreicher Karriere als Amtmann zu Radeberg und Liebenwerda im albertinischen Sachsen und dem Tod des Kurfürsten Friedrich III. (der Weise) als Rat in eine führende Stellung am Hof von Kurfürst Johann (der Beständige) auf.

1516 hatte Minckwitz das Gut Trebsen gekauft, so dass die Quellen, hier besonders die „Annales" von Müller, ihn in der Zuordnung als „zu Liebenwerda" oder als „zu Trebsen" benennen.

Schon 1522 hatte er in seiner Herrschaft Sonnenwalde die Reformation eingeführt. So wie insgesamt die Trebsener Schlossfamilie von Minckwitz Förderer der Reformation, ist auch Minckwitz "ein begeisterter Anhänger und Freund Martin Luthers"[419].

---

[417] (1445 ?-1516)

[418] vgl. hierzu Kunze, Jens: Minckwitz (Minkwitz), Hans III. von. In: Sächsische Biografie, hrsg. vom Institut für Sächsische Geschichte und Volkskunde e.V., (bearb. von Martina Schattkowsky) http://www.isgv.de/saebi/ (Stand 09.02.2018)

[419] Kunze, a.a.O.

Ende September 1526 wird durch Minckwitz in Breslau mit
Herzog Albrecht von Preußen (1490-1568) ein Bündnis zur
gegenseitigen Hilfeleistung geschlossen
Minckwitz vertritt das Kurfürstentum auf den Reichstagen
1525 in Augsburg und 1529 zu Speyer und ist Vertreter und
Wortführer der Opposition des Kurfürsten bei Verhandlungen
mit Karl V.: Im Vorfeld des Reichstages zu Augsburg 1530
erfährt eine sächsische Gesandtschaft zum Kaiser unter
Minckwitz mit dem Vorschlag einer Reise Johanns nach
Innsbruck zum persönlichen Gespräch mit dem Kaiser durch
diesen eine Absage, da für den sächsischen Kurfürsten noch
keine Belehnung durch den Kaiser stattgefunden hat. Diese
erreicht erst,wie obrn dargestellt, Johann Friedrich.
Schon 1529 wird deutlich, dass Minkwitz zum Sohn des
Kurfürsten Beziehungen pflegt, die er nach dem Tod des
Kurfürsten nutzt, um den neuen Kurfürsten dahingehend zu
beeinflussen, den Kämmerer Riedesel zu entlassen.
Graf Albrecht VII. von Mansfeld (1480–1560) schreibt vom
Reichstag aus Speyer 1529 dem zukünftigen Kurfürsten
Johann Friedrich[420], dass Minkwitz, der sich ebenfalls in
Speyer befindet, diesem wohl schon über die bisherigen
Vorgänge auf dem Reichstag berichtet habe.
Zur Königswahl des Bruders Karls V., Ferdinand, zum
„Römischen König"[421] erscheint Kurfürst Johann nicht
persönlich, sondern lässt sich durch seinen Sohn und
Minckwitz vertreten
In den Jahren ab 1531 wird sein Einfluss besonders in Fragen
der Steuererhebungen am Hofe deutlicher:
Im März 1531 wird er auf dem Landtag/Ausschusstag in
Torgau als Überprüfer der eingegangenen Verzeichnisse zu
Beträgen über die eingeschmolzenen schlechten Gelder, die

---

[420] Kühn, Erster Halbband,a.a.O., S.740.
[421] Wahlakt am 05. Januar 1531

zur Gegenwehr gegen die drohende Türkengefahr und im Interesse der Protestanten dienen, ernannt.[422]

Am 17. Juli 1531 ist er bei einem ersten Versuch der Beilegung der Irrungen zwischen Albertinern und Ernestinern als Vertreter der letzteren in Grimma anwesend,[423] dies sicher aus Gründen seiner ehemaligen Dienste als Amtmann der Albertiner.

Im aus dem großen Ausschuss gebildeten kleinen wird ihm, jetzt schon Hofmeister, im Januar 1532 zusammen mit dem Kurfürsten die Vollmacht erteilt, die in Meißen und dem Vogtland eingegangenen Gelder anzufordern und gegen Quittung auszugeben.[424]

Am deutlichsten wird der gestiegene Einfluss Minckwitz' am Hof und hier bei Finanzfragen, wenn auf dem Ausschusstag in Torgau im Februar 1532 dem Kurfürsten für Festungsbau in Wittenberg und Gotha die Auszahlung beantragter Gelder bewilligt werden, dieser jedoch über die Verwendung der Gelder Hans von Minckwitz, Hans von Dol(t)zig[425] und dem Bürgermeister von Gotha Johann Oswald Rechenschaft geben muss.

Johann Friedrich, der schon längere Zeit mit dem „alten Regime" seines Vaters und dessen Unzulänglichkeiten besonders im finanziellen Bereich unzufrieden gewesen war, ist seit 1529 intensiv darum bemüht, zur Besserung eine neue Hof-und Ratsordnung durchzusetzen, bei der ein oberster Hofrat die Aufsicht über die anderen Räte bekommen sollte, was eine Gefährdung der Stellung Riedesels beinhaltete, da hier auch die Nutzung der Siegel betroffen war. Für die Stellung des obersten Hofrates war durch Johann Friedrich

---

[422] Müller, Türkensteuer,a.a.O., S. 37.
[423] Müller, Annales, a.a.O., S 86: hier als *„zu Liebenwerda"*
[424] Müller, Türkensteuer, a.a.O., S.40.
[425] (um 1485-1551); unter Kurfürst Johann gehörte er zu den 4 „täglichen Hofräten".

Hans von Minckwitz vorgesehen, der auch ein Betreiber der Einführung dieser neuen Hof-und Ratsordnung war. Kurfürst Johann, anfänglich nicht zu Veränderungen geneigt, sagt Minckwitz jedoch die Einführung zu[426] und ernennt am 24. März 1532 Hans von Minckwitz zum „wesentlichen Hofrat, Hofmeister und Hofmarschall" mit einer Machtfülle, die ihm die Möglichkeit gibt, nun verstärkt auf die Entlassung Riedesels hinzuarbeiten.

Nicht unwesentlich zur Abneigung des Hans von Minckwitz gegenüber Riedesel dürfte beigetragen haben, dass dieser im Januar 1532 an der Kündigung des Ratssoldes des Kaspar von Minckwitz beteiligt war. Diesem Caspar I. von Minckwitz (um 1480-1537) gelingt es sicher unter Einflussnahme seines Bruders 1533 die Stellung eines Amtmanns zu Liebenwerda und Schlieben einzunehmen und in der Nachfolge des Hans von Minckwitz 1536 ebenfalls kurfürstlicher Hofmeister zu werden.

Nach der Entlassung Riedesels (vgl. unten) bzw. der laufenden Untersuchungen gegen diesen ist die Stellung des Hans von Minckwitz gefestigt. Dies zeigt seine Anwesenheit sowohl bei der Bestätigung der Privilegien Buttelstedts am 15. Dezember 1532[427], am 20. Februar 1533 bei der Bestätigung der Privilegien Buttstedts[428] und am 18. November des gleichen Jahres- schon als Hofmeister- beim Vertrag zwischen den Albertinern und Ernestinern in Grimma hinsichtlich der Beilegungen der Irrungen zwischen den Häusern.[429] Hans von Minkwitz gelingt es auch, seine Söhne am Hofe Johann

---

[426] Die Einführung geschieht endgültig erst 1536.
[427] Müller, J.S., Annales, a.a.O., S.87.: hier „zu Trebsen"
[428] a.a.O. S. 88.: hier nur als „Ritter"
[429] a.a.O.

Friedrichs unterzubringen oder ihnen Posten in der Verwaltung zu verschaffen.[430]
Minckwitz stirbt am 21. 08. 1534, in der Phase, in der Riedesel seine Wiedergutmachung am kurfürstlichen Hof betreibt.[431] Gegen diese Phalanx Minckwitzschen Einflusses am Hof waren die Aussichten für eine Rehabilitierung Riedesels offensichtlich sehr gering.

9.2 Die Entlassung

Obwohl Riedesel bei der Beisetzung Johanns 1532 als dessen engster Vertrauter direkt hinter dem Sarg des Verstorbenen an der Spitze der Prozession schreitet[432], erreichen es seine Widersacher am Hof, dass gegen ihn und andere Hofbeamte eine Untersuchung eingeleitet wird, die letztendlich zu Riedesels Entlassung führen sollte.
Der Hauptvorwurf, der Riedesel gemacht wird, besteht darin, dass er nach dem Tode Johanns dessen Siegel in persönlicher Verwahrung behalten, auch gebraucht habe und, wie der Widersacher Riedesels, Hofmeister Hans von Minckwitz, bemängelte, nach dem Tod Friedrichs des Weisen nicht unverzüglich abgeliefert habe.[433] Trotz Beteuerung Riedesels, dass nach dem Tod Johanns nichts gesiegelt worden sei, erklärt Johann Friedrich alle eventuell gesiegelten Vorgänge und Urkunden für nicht rechtens und nimmt Riedesel vor

---

[430] Schirmer, Uwe: Der ernestinische und albertinische Landadel, a.a.O., S 202.
[431] Kunze, Jens: Minckwitz (Minkwitz), Hans II. von, in: Sächsische Biografie, hrsg. vom Institut für Sächsische Geschichte und Volkskunde e.V., bearb. von Martina Schattkowsky; http://www.isgv.de/saebi/ (Stand 08.07.2017)
[432] Mentz, Georg: Johann Friedrich der Großmütige 1503-1554, Teil 2, Jena 1908, S.114-115.
[433] vgl. im Folgenden Müller, Die Entlassung, a.a.O., S.224 ff mit Quellenangaben

versammeltem Hofrat das kurfürstliche Ratssiegel und Sekretsiegel[434] ab

Vorgeladen zu einer Befragung werden neben Riedesel der Rat und ehemalige Hofmarschall unter Johann bis 1525 Nickel vom Ende zum Stein, Kammerschreiber Sebastian Schade und der Rentschreiber Bernhard Sol.

Ihnen werden Fragen zu 3 Hauptpunkten vorgelegt, die sie schriftlich zu beantworten hatten: die fürstlichen Finanzverhältnisse, das Rechnungswesen und einen inhaltlich nicht bekannten Punkt betreffend.

Riedesel gibt Auskunft über beim Tod Friedrichs des Weisen und Antritt der Herrschaft durch Johann vorhandene Barschaft und Silbervorrat, während er sich zur Frage des Verbleibs der seit 1525 eingenommenen Strafgelder, der Anlagen zum Bischofszug[435] und der Türkensteuer und den Ungeldern, den Steuer auf Waren, von den Städten nicht äußert. Ebenso gibt es keine Aussagen Riedesels zu den Einnahmen aus den seit der Sequestration unter landesherrlicher Aufsicht stehenden geistlichen Gütern. Die Aussage zu diesen Themen konnte Riedesel begründet unterlassen, da die Verwaltung dieser Gelder einerseits dem Kammerschreiber, andererseits dem Rentamt oblag.

Zum Verbleib und zur Verwendung kirchlicher Kleinodien und Ornate liegen ausführliche Aussagen Riedesels in der Hauptsache zu den nördlichen Gebieten des ernestinischen Territoriums vor. Nickel vom Ende, der anfänglich verneinte, Kleinodien empfangen zu haben, machte letztendlich doch Aussagen zu den südlichen Territorien.[436]

---

[434] Form der Beglaubigung von Urkunden oder Sicherstellung der Unversehrtheit von Gegenständen oder Behältnissen mithilfe eines Siegelstempels

[435] gegen Bamberg und Würzburg wegen der Packschen Händel 1528

[436] Müller, Die Entlassung, a.a.O., S. 226.

Die Aussagen beider stimmten darin überein, dass alle
kirchlichen Schätze dem Weimarer Schosser Ambrosius Dietz
gegen Quittung ausgehändigt worden seien, der sie zur
Aufbewahrung in der Sakristei der Weimarer Schlosskirche
dem Hans von Gräfendorf übergeben habe.

Hierzu und zur Auflösung des Wittenberger Heiligtums
werden Riedesel und Nikolaus von Ende zum Stein im Beisein
der übrigen Räte befragt.[437]

Das „Wittenberger Heiligtum" bestand aus der
Reliquiensammlung Friedrichs des Weisen in der
Wittenberger Schlosskirche Allerheiligen. Den Grundstock
hierzu bildeten Reliquien, die Friedrich von seiner Wallfahrt
im Jahr 1493 ins Heilige Land mitgebracht und die er im Laufe
der Zeit auf über 19.000 Stücke auch mittels des
Ablasshandels vergrößert hatte. Damit besaß er die
drittgrößte Reliquiensammlung seiner Zeit. Nur die durch den
Vater Friedrichs des Weisen, Kurfürst Ernst (1441- 1486), in
Halle (Saale) angelegte und durch den Erzbischof von Mainz,
Albrecht, (1490-1545) dessen Lieblingsresidenz die
Moritzburg war, erweiterte Sammlung konkurrierte auf dem
Boden des Heiligen Römischen Reichs mit der Sammlung
Friedrichs des Weisen.[438] 1509 hatte Lucas Cranach der Ältere
(1472-1553) zu dieser Heiligtumssammlung Friedrichs eine
Beschreibung mit Holzschnitten erstellt.[439]

Im Zuge der durch Luther angeregten Diskussion und dessen
Ablehnung der Reliquienverehrung sah sich Friedrich der
Weise genötigt, im Jahr 1522 den Erwerb von Reliquien zu
beenden.[440] Im Jahre 1523 waren jedoch noch Teile des

---

[437]Müller, a.a.O., S.225; Mentz, a.a.O., S.114-115.

[438] Roper, Lyndal: Der Mensch Martin Luther. Die Biographie. FaM 2016,
S.516.

[439] https://de.wikipedia.org/wiki/Friedrich_III._(Sachsen) (Stand
08.07.2017)

[440] vgl. Ludolphy, S. 454.

Heiligtums auf dem Hochaltar der Schlosskirche zu sehen, der
Großteil der Sammlung in den Gewölben unter Aufsicht noch
zugänglich.
Auskunft über den Verbleib des Heiligtums konnte Riedesel
im Zuge seiner Befragung anhand bestehender Verzeichnisse
über Gewicht und Ergebnisse des Verkaufs der nach Torgau
verbrachten und durch Georg Goldschmidt eingeschmolzenen
Gold- und Silberbestandteile der zerlegten Reliquien
ausführlich geben, jedoch mit dem Hinweis, dass er von
Kurfürst Johannes verpflichtet worden sei, über den Verbleib
der Kirchenschätze Stillschweigen zu bewahren, und diese
seine Tätigkeit ihm nicht zum Nachteil gereichen sollte.[441]
Nach Riedesels Angaben ließ Kurfürst Johann aus dem
gewonnenen Gold auch Gebrauchsgegenstände wie Löffel
oder Ketten herstellen. Der Rest des Goldes sei bei Johann
Friedrich verblieben.
Über den Empfang des Erlöses des zum Einschmelzen nach
Coburg oder in Fässern nach Nürnberg von Weimar über
Coburg verbrachten Silbers zeichnete Riedesel, wobei
regelmäßig zur „strengsten Geheimhaltung dieser
Aktionen"[442] ermahnt wurde.
Die aus dem Verkauf des eingeschmolzenen Goldes und
Silbers erzielten Erlöse dienten in der Hauptsache der
kurfürstlichen Schuldentilgung und beliefen sich nach den
Recherchen E. Müllers im Ernestinischen Gesamtarchiv auf ca.
74.780 Gulden.[443]
Nach dem Tod Johanns wurde bei der Inventarisierung der
Hinterlassenschaft des Kurfürsten 1532 im Torgauer Schloss
ein Großteil der aus den Kleinodien herausgebrochenen
Perlen und Edelsteine gefunden, die nicht in den Verkauf
gelangt waren.

---

[441] vgl. im Folgenden Müller, Die Entlassung, S. 228 ff.
[442] a.a.O., S. 229.
[443] a.a.O., S. 229 ff.

Zu seiner Entlastung konnte Riedesel während der zu seiner Entlassung führenden Verhandlungen darauf verweisen, dass Johann 1532, ob durch seine Räte (also auch Riedesel) zur Auflösung des Heiligtums beraten oder nicht, durch seine Vorgehensweise im Hinblick auf das im Heiligtum bestehende religiöse Vermächtnis seines Bruders Friedrich belastet, ein Bekenntnis für seine Söhne Johann Friedrich und Johann Ernst verfasste. In diesem bestätigte er, die Kleinodien *„zu uns genommen und dieselb in unsern nutzs gewant und gefordert habe"*, dem Wittenberger Hauptmann Hans Metzsch die Maßnahme befohlen habe und dass *„yederman darinne entschuldigt"*[444] zu achten sei.

Dieses Bekenntnis entlastet auch Riedesel, jedoch nur in dieser Hinsicht, verhindert aber nicht seine sofortige Entlassung als Einzigem nach Amtsantritt Johann Friedrichs.

Nachfolger Riedesels im Amt des Kämmerers wird Hans von Ponikau (1508-1573).

Von den nur noch ganz vereinzelt vorhandenen Reliquen aus dem aufgelösten Kirchenschatz gelangte das sich heute in der Kunstsammlung der Veste Coburg befindliche, sogenannte Elisabeth-Glas[445] in den Besitz Luthers. Zu Recht vermutet Ernst Müller[446], dass das Glas nicht, wie bisher angenommen, als Geschenk Johann Friedrichs um 1540 in den Besitz Luthers gelangte, sondern eher ein Geschenk des Kurfürsten Johann an Luther war, evtl. sogar unter Mitwirkung Johann Riedesels, des mit der Auflösung des Heiligtums befassten Freundes und Paten seines Sohnes, der von der Sammelleidenschaft und Vorliebe Luthers für Becher und Pokale wusste.

---

[444] zitiert in Müller, a.a.O., S.231.
[445] Glas der Heiligen Elisabeth. Der Legende nach soll der Kelch Wasser in Wein verwandelt haben. Luther zeigt das für Luthers Umtrunk wie geschaffene Glas bei Tischgesellschaften herum
[446] a.a.O., S.231-232.

Die Auflösung des Wittenberger Heiligtums und seine Tätigkeit im Zusammenhang mit der Beschlagnahme und dem Zerlegen und Einschmelzen von Wertgegenständen im Zuge der Sequestration (vgl. oben) hatten Riedesel und Nikolaus von Ende dem Verdacht einflussreicher Räte und den landständischen Ausschüssen ausgesetzt, nach deren Meinung diese Aktionen nicht nur der Schatulle des Kurfürsten zuträglich hätten sein sollen, sondern auch Angelegenheit der Landstände. Unter den Räten, die besonders hinsichtlich der Entlassung „Druck ausübten"[447], war der genannte Hans von Minckwitz.

Eine Veruntreuung von Geldern durch Riedesel konnte die Untersuchung als Ergebnis nicht konstatieren, lediglich die nicht sofort nach dem Tod des Kurfürsten erfolgte Aushändigung der Siegel blieb den Widersachern am Hof als auch dem neuen Kurfürsten ausreichender Grund für die Entlassung des Kämmerers.

Ausschlaggebend für eine sofortige Entlassung Riedesels durch den neuen Kurfürsten ohne stichhaltige Begründung dürfte ebenfalls Riedesels Beteiligung an der Ablehnung Johanns, seinem Sohn Johann Friedrich ein *„eigenes Wesen"*, d.h. eigene Hofhaltung und Rechnungswesen, einzuräumen, gewesen sein.[448] Auf das jahrelange, vergebliche Bemühen des Sohnes um eigene Hofhaltung und Rechnungswesen hatte der Vater lediglich mit Erhöhung der Bezüge reagiert. Erst im Juli 1532 tritt eine Änderung ein. Mit der Niederlassung Johann Friedrichs in Coburg erlaubt der Kurfürst dem Sohn unter Zuordnung von Anarg von Wildenfels, Hans von Dolzig und Dr. Philipp Rotenecker als Berater das „eigene Wesen".

---

[447] Schirmer Der ernestinische und albertinische Landadel, a.a.O., S. 201.; vgl. auch Kap. Die Neider
[448] vgl. hierzu S.76 ff.

Die Unzufriedenheit Johann Friedrichs mit dem „alten Regiment", zu dessen Vertretern er sicher auch Riedesel zählte, die erfolgte Beeinflussung durch die Gegner Riedesels und die von ihm vermutete Einflussnahme Riedesels hinsichtlich der jahrelangen Verweigerung eines „eigenen Wesens" durch den Vater sind die Gründe, die Johann Friedrich veranlassten, den engen Vertrauten seines Vaters zu entlassen. Die noch zu Beginn der 20 er Jahre bestehenden, durchaus positiven persönlichen Beziehungen zu Riedesel waren gegenüber dem massiven Einfluss der Gegner Riedesels in den Hintergrund getreten.

10 Reaktionen

10.1 Luthers Reaktion auf die Entlassung Riedesels und die Beziehungen Luthers zu Riedesel nach dessen Entlassung

Luthers Reaktion auf die Entlassung des Paten seines Sohnes Martin ist, wie seine Briefe nach der Entlassung und Aussagen bei Tischgesprächen zeigen, mitfühlend und solidarisch.
1531, schon im Vorfeld der Ereignisse, die zur Entlassung Riedesels führten, sieht Luther gewisse Ereignisse und Abläufe am Hof des Kurfürsten kritisch und subsumiert das Verhalten einiger Personen in Auslegung des 101. Psalms unter den Begriffen „Junker Neidhardt" und „Meister Lügenhardt".
Formulierungen Luthers in Briefen und Gesprächen „verraten", wie Lyndal Roper in ihrer Biographie Luthers bemerkt, „viel darüber, was ihn bewegte"[449]. So ist eine menschliche Eigenschaft, die er auf's Äußerste mißbilligt, der

---

[449] Roper, a.a.O., S.24.

Neid (lat. *invidia*), eine Eigenschaft, über die er sich in der Frühzeit der Reformation ständig äußert.

Schon im Mai 1515 hatte Luther in einer Zeit, in der sein Beichtvater und von 1503 bis 1520 Generalvikar der deutschen Observanten-Kongregation des Augustinerordens Johannes von Staupitz (1465-1524) versucht, den Augustinerorden unter immensen Schwierigkeiten zu einigen, in einer Predigt zur Augustinerkongregation in Gotha den Neid und seine zerstörerische Funktion im gesellschaftlichen Gefüge thematisiert.[450]

In „D. Martin Luthers Warnung an seine lieben Deutschen" von 1531 wird formuliert: „[…] dass Junker Neidhard und Meister Lügenhard in ihrem Neiden und Lügen zu Schanden worden sind [...]"[451]

In seiner Auslegung der Verse 4-6 des 101. Psalms (*Vers 4. Ein verkehrtes Herz muss von mir weichen, den Bösen leide ich nicht. Vers 5 Der seinen Nächsten heimlich verleumdet, den vertilge ich; ich mag den nicht, der stolze Gebärde und hohen Mut hat. Vers 6 Meine Augen sehen nach den Treuen im Lande, dass sie bei mit wohnen, und habe gerne fromme Diener.*)[452] personifiziert Luther in volkstümlicher Sprache die von ihm angesprochenen Verursacher der Entlassung Riedesels am Hof Johann Friedrichs mit *Neidhardt* und *Lügenhardt*. Diese, für die oder den Gegner Riedesels synonym stehenden Personen werden durch Luther folgendermaßen illustriert:

„*Unter diesem Laster soll man auch verstehen und begreifen den fröhlichen, lieblichen Hofjunker, Neidhart genannt, Verräther und den ganzen Baum, mit allen seinen Ästen und*

---

[450] WA Schriften I S.44-52.; vgl. Roper a.a.O., S. 11-104.

[451] Zit. in: Irmscher, Johann Konrad: Dr. Martin Luthers reformations-historische Schriften, Bd. 2, Erlangen 1830, S.26.

[452] Die Bibel oder die ganze Heilige Schrift. Stuttgart Württembergische Bibelanstalt o.J., S.597.

Früchten. Denn David will nicht von geistlichem oder engelischem Neide sagen, welchen kein weltlicher König noch Fürst erkennen, urtheilen oder strafen kann. Darum malt und nennt er den Neidhart bei seiner äußerlichen Frucht, da man ihn bei kennen kann, welches heißt verleumden. Denn der Neidhart kann zu Hofe seine böse Tücke nicht beweisen, er muss zuvor verleumden, und alsdann den Unschuldigen kratzen und unterdrücken, dass er einen Schein behalte, er sei nicht Neidhart, sondern guter Freund und Liebhaber der Gerechtigkeit, und der Unschuldige, so gekratzt ist, müsse den Namen tragen, dass ihm recht geschehe."[453]

Ist die Haltung Luthers in Beziehung auf die am Hof herrschenden Verhältnisse hinsichtlich Konkurrenzverhalten der Hofbeamten und dessen Verurteilung auch in Beziehung zu Verhalten, die zur Entlassung Riedesels geführt haben könnten, eindeutig, zeigen seine Briefe und Äußerungen während der Untersuchung zu Riedesels angeblichen Verfehlungen und nach seiner Entlassung ein etwas anderes Bild.

Nicht nur Riedesel gegenüber selbst äußert sich Luther kritisch zur Vorgehensweise des neuen Kurfürsten bei der Neugestaltung des Hofrates (vgl. unten), sondern auch, während Riedesel noch vor dem Ausschuss aussagen muss, in einem Brief vom 17.Oktober 1532 an Johann Friedrich selbst.

Im Zusammenhang mit einem im Brief nicht näher beschriebenen Fall einer „Jungfrau zu Altenburg und ihr Eltern und Freundschaft" schreibt Luther, dass er nicht glaube, dass der Kurfürst *„zum Anfang des Regiments so geschwinde mit den alten ehrbarn Leuten sollten handeln, aus Haus und Hofe treiben, aller Güter entsetzen und ins*

---

[453] D. Martin Luthers sämmtliche Schriften [HG .Walch, Georg] Bd. 5 (Auslegung über die Psalmen, den Prediger und das Hohelied Salomonis), St Louis, S.868.

Gefängnis legen etc., und muss denken, D.C. habe solchs erlangt oder selber fürgenommen"[454]. Die Vermutung, dass mit „D.C." der neue Kanzler Christian Beyer gemeint ist (vgl.oben), der nach Luther den Kurfürsten zu solch rigorosem Vorgehen gegen unter Johannes etablierte Hofbeamte beeinflusst[455], wird zur Sicherheit, wenn Luther später von den Neidern als den *falschen Freunde*[n], die *noch zu neu im Regiment* [seien] redet und der letztlich verbleibende und entscheidende Grund für die Entlassung Riedesels die nicht rechtzeitige Rückgabe der Siegel nach dem Tod des verstorbenen Kurfürsten ist, Siegel, deren Bewahrung und Gebrauch eigentlich dem Kanzler zustehen, d.h. dem neuen Kanzler Christian Beyer.

Wenn Luther von der zu kritisierenden falschen Behandlung der „*alten, ehrbarn Leuten*" durch Johann Friedrich spricht, setzt er sich indirekt auch für seinen Freund Johannes Riedesel ein.

Im Brief Luthers vom 07. September 1532[456] an Riedesel, der inhaltlich eng mit dem Tod des Kurfürsten und den Verhandlungen vor dem neuen Kurfürsten, die zur Entlassung Riedesels führen, verknüpft ist, wird dieses solidarische Verhalten Luthers Riedesel gegenüber deutlich. Der Brief ist als eine Antwort auf einen nicht bekannten Brief Riedesels an Luther („*wie euer Schrift zeigt*") zu sehen, in dem dieser Luther seinen Gemütszustand hinsichtlich seiner Behandlung am Hof schildert, denn Luther, der die Trauer des Kämmerers über den Tod des Kurfürsten versteht („*es würde nach Absterben N.N. sauer unter Augen gehen*"), bittet ihn, nicht die „*treuen Dienste, [die er] seiner K.[urfürstlichen] G.[naden] erzeigt*" zu bedauern, was wohl Riedesel in seinem Brief an Luther getan hatte. Er empfiehlt Riedesel, Geduld zu zeigen

---

[454] WAB 6, Nr, 1967, S.377; Kunst, a.a.O. S.279.
[455] Kunst, a.a.O.
[456] WAB 6, Nr. 1955, S. 353f.

und „*solchen Fall nicht zu tief zu Herzen nehmen*". Dieser Hinweis auf „*solchen Fall*" bezieht sich zwar auf den Tod des Gönners Riedesels, weist aber gleichzeitig auf die schwierige Lage Riedesels im Jahr 1532 und seinen sinkenden Einfluss am Hof hin, denn Luther empfiehlt ihm weiterhin, „*dass es* [nicht] *der Rede werth wäre, sich hoch darumb zu bekümmern, auch tüchte* [taugt] *es gar nicht, daß Ihr solltet euren Widersachern Freude machen mit eurer Traurigkeit*".

Die Widersacher werden im Brief und auch später wohlweislich nicht benannt, denn Luther vermeidet auch bei herzlicher Zuneigung zu Riedesel, sich den Zugang zu am Hof Gewicht erlangenden Beratern zu versperren. Dies geschieht nicht zuletzt aus Kenntnis der Unsicherheit der Zustellung von Schreiben durch Boten oder Bekannte, die immer in Gefahr sind, durch Raub neben Wertsachen auch der Briefe, die dann in falsche Hände gelangen könnten, verlustig zu gehen.

Bevor er Riedesel „*sampt den lieben Euren*" Gottes Gnade empfiehlt, versichert er diesem aus Dankbarkeit „*gegen, alle die Freundschaft,* [die ihr] *mir erzeigt* [habt]" in dessen „*Betrübniß*" zu helfen, wie immer er kann.

Ein Brief Luthers an Riedesel vom 06. Dezember 1532[457], der wie auch der vorhergehende vom September noch an den „*churfürstlichen zu Sachsen Kämmerer*" gerichtet und Antwort auf einen unbekannten Brief Riedesels ist, beschäftigt sich neben der Haltung des Kurfürsten in der Angelegenheit „Riedesel" auch mit den Widersachern/dem Widersacher „*Junker Neidhard*", über den sich Riedesel in seinem Brief beschwert hatte: („[...] *es werde Euch Junker Neidhard gefährlich sein, wie Eure letzte Schrift anzeigt* [...]").

Obwohl Luther darauf vertraut, dass „*mein gnädigster Herr* [Kurfürst Johann Friedrich] *sich gnädiglich gegen Euch halten*

---

[457] Dr. Martin Luthers Sämmtliche Schriften Bd.21 [Walch, Johann Georg Hrsg.] St Louis 1903, Sp. 1785/1786; auch WAB 6, 391ff Nr. 1977

[*werde*]" und nicht auf die falschen Ratgeber hören werde, versucht er Riedesel damit zu trösten, *„dass es besser sei, Christo zu dienen, denn der Welt"*.

Sicher ist, dass Riedesel in seinem nicht erhaltenen (?) Brief an Luther vor Dezember 1532 und den darin enthaltenen Berichten über die Vorgänge am Hof nicht so sehr diesen geistlichen Trost erhofft hat, sondern eher die tatkräftige Unterstützung Luthers beim Kurfürsten, wie Luther sie ihm auch im Brief vom September versprochen hatte. Indirekt verspricht ihm Luther dies auch mit seiner Grußformel am Ende des Briefes *„E.* [euer] *G.* [naden] *dienstwilliger D.* [oktor] *Mart.* [in] *Luther"*.

Die Stellen der Tischreden mit Äußerungen Luthers zu den die Entlassung Riedesels betreffenden Vorgängen und zu dessen Person bieten aufgrund der diversen Überlieferungen und der zeitlichen Nähe der aufzeichnenden Tischgenossen zum Gesagten ein ambivalentes Bild. Im hier dargestellten Zusammenhang wird auf die Überlieferung Cordatus', der in den Jahren 1529 bis 1533 aufzeichnete[458], Bezug genommen. Luther habe sich hinsichtlich des Verhaltens Riedesels geäußert, „[...] dass an Jedem Hofe ein hervorragend aufrührischer und thörichter Mensch sein müsse, der dem Fürsten nicht gehorcht, sondern das Seine sucht, wie an unserem Hofe Ritesel ist [...]"[459].

Die bei Wrampelmeyer nach Cordatus zitierte Aussage Luthers zu Rietesel veranlasst Wrampelmeyer[460], diese als realistisch für die Einstellung Luthers hinsichtlich Riedesel zu betrachten.

---

[458] Wrampelmeyer, H. [Hg.]: Tagebuch über Dr. Martin Luther geführt von Dr. Conrad Cordatus 1537. Halle 1885, Nr. 758, S.187.
[459] Walch, Johannes Georg: Sämmtliche Schriften. Bd. 22, St. Louis 1887, S.186; im Original *"in unaquaqua aula esse oportere unum insigniter rebellem et stultum, qui principi non oboediat, sed sua querentem, velut in nostra curia est Ritesel."*; auch WA Tischreden Bd.2, Nr. 2242, S. 374.
[460] Wrampelmeyer, a.a.O., S.187 Anm. 2.

Da in der handschriftlichen Fassung der Name *Ritelstein* gestrichen und durch *Ritesel* ersetzt wurde und sowohl bei Walch als auch in der Weimarer Ausgabe vermutet wird, dass der Name Ritesel verlesen und falsch sei, muss alternativ davon ausgegangen werden, dass Cordatus bei Aufzeichnung des Gesprächs hinsichtlich des Namens ein Fehler unterlief oder Luther, entgegen der unten angeführten Argumente, im engeren Gesprächskreis seine Haltung gegenüber Riedesel doch in dieser Weise geäußert hat. Beweggrund hierfür kann gewesen sein, dass er (Luther) ohne genaue Kenntnis der wirklichen Abläufe, die zur Anschuldigung Riedesels führten, diesem u.U. doch ähnliche Vorgehensweisen zutraute.

Im Falle des Zutreffens der Anschuldigungen gegen Riedesel hätte Luther einen taktisch geschickten Schachzug gemacht, indem der Kurfürst erfährt, dass sein führender Theologe auf Seiten kurfürstlicher Entscheidungen ist.

Fraglich bleibt dennoch, ob eine solche Äußerung Luthers über den Paten seines Sohnes und hinsichtlich seiner tröstenden und solidarischen Haltung seiner Briefe an Riedesel 1532 und in den Jahren danach einsehbar und möglich ist.

Gegen eine solche Äußerung Luthers spricht die oben angeführte Äußerung der Tischgespräche noch aus dem Jahre 1532[461]: „*Ritesel ist sehr treu und sehr vertraut mit dem älteren Fürsten* [Johann d. Beständige]. *Jetzt nachdem er gestorben ist, erfährt er aller Hass und was es heißt, auf Fürsten vertrauen, und was, allen auf Gott vertrauen.*"[462]

---

[461] Cordatus 758; im Original: "*Ritesel fidelissimus et proximus cum seniore principe; nunc eo defuncto experitur omnium odia, et quid sit confidere in principus, et quid Deo soli confidere.*"

[462] Walch, Johannes Georg: Sämmtliche Schriften. Bd. 22, St. Louis 1887, S.190. [Sp.1902-1903], Appendix Nr.II 758; auch WA Tischreden Bd.2, Nr.2611b, S. 545; Wrampelmeyer: Tagebuch a.a.O.

Beim Abwägen des Für und Wider der Richtigkeit einer solchen Aussage Luthers über Riedesel, dass dieser ein „aufrührerischer und törichter Mensch" sei, „der dem Fürsten nicht gehorche", ist es eher wahrscheinlich, dass Luther in seinen Tischreden diese Aussage nicht auf Riedesel gemünzt hat. Einer solchen Aussage widersprechen Luthers Verhältnis zu Riedesel während dessen Amtszeit vor der Entlassung, die persönlichen Beziehungen (Patenschaft) und die Aussage der Tischreden nach Riedesels Tod 1550 durch Luther, dass dieser „sehr treu und sehr vertraut mit dem älteren Fürsten (Johann der Beständige)" gewesen sei.

Auch nach der Entlassung Riedesels als Kämmerer und seinem Rückzug auf das Gut in Neumark bleibt eine freundschaftliche Beziehung zwischen Luther und Riedesel bestehen, nicht zuletzt durch die Patenschaft Riedesels für Luthers Sohn Martin. Auch ist die Verbindung Riedesels zum kurfürstlichen Hof nicht abgebrochen, zumal die Entfernung von 13 km Besuchen und Aufenthalten am Hof nicht hinderlich ist.

Die Briefe Luthers an Riedesel werden nach 1532 nicht mehr vorrangig geschrieben, um dessen Einfluss am Hof zu kirchlich-religiösen Fragen zu nutzen, sondern um die Verbindung aufrechtzuerhalten, ihm in einer schwierigen Lage Trost zu spenden und neben eigenen Bemühungen um Wiederherstellung der Position Riedesels am Hof ihm Ratschläge zum Verhalten in der noch ungeklärten Lage zu geben.

Nach der Besserung des Verhältnisses Kurfürst / Riedesel und Abklingen der Verstimmung von Seiten des Kurfürsten – dies zeigt die Belehnung Riedesels mit Neumark 1542- wendet sich Luther auch zuweilen, sicher in Kenntnis der Verbesserung des Verhältnisses, wieder mit Bitten an Riedesel um Vermittlung in diversen Angelegenheiten am Hof.

Luther bemüht sich tatsächlich um die Belange Riedesels, wie er diesem im Brief vom 07. September 1532 versprochen hatte. Welcher Art seine Bemühungen sind, um die Riedesel Luther in einem vorhergehenden Brief gebeten hatte, und welche Ansprechpartner er im Interesse Riedesels bemüht, teilt er diesem im Brief vom 14. März 1534[463] mit.

Er habe mit D.B [464]gesprochen, der aber Luther abgeraten habe, sich zu diesem Zeitpunkt („*denn zu Hofe sei es noch zu frühe*") für diesen beim Kurfürsten einzusetzen, da er befürchtet „[sie, d.h. Luther und Riedesel] *möchtens noch ärger machen*".[...] „*Die falschen Freunde* [...] [seien] *noch zu neu im Regiment*".

Mit dem von Luther benutzten Kürzel ist aller Wahrscheinlichkeit der alte Kanzler Brück (*um 1483- † 1557) gemeint, mit dem Riedesel vertrauensvoll zusammengearbeitet hatte und der auch während der Kanzlerschaft des Nachfolgers Beyer am Hof als Berater wirkte. Der neue Kanzler Dr. Beyer, der, als Kurfürst Friedrich 1525 stirbt und sein Bruder Johann die Regierungsgeschäfte übernimmt, 1528 als Kanzler an den Hof des Kurfürsten Johann nach Weimar berufen wurde gehörte wohl eher zu den sich neu im Amt befindlichen „*falschen Freunden*".

Eine weitere Person mit Einfluss am Hof, mit der Luther zum Zeitpunkt des Abfassens des Briefes noch nicht über Riedesels Lage sprechen konnte, ist, wie Luther berichtet, „*Herr H.*"

Hier handelt es sich höchstwahrscheinlich um den Schweizer Hieronymus Schurf[465], der Luther als Rechtsbeistand 1521 auf dem Wormser Reichstag begleitet hatte. Schurf (auch Schurpff) war nach Studium in Basel (1498 magister artium) und Wittenberg (1502 Dr. iur) 1504 Rektor der Wittenberger Universität geworden. Von Kurfürst Friedrich dem Weisen

---

[463] de Wette, Bd.4, Berlin G. Reimer, 1825-1856, S.522-524.; auch 14.3.1534 (WAB 7, 40-42 Nr. 2094)

[464] der alte Kanzler Dr. Brück, der noch Einfluss am Hof hatte, oder der neue Kanzler Dr. Beyer

[465] (12.9.1481, † 6.6.1554); bei WAB 7, Nr.2094 fraglich

zum kurfürstlichen Rat ernannt, war er Beisitzer am Oberhofgericht in Altenburg und Leipzig und 1532 an der Bereinigung der Irrungen zwischen Ernestinern und dem katholischen Herzog Georg in Dresden beteiligt.

Mit Schurf will Luther sprechen, wenn dieser mit dem Kurfürsten (aus Weimar?) nach Wittenberg (Torgau?) kommt. Den Kurfürst selbst möchte Luther jedoch, wie ihm D.B. geraten hat, nicht „anstechen" (anzapfen). Besser wäre es, über Umwegen bei dem Kurfürsten für Riedesel sich einzusetzen.

Fraglich ist die Identifizierung einer mit „L." bezeichneten weiteren Person, die bei Hofe Riedesel nützlich sein könnte. De Wette[466] und Enders[467] bestimmen „L" mit Landgraf, was aber auszuschließen ist, da laut Luthers Text „L" „seinem alten Diener" Riedesel helfen könnte, wenn dieser die Bitten Riedesels nicht schriftlich „aus der Kanzelei, ohne Fürbitt" herantragen würde, sondern mündlich in einer Form, als ob „L." über die Besorgnisse Riedesels „ohngefähr von anderen erfahren" hätte.

Riedesel scheint an Luther ein Bittgesuch geschickt zu haben, welches dieser an den Kurfürsten weiterleiten oder Fürsprechern als Vorlage dienen sollte. Luther hatte aber das Schreiben entschärft, indem er „die Stück so ich unterstrichen habe, lieber wollt außen lassen".

Wenn es schriftlich geschehe, so Luther weiter, sollte der Fürsprecher „L." die Sache „wie man Euch keine Erstattung tät für das, da ihr Siegel und Briefe gehabt" nicht als Produkt Riedesels an den Kurfürsten herantragen, sondern so, als ob „er [L.] über Landgerücht [davon]erfahren hätte."

Ohne mündlichen Vortrag durch „L." beim Kurfürsten „möchte [es] die Brem[s]sen und Bienen erzörnen, dem frommen Fürsten deste mehr einzureden wider Euch".

---

[466] de Wette 4 ,Nr. 1567, S. 522.
[467] Enders 10,27

Luther vermutet zu Recht, dass die hier angesprochenen Widersacher Riedesels[468] bei schriftlichen Rechtfertigungsversuchen dessen beim Kurfürsten sich herausgefordert fühlen könnten, bei diesem stärkeren negativen Einfluss hinsichtlich der Behandlung Riedesels geltend zu machen.

Die Identifizierung des „L." mit dem Landgrafen, dem Riedesel längere Zeit gedient haben soll, kann mit Recht auch deshalb angezweifelt werden[469], da der älteste Sohn Johann Friedrichs, Johann Friedrich II. (1529–1595), in Torgau geboren, zur Zeit des Abfassens des Briefes Luthers (1534) zu jung ist, um bei seinem Vater Fürsprecher Riedesels sein zu können. Auch der Bruder Johann Friedrichs II., Johann Wilhelm (1530–1573) ist zu jung für diese Rolle. Wahrscheinlicher handelt es sich eine Person am Hofe des Kurfürsten, unter der Riedesel tätig war und die noch 1534 in der Kanzlei tätig ist.

Luther spricht in seinem Brief unter anderem auch eine Verbindung zwischen der aus Brandenburg entflohenen Markgräfin Elisabeth (1485-1555) und Riedesel an. Elisabeth, Tochter des Königs von Dänemark und Frau des erbitterten Gegners der Reformation, Kurfürst Joachim I. von Brandenburg (1484 - 1535) war als Anhängerin Luthers 1528 nach Torgau zu ihrem Onkel mütterlicherseits, dem sächsischen Kurfürsten, geflohen, wo sie sich bis 1535 aufhielt. Es ist deshalb verwunderlich, wenn in den Anmerkungen zum Brief Luthers in WAB 7, S.41 vermerkt ist, *„daß man nicht* [versteht]*, was für eine Verbindung zwischen Riedesel und der entflohenen Kurfürstin Elisabeth von Brandenburg bestehen sollte".* Bei den ständigen

---

[468] vgl. Kap. Entlassung
[469] vgl. auch WAB 7, S.41.

Aufenthalten Riedesels in Torgau beim Kurfürsten sollte ein Treffen, Sich-Kennenlernen und gegenseitige Wertschätzung besonders in Glaubensfragen der beiden durchaus stattgefunden und eingestellt haben.

Eine Verbindung Riedesels mit der Kurfürstin von Brandenburg ist nach Müller[470] auch durch die finanziellen Nöte, in denen sich die Kurfürstin nach ihrer Flucht befand, gegeben.

Der letzte Absatz des Briefes Luthers an Riedesel erschwert eine Identifizierung der genannten Personen.

Die Formulierung *„Euer Sohn hält sich fein, hat itzt die Masern gehabt, wir haben sein mit Fleiß gewart nach D. Augustins Rat, ist nu wieder gesund"* wird im Kommentar zum Brief in WAB 7 (S.41) dahingehend interpretiert, dass hier „eher an ein kleines Kind" gedacht werden müsste und somit ein Sohn Riedesels wohl nicht in Betracht komme. Der Schluss ist jedoch nicht zwingend, denn der älteste Sohn Riedesels, Johannes, der ab 1536 in Wittenberg studiert und auch Unterkunft im Hause Luthers findet, ist zum Zeitpunkt des Briefes erst 13 Jahre, sein jüngerer Bruder Ludwig erst 7 Jahre alt. Beide Söhne Riedesels kommen also für einen Aufenthalt 1534 in Wittenberg bei Luther in Frage, ebenso können auch Kinder dieses Alters Masern bekommen.

Der Identifizierung des *„D. Augustins"* des Briefes im Kommentar als „Schurf" kann ohne Beleg nicht widersprochen werden.

Die Grüße des *„Herr[n] Käta"* und auch des *„Doktor Martinus"* an „[Riedesel] *sampt Euer L[R]iebe und Früchten"* sind ein Beleg für Luthers spielerisch-ironisierende Sprache. Der Gruß des *„Doktor Martinus"* ist durchaus, wie Walch[471] im Gegensatz zum Kommentar vermutet, ein Gruß des durch den Vater liebevoll aufgrund seiner kindlichen Intelligenz zum

---

[470] Müller, Entlassung, a.a.O., S.235.
[471] Walch 21, 1891

Doktor überhöhten Patensohnes Riedesels, Martin Luther jun., an seinen Paten in Neumark.
Der Gruß an Riedesels „L[R]iebe" und der des „Herr[n] Käta" sind eines kurzen Exkurses würdig:

Luthers durchaus ambivalentes Frauenbild spiegelt sich sowohl in seinen Briefen an seine Frau als auch in den Briefen an Riedesel wider. Die Formulierung zur Bezeichnung seiner Frau, Katharina von Bora[472], als „Herr Käta" verwendet Luther an seine Frau in Wittenberg in vielen Briefen in unterschiedlichsten Variationen, immer jedoch in einem zärtlichen Ton, der die Rolle seiner Frau als geliebte Mutter seiner Kinder, Verwalterin und Mehrerin des Lutherischen umfangreichen Besitzes in Wittenberg und Zulsdorf[473] unterstreicht.

Vom Abendmahlsstreit der inzwischen existierenden diversen protestantischen Glaubensbekenntnisse (Zwingli, Calvin) aus Marburg berichtet er am 04. Oktober 1529[474] seinem „freundlichen lieben Herrn Katharina Lutherin, Doktorin, Predigerin zu Wittenberg", am 05. Juni 1530[475] von der Feste Coburg seiner „herzlieben Hausfrauen Katherin Lutherin", am 16. Juli 1540[476] seiner „gnädigen Jungfer Katharinen Lutherin von Bora und Zulsdorf [...] [s]einem Liebchen", am 26. Juli des Jahres[477] „der reichen Frauen zu Zulsdorf, Frauen Doctorin

---

[472] (1499-1552) Auf den Ländereien betrieb Katharina von Bora Viehzucht, beköstigte die im Haus wohnenden Studenten und betrieb mit anderen Frauen zusammen in Zeiten der Pest in Wittenberg ein Hospiz.
[473] Das Gut Zulsdorf /Zölsdorf zwischen Leipzig und Altenburg kauft Luther 1540 seinem Schwager Hans von Bora ab.
[474] WAB 5; Nr. 1476, S.154.
[475] WAB 5, a.a.O., Nr.1582, S.347.
[476] Walch Dr. Martin Luthers Briefe, St. Louis 1904, Nr. 2689, S.2490.
[477] a.a.O., Nr. 2694, S.2501/2502.

Katharina Lutherin" oder am 05. Februar 1546[478] der „tiefgelehrten Frauen Katherin Lutherin".

Die Anreden machen neben seiner Zuneigung zu Katharina Bora deutlich, wie sehr Luther sowohl die ökonomischen Fähigkeiten seiner auch als Betreiberin einer kleinen Brauerei tätigen Frau, als auch deren intellektuelle schätzt.

Diese Wertschätzung Luthers seiner Frau als Ehefrau, Mutter und mit intellektuellen Fähigkeiten begabtem Menschen wird in Briefen an enge Freunde und verheiratete Familienväter, wie auch in den Briefen an Riedesel, durch Grüße an deren geschätzte „Riebe" ergänzt.

Luther steht hier in der alttestamentarischen Tradition der Schöpfungsgeschichte, die auch dem gesellschaftlich anerkannten Bild der Frau des 16. Jahrhunderts entspricht.

In Anlehnung an das erste Buch Mose 2,21.22: „Vnd nam seiner Rieben eine / vnd schlos die stet zu mit Fleisch. Vnd Gott der HERR bawet ein Weib aus der Riebe"[479] kann sich Luther der theologisch begründeten Inferiorität der Frau durch Schöpfung der Frau aus einer Rippe des Mannes nicht entziehen: im Brief vom 22. September 1526[480] an den Musiker Johann Walther „ Hiermit Gott befohlen und grüßt mir eúre liebe Coste und sagt, dass sie werde eine gerade und gelenke Riebe (Ribbe)" oder an Johann Rühel[481] im Mai 1525[482] „Grüßet mir eure liebe Riebe".

----

[478] Walch, a.a.O. Nr. 3304, S. 3194

[479] https://www.stilkunst.de/lutherdeutsch/woerter/r/wdb-riebe.php (Stand 25.08.2017); vgl. auch Weigand, Friedrich Ludwig Karl: Deutsche Wörterbuch Bd. 2 (M-Z), Gießen 1876, S.478.

[480] de Wette, Briefe Sendschreiben und Bedenken 3. Theil, Berlin 1827, S.129.

[481] (* ? – 1597), Verleger in Wittenberg, Schwager Luthers

[482] Die Werke Martin Luthers in neuer Auswahl für die Gegenwart Bd. 10 [Hrsg. Kurt Aland], Göttingen 1983, S.151.

Hinsichtlich der im Brief erwähnten Angelegenheit, der Riedesel sich *„besorget, nämlich der Person in Zoppen seliger"*, beruhigt Luther Riedesel, wie er es im Gespräch mit dem Kanzler (Brück) herausgehört habe.

Die Person aus Zoepen[483] wolle sich nur *„den grauen Rock verdienen"*[484], d.h. durch Schmeichelei und Liebdienerei auf der Karriereleiter vorankommen. Das Rittergut Zoepen bei Borna (8 km), durch Luther u.U. im sächsischen Dialekt zu Zoppen, ist im 16. Jahrhundert (seit 1570) Sitz der Familie von Kitzscher.

Bei der Riedesel beunruhigenden Person am Hof könnte es sich um zwei Mitglieder der Kitzscherschen Familie handeln: Wolf von Kitzscher oder Georg von Kitzscher. Wolf von Kitzscher[485] (auch Kitscher) nimmt in der fraglichen Zeit die Position eines Rats und Oberstallmeisters am ernestinischen Hof ein. Sein Bruder Hans von Kitzscher[486] ist Hofmeister, Rat und Visitator im albertinischen Sachsen[487], wobei Burkhardt feststellt[488], dass zu Beginn der Visitationen die Geistlichen

---

[483] Enders 10, 28

[484] vgl. Jones, William Jervis: Historisches Lexikon deutscher Farbbezeichnungen Bd. I., Berlin 2013, S.1269.

[485] König, Valentin; Mencke, Johann Burkhard ; Kirchmaier, Georg Wilhelm: Genealogische Adels-Historie oder Geschlechts-Beschreibung derer im Chur-Sächsischen und angräntzenden Landen zum Theil ehemahls, allermeist aber noch ietzo in guten Flor stehenden ältesten und ansehnlichsten adelichen Geschlechter und aus selbigen entsprungenen verschiedenen Freyherrlichen und Hoch-Gräflichen Häuser : Worinnen Derselben Alterthum, Abstammungen, Wappen, Eintheilung derer Geschlechts-Häuser, Herrschaften, Lehn- und Ritter-Güther, wie auch Leben und Thaten der berühmtesten Hoch-Adelichen Personen ... deutlich beschrieben. Leipzig 1736, S. 563.

[486] † vor September 1543; in: https://archive.thulb.uni-jena.de/staatsarchive/receive/stat_person_00000669 (Stand 15.03.2019)

[487] Burkhardt, a.a.O., S. 256, Anm. 2.

[488] a.a.O , S.11

des Patronats der noch dem alten Glauben anhängenden Klitzer'schen Familie sich sehr „*renitent*" zeigten.

Im Schmalkaldischen Krieg, der Auseinandersetzung Kaiser Karls V. mit dem Schmalkaldischen Bund, einem Bündnis protestantischer Landesfürsten und Städte unter der Führung von Kursachsen und Hessen 1546 bis 1547, gehört Wolff von Kitzscher mit 60 Pferden zur Reiterei des Kurfürsten[489], der, um die militärischen Verabredungen des Ichtershäuser Abschieds zu erfüllen, zusätzlich zu den Soldreitern seine Hintersassen heranziehen musste.

Der Krieg endete mit der Niederlage des protestantischen Bundes, der Gefangennahme der Anführer des Bundes, des Kurfürsten Johann Friedrich und des hessischen Landgrafen Philipp, der Auflösung des Bundes und der Übertragung der Kurwürde an das albertinische, noch katholische Sachsen.

Anhand der im Brief Luthers erwähnten Personen, besonders an der des letzterwähnten Wolff von Kitzscher lässt sich die Verworrenheit ablesen, die die neue Glaubensrichtung in die Familien des staatstragenden Adels hineintrug, gleichzeitig der über Religionszugehörigkeit hinausgehende Zusammenhalt innerhalb von Familien darstellen, wenn es um Karrieren am ernestinischen oder albertinischen Hof und Besitzfragen ging.

Wenn Riedesel den negativen Einfluss des Wolff von Kitzscher beim Kurfürsten befürchtet, so hat er sicher gleichzeitig den Einfluss seines Widersachers Hans von Minckwitz am Hof im Sinn, auf dessen Einfluss hin u.U. die Karriere des Wolff von Klitzscher am Hof beginnen konnte.

Hans von Minckwitz war seit 1516 Schlossherr in Trebsen, ungefähr 35 km entfernt vom Familiensitz der von Kitzschers auf dem Rittergut Zoepen. Gleichzeitig besaß die Familie von Kitzscher das nach ihr benannte und von Zöpen 13 km

---

[489] Mentz, Georg: Johann Friedrich der Großmütige 1503-1554 Bd. 3. Jena 1908, S. 7 Anm. 2.

entfernt liegende Gut Kitzscher bei Borna. Nicht nur diese örtliche Nähe beförderte ein auskömmliches Verhältnis beider Familien sondern auch das punktuelle Zusammenwirken von Mitgliedern beider Familien im Interesse der Ernestiner.

Mit Beginn des Wirkens der Lehre Luthers und deren Ausbreitung im Kurfürstentum Sachsen und dem Schutz, den der Kurfürsten Luther angedeihen ließ, sahen sich die Bischöfe des Kurfürstentums (Naumburg, Meißen, Merseburg) herausgefordert, der Ausbreitung des neuen Glaubens Widerstand zu leisten.[490] Dies sollte durch Visitationen der Orte geschehen, die besonders betroffen waren, und evtl. auch durch Auslieferung der den neuen Glauben verbreitenden Priester. Hierzu forderte der Bischof Johannes VII. von Meißen (um 1470; † 13. Oktober 1537) am 07. Februar 1522 den Schutz des Kurfürsten „für sich selbst sowie seine Abgesandten und Prediger"[491]. Als Schutz gewährte Friedrich der Weise dem Bischof die Begleitung des zu dieser Zeit als Amtmann von Liebenwerda fungierenden Hans von Minckwitz sowie die später einsetzende des schon 1504 als Amtmann von Bischof genannten[492] Georg von Kitzscher (1495-1538). Friedrich hatte nach Verzögerung jedoch zuvor Minckwitz instruiert, den Bischof zu schützen und Aufruhr und Empörung zu verhüten, jedoch zu engen Kontakt mit dem Bischof zu vermeiden und eine Bedrohung oder sogar Bestrafung der vom Bischof als vom alten Glauben abtrünnig Erachteten zu verhindern. Einen ähnlichen Ausgang nimmt die Visitation des Bischofs von Merseburg Adolf II. von Anhalt Köthen (1458-1526) im Jahr 1524 durch den Einsatz des Hans von Minckwitz als Begleitung.

---

[490] vgl. im Folgenden: Ludolphy,, a.a.O., S.478-480.

[491] a.a.O. S. 478.

[492] Kamprad, Johann: Leisnigker Chronica oder Beschreibung der sehr alten Stadt Leisnigk. Leisnig 1753, S. 271.

Mit den von Friedrich für die Begleitung beauftragten von Minckwitz und von Kitzscher für den Bischof von Meißen waren zwar Vertreter beider Glaubensrichtungen ausgesucht worden, mit Minckwitz als erstem Begleiter jedoch geschickt der lutherischen Richtung der Vorzug gegeben. Anzunehmen ist weiterhin, dass in Vorbereitung der Begleitung des Bischofs Minckwitz Einfluss auf Kitzscher nehmen konnte.

1616 heiratet ein Hans von Kitzscher (1563-1630) Martha von Minckwitz, Tochter des Caspar von Minckwitz auf Tegkwitz (um 1580- vor 03. April 1616)[493].

Die Veräußerung des Rittergutes Zoepen durch die letzte Besitzerin Maria von Kitzscher im Jahr 1680 (1686) an Hans Rudolph von Minckwitz aus der Linie Falkenhain bildet einen materiellen Schlussstein der Verbindung beider Familien.

Im Brief vom 04. Oktober 1535[494] informiert Luther Riedesel über die nicht zutreffenden Gerüchte über die Ausmaße einer in Wittenberg grassierenden Pest, über die unter anderem Magister Jakob[495], *„der […] euch wohl alles sagen [wird], wie es hier zugehet und stehet"*, Riedesel berichten werde.

In ähnlicher Weise hatte Luther schon 1527 die in Wittenberg grassierende Pest in Briefen heruntergespielt. Diese hatte damals jedoch ein solches Ausmaß angenommen, dass viele Freunde des Reformators sicherheitshalber Wittenberg verließen und nur Bugenhagen und zwei Geistliche, Johannes Mantel und Georg Rörer, in Wittenberg verblieben. Käthe

---

[493] Christliche Hochzeit Predigt : Bey Hochzeitlichen Ehrnfest/ des ... Junckern/ Hansens von Kitzscher ... Und der ... Jungfrawen/ Marthae von Minckwitz/ Des ... Caspars von Minckwitz ... Tochter / Gehalten uff dem Hause Kitzscher/ den 3. Aprilis Anno 1616. Durch Tobiam Rehefeldt Pfarrern daselbst. Leipzig : Rehefelt / Grosse, 1617

[494] de Wette 4, 635; WAB 7, Nr.2250; S. 284-285.

[495] vgl. WAB 7 S. 285, Anm.1: Mag. Jakob Schenk, ab Juli 1538 Hofprediger in Weimar, oder ein von Melanchthon in einem Brief an Myconius erwähnter Jakobus; vgl. hierzu auch: Seidemann, Johann Karl: Dr. Jakob Schenk, der vermeintliche Antinomer, Freibergs Reformator. Leipzig 1875

Luther, die mit dem Sohn ebenfalls in Wittenberg geblieben war, hatte mit den im als Luthers Wohnhaus und zum Zeitpunkt der Pest als Hospiz dienendem Kloster aufgenommenen Pestkranken ihre „liebe Mühe"[496].

Neben Grüßen Luthers an die Frau Riedesels „samt allen den Euren" und „unsern Studenten[497] Johann Riedtesel, der unser wohl vergessen hat und schreibt uns nichts [...]" grüßen auch „Mein Herr Käthe und Euer ...[498] Pathe".

Der letzte Satz des Briefes ist nochmals dem Verhältnis Riedesels zum Kurfürsten gewidmet: „Hiermit Gott befohlen, der gebe seine Gnade, daß der Mann [Kurfürst] euer ...[499] gedenke, wie ihr begehrt, Amen."

Das Verhältnis Riedesels zum Kurfürsten scheint sich soweit gebessert zu haben, dass sich Luther am 16. April 1536 aus Wittenberg mit der Bitte an Riedesel wendet, sich beim Kurfürsten um die Verlängerung der Studienbeihilfe der in Wittenberg studierenden beiden Söhne des am 02. Juni 1531 gestorbenen Geleitmannes von Borna, Michael von der Straßen[500], Christoph und Gregor zu bemühen.[501]

Kurfürst Johann hatte am 9. April 1530 über eine dreijährige Studienbeihilfe für den in Wittenberg studierenden Gregor „vor uns und unseren Erben wegen gegen männiglich"[502] verfügt, die Johann auf die Bitte des Geleitmannes am 27. Oktober 1530 auf beide Söhne, Gregor und Christoph, erweiterte und die von Johann Friedrich am 30. Oktober 1532 verlängert wurde. Da die von Johann Friedrich verfügte

---

[496] Roper, a.a.O. S. 409. Anm. 50 ,hier auch Quellenangaben

[497] erst im Sommersemester 1536 als „loannes Reittesel" in Wittenberg immatrikuliert

[498] „kleiner" von Walch ergänzt a.a.O.

[499] „in Gnaden" von Walch ergänzt a.a.O.

[500] Zu Michael von der Straßen vgl. auch Brief Luthers vom 29. Juni 1529 an diesen in: WAB 5, Nr.1440, S.107, Anm. 5.

[501] WAB 7, Nr.3014, S.396-398; de Wette, Briefe Bd.4, S.685-686.

[502] a.a.O., S. 397-398; vgl. im Folgenden a.a.O. S.397.

Verlängerung des Stipendiums am 19. März 1536 geendet hätte, ist der Brief Luthers mit der Bitte um Fürsprache Riedesels beim Kurfürsten um eine nochmalige Verlängerung um drei Jahre (*„daß solche Steuer noch ein drei Jahr erstreckt werden"*) notwendig. Das Vertrauen Luthers, der um die gesunkenen Möglichkeiten einer Einflussnahme Riedesels am Hof in Weimar wusste, in die Wirkung einer Fürsprache des ehemaligen Kämmerers beim Kurfürsten, da *„es doch Schade wär, solch guten Anfang fallen zu lassen"*[503], deutet auf ein entspannteres Verhältnis Riedesels zum Kurfürsten hin.

Ohne näher auf die Beziehungen Luthers zum Bornaer Geleitsmann einzugehen, besteht eine Verbindung Luthers zur Familie des Geleitsmannes schon vor 1536. In einem am Freitag nach Pfingsten 1531 *„eylends"* nach Wittenberg gesandten Brief an seinen im Sterben liegenden Vater berichtet Christoph von der Straßen dem Vater, dass er *„dem Doctor Martino, wie ir mir bevolen, [...] ich euer not angezeigt [hab], und, [...] gebeten, er wolt Gott vor euch bitten. [...] Darauf mir Doctor Martinus zugesagt, er wolt stets solchs tun [...]".*[504]

Die Verlängerung der Studienbeihilfe hat bei Gregor die damit verbundene Hoffnung Luthers auf einen positiven Abschluss des Studiums bei Christoph Bestätigung gefunden: Christoph wurde Professor an der Universität in Frankfurt an der Oder und Rat Kurfürst Joachims II. von Brandenburg.

---

[503] a.a.O., S.398.
[504] Kapp, Johann Erhard: Kleine Nachlese einiger, größten Theils noch ungedruckter, und sonderlich zur Erläuterung der Reformations-Geschichte nützlicher Urkunden. Leipzig 1727, S.733.

10.2 Melanchthons Reaktion auf die Entlassung Riedesels

Auch Melanchthon, der, wie oben beschrieben, zum Sohn Riedesels mit gleichem Namen, ein engeres Verhältnis nicht nur pädagogischer Art gepflegt hatte, fühlt sich nach der Entlassung des Kämmerers herausgefordert, diesem aus Wittenberg brieflichen Trost zu spenden.[505]
Der Brief wurde wahrscheinlich Anfang 1533 geschrieben und unter Umständen unter Einfluss Luthers, der (vgl. oben) in seinen Briefen vom September und Dezember 1532 Riedesel Trost gespendet hatte.
Melanchthon geht nach Grüßen an die Familie und am Ende des Briefes mit besonderen an seinen Schützling, den Sohn Riedesels Johann, auf die Situation Riedesels nach dessen Entlassung ein, bekräftigt sein Mitleid mit ihm hinsichtlich der Schwere der Angelegenheit und freut sich, dass die Angelegenheit nun doch glimpflich ausgegangen und Riedesel nun etwas zufriedener sei: „[...] *denn ich warlich ein recht hertzlich mitleiden gehabt hab in eur strengheit anligen, hab aber nit gezweifelt, es wurde dennoch gnedig seyn, und dank gott, das e. s. nu ettwas besser zu friden ist. [...]*"

---

[505] MBW.T 5; Nr. 1391 [Melanchthons Briefwechsel. Kritische und kommentierte Gesamtausgabe Bd T 5 Texte 1110-1394 (1531-1533). [HG Scheible, Heinz] Stuttgart Bad Cannstatt 2003, Nr. 1391, S.527.]

11 Ein Leben nach der Entlassung

11.1 Landgraf Philipp von Hessen

Das Bemühen Riedesels um Wiederanstellung am Hof Johann Friedrichs erlitt einen herben Rückschlag durch das Eingreifen des hessischen Landgrafen Philipp in Sachen Riedesel im März 1536.

Landgraf Philipp hatte in der Annahme, dass Johann Friedrich von der Dienerschaft Riedesels als hessischem Diener wusste, diesem in einem Brief vom 21. März mitgeteilt, dass er Riedesel mit einigen Aufgaben betrauen wolle, dieser ihm aber mitgeteilt habe, dass ohne Zustimmung des Kurfürsten dies nicht möglich sei. Der Kurfürst, der keine Kenntnis von der hessischen Dienerschaft Riedesels hatte, lehnte unter Hinweis auf das Wissen dessen um geheime Regierungsgeschäfte Kursachsens ab. Ein kurz darauf folgender zweiter Brief Philipps wurde mit gleicher Begründung abgelehnt. Noch bevor Philipp die Antwort erhalten hatte, erfolgte auf Veranlassung Johann Friedrichs eine Vernehmung Riedesels durch Hans von Dolzig und den Weimarer Hauptmann Ewald von Brandenstein hinsichtlich des dem Kurfürsten unbekannten hessischen Dienstverhältnisses. Riedesel legte die Dienstverschreibung vor, von der eine Abschrift gemacht wurde. Als Zeugen, dass alles im Zusammenhang mit dem hessischen Dienstverhältnis in Kenntnis und mit Genehmigung des verstorbenen Johannes geschehen und am Hof bekannt gewesen sei, benannte Riedesel den ehemaligen Rat Anarg von Wildenfels, den verstorbenen Hauptmann von Weimar Friedrich von Thun und seinen, Riedesels Nachfolger Hans von Ponikau.

Bei weiterhin bestehender Ungnade am Hof bot Riedesel seine Kündigung des hessischen Dienerverhältnisses an. Dieser Entlastungsversuch Riedesels befriedigte Johann

Friedrich nicht. Sein Misstrauen wurde noch verstärkt durch Kenntnis einer Bemerkung Riedesels zu Hans von Minkwitz, Dr. Brück und anderen Räten, dass er, Riedesel, wenn er kein Amt mehr am Hof bekomme, sich an den Landgrafen Philipp wenden und sich in Hessen „gebrauchen"[506] lasse. Durchaus zu vermuten ist, dass der entschiedenste Gegner Riedesels am Hof, Hans von Minkwitz, diese Bemerkung Riedesels dem Kurfürsten in Erinnerung gebracht hatte.

Der Verdacht des Kurfürsten, dass Riedesel sich in Hessen aufgehalten habe und dort den ersten Brief Philipps an ihn „solidiziert, provoziert und geursacht"[507] habe, blieb bestehen.[508] Riedesel wurde nach Weimar geladen, wo ihm eröffnet wurde, dass er sich ohne kurfürstliches Wissen vom Landgrafen nicht beanspruchen lassen dürfe und er sich ständig in Neumark aufzuhalten habe.

11.2 Folgen der Entlassung

Die Folgen der Entlassung Riedesels durch Johann Friedrich, - welchen Einfluss darauf andere Hofbeamte hatte, sei dahingestellt -, waren im Hinblick darauf, dass, wie oben bemerkt, die Beziehungen des Kämmerers mit dem Nachfolger Johanns in den 20 er Jahren als ungestörte „Zusammenarbeit" charakterisiert werden kann, für Riedesel im Großen und Ganzen milde: Alle Lehen wurden erneuert, Neumark lediglich nur als Mannlehen gewährt, während unter Kurfürst Johann auch die Töchter Erbrecht besaßen.[509]

---

[506] zit. In Müller, Entlassung, a.a.O., S.237.

[507] a.a.O.

[508] Nach Müller, a.a.O., S.237, Anm. 69 konnte ein Aufenthalt Riedesels in Hessen in hessischen Archiven nicht verifiziert werden.

[509] Mentz, a.a.O., S. 114/115 Anm. 6: 1532 Nov. 06.(Dresd.Cop.); 1533 März 10,14, Reg.X. Cop.D,8, Blatt 73 ff

Er wurde „Rat von Haus aus" auf Lebenszeit mit 4 Pferden und jährlich 100 Gulden. Bei geforderter Anwesenheit am Hof wurden ihm wie auch anderen Räten die Versorgung der Pferde und seiner Knechte zugebilligt.[510] Die Tätigkeit Riedesels als einem, sich am Hof über die Funktionen eines Sekretärs, des Kammersekretärs und eines Kämmerers zu einem ständig präsenten Rat (täglicher Rat)[511] emporgedienten Dieners beschränkte sich damit auf Erledigung gelegentlicher Aufträge aus der Entfernung von Neumark aus. Sein direkter Zugang zum Kurfürsten und Einflussnahme auf politische Entscheidungen war damit nicht mehr möglich.

Die Vergabe Neumarks als alleiniges Mannlehen sollte bei einem beabsichtigten Verkauf Neumarks durch die Familie Riedesel im 18. Jahrhundert nochmals eine Rolle spielen.

1779 wird nach der kurzgefassten Information der Verwaltungsgemeinschaft Berlstedt[512] das Rittergut schuldenhalber durch Familie Rietesel für 1.500 Reichstaler an die herzogl. Kammer nach Weimar verkauft und wird Kammergut.

Der Verkauf des Gutes scheint jedoch im Jahr 1779 noch nicht abgeschlossen gewesen zu sein, wie ein Brief Johann Wolfgang von Goethes (1749-1832) vom 07. November 1782 an Carl Christian von Herda[513], Kammerpräsident in Eisenach, belegt.

---

[510] Müller, Die Entlassung, a.a.O., S.234-235.

[511] Andresen, Suse: In fürstlichem Auftrag. Die gelehrten Räte der Kurfürsten von Brandenburg aus dem Hause Hohenzollern im 15. Jahrhundert. Göttingen 2017, S. 374-375.

[512] vgl. Berlstedt.de (Stand 13.08.2015)

[513] Goethe, Johann Wolfgang von: Briefe 1782-1785. Altenmünster 2012, Nr.6/1614a,in:http://www.zeno.org/Literatur/M/Goethe,+Johann+Wolfgang/Briefe/1782 (Stand 13.08.2015)

Goethe, der 1782 als Geheimrat gleichzeitig Kriegs- und Finanzminister in Weimar ist, berichtet dem mit der Abwicklung des Geschäftes betrauten Kammerpräsidenten, dass der Verkauf der Güter Oßmannstedt und Neumark im Verkaufspreis zu hoch angesetzt worden sei und, um den potentiellen Käufern bei Nachforschung ein zufriedenstellendes Angebot machen zu können, das Gut Oßmannstedt für 45.000 und das Gut Neumark für 40.000 Thaler verkauft werden sollten.[514]

Gleichzeitig ist dem Brief zu entnehmen, dass „de[r] Herr[...] von Riedesel"[515] hinsichtlich des Verkaufs gewisse Punkte aufgesetzt habe und, falls Riedesel um sein Gut Neumark besser verkaufen zu können, wünsche, das bisher für die Güter geltende Mannlehn in ein „Sohn-und Tochterlehn"[516] umzuwandeln, man über die Umwandlung nachdenken sollte. Rietesels evtl. bestehender Wunsch nach „weiterem" Besitz kann sich nur auf das Gut Neumark beziehen und einen Besitz auch in Zukunft bedeuten. Es gibt keinerlei Hinweise, dass Oßmannstedt im Besitz der Rietesels war. Das Gut Oßmannstedt, zeitweilig Aufenthaltsort der Herzogin, wurde 1797 von Christoph Martin Wieland (1733-1813) für 22.000 Thaler gekauft.

---

[514] nach Franz, H.: Die Landwirtschaft in Thüringen und ihre Entwicklung in den letzten fünfzig Jahren. Berlin 1896, S.201 betrugen die Preise für des Rittergüter nördlich des Ettersberges Anfang der 80 er Jahres 19. Jahrhundert ca. 40.000 Thaler, am Ende der 80 er Jahre ca.75.000 Thaler.

[515] Goethe, Briefe, a.a.O.

[516] a.a.O.

12 Riedesel in Neumark

12.1 Der Amtmann

Neben seiner Funktion als kurfürstlichem Kämmerer diente Riedesel in der kurfürstlichen Verwaltung als Amtmann des Amtes Neumark. Hierbei ist zu unterscheiden zwischen dem Amtmann als Person und seiner Tätigkeit in seiner Dienststelle und dem „räumlichen Bezirk der Wirksamkeit eines Amtmanns"[517].

Im Verlauf des Mittelalters und zu Beginn der Neuzeit übernehmen die Amtleute die Funktion der ehemaligen Burggrafen und Burgvögte mit den dazugehörigen Gebieten und Hoheitsrechten. Als Amt wird nun nicht nur der Dienst bezeichnet, sondern der Bezirk, in dem der Amtmann vom Landesherren verliehene Hoheitsrechte besitzt. Kennzeichnend für die Funktion des Amtmannes war seine beliebige Austauschbarkeit durch den Lehnsherren.

Das Amt „nimmt sowohl die öffentlichen wie die privatrechtlichen Befugnisse des Landesherren wahr"[518]: als öffentliche Befugnisse das Gericht, die Polizei, den Steuereinzug, den Zoll, das Geleit und die Verpflichtung der Bewohner des Amtes zu öffentlichen Diensten; als Vertreter privatrechtlicher Befugnisse des Landesherren die Verwaltung der Güter des Landesherren, die Weiterleitung der dem Landesherren zustehenden Einnahmen des Amtes wie Bete und Zinsen und die Sicherstellung mit dem Grundbesitz verbundener Lehnsverpflichtungen und weiterer aus mittelalterlichem Recht entstandenen Verpflichtungen der Untertanen.

Die in der Formulierung „Ämter [im Großherzogtum Sachsen-Weimar-Eisenach] sind Lokalorgane der landesherrlichen

---

[517] vgl. Ludolphy, a.a.O., S. 296 ff.
[518] vgl. im Folgenden Diezel, a.a.O., S.6.

Gewalt."[519] enthaltene umfassende Zuständigkeit des Amtes findet 1850 mit der Trennung von Verwaltung und Justiz im Großherzogtum sein Ende.[520]

Der 1404 als erster Amtmann Neumarks urkundlich erfasste Hans Göteford versieht in diesem Sinne noch die Funktion des ehemaligen Burgvogtes, während die Herren von Wirchhausen 1467 an die Spitze eines genau umrissenen Gebietes von zu verwaltenden Ortschaften gestellt werden. Ein solches Lokalorgan landesherrschaftlicher Gewalt existierte bis zum Beginn des 19. Jahrhunderts in Neumark. In der Hand des Leiters der Behörde, dem Amtmann, werden ursprünglich Militär-, Justiz-, Polizei-, Finanz-und Dömänenverwaltung vereinigt.

Eine erste, quellenmäßig fassbare Übersicht über das Amt Neumark und die zugehörigen Ortschaften, zwischen dem *„Opidum Egkirsberge"* und *„Botelstete castrum cum pertinenciis"*,[521] bietet das „Registrum dominorum" der Markgrafen von Meißen von 1378[522].

Neben Neumark gehören zum Amt Gros[s]-Mulhausen (*Mulhusin maior*)[523], Bachstedt (*Bagstete*), Ballstedt (*Baldinstete/Baldystete*), Ottmannshausen (*Ottemannhusen*), Hottelstedt (*Hottinstete/Hottenstete*), Kleinbrembach (*Brantbach*), Krautheim (*Krutheim*), Schwerstedt (*Swerstete*), Großobringen (*Uberingin maior*), die Kurie Wallichen (*Waldichin*), ein Hof Barkhausen[524] (*Barghusin/ Karchusen/Barchusenn*). Aus Buttstädt (*Butstete*) wird ein von Wenden als Zinspflichtiger genannt.

---

[519] Diezel, a.a.O., S. 5.

[520] a.a.O

[521] Registrum dominorum, a.a.O., S. 89-90.

[522] vgl. a.a.O., S. 49 ff.

[523] nicht identifizierbar

[524] Wüstung zwischen Schwerborn und Udestedt; vgl. Dobenecker, Regesta diplomatica, Bd.3, Nr.587.

Von diesen zum Amt Neumark gehörigen Ortschaften werden in späterer Zeit durch Neugestaltung der Ämter einige anderen Ämtern zugeschlagen. Eine Ausnahme bildet Wallichen, welches, obwohl nicht im Umkreis Neumarks liegend, ständig beim Amt Neumark bleibt, wie auch die Pfarrei Wallichen der Superintendentur Neumark bis zu deren Ablösung 1850 durch Mellingen verbunden ist.

Im Zuge der Möglichkeit für Adlige, während der frühen Reformation Klosterhöfe zu erwerben, wenn auch vielleicht vorerst pachtweise, war es wohl Riedesel 1525 gelungen, den Hof des Klosters Bürgel in Wallichen zu erwerben[525] und mit den erworbenen grundherrlichen Rechten den gesamten Ort in seinen Amtsbereich einzubeziehen.

Die Hoheitsrechte des Amtes Neumark gelten demnach auch für Orte außerhalb des geschlossenen Amtsbezirks, wenn der in Neumark die Patrimonialgerichtsbarkeit ausübende Amtmann, wie im Falle Wallichen, grundherrliche Rechte besaß.

Schriftsässige, dem Landesherrn direkt verpflichtete Gebiete des Adels waren dem Amt nicht unterstellt.

Ein Amt Neumark wird nach Diezel für die Jahre 1523, 1529, 1531 und 1695 erwähnt. 1561 und 1603 gehört auch Thalborn zum Amt Neumark. Das Amt Neumark wird zwischen 1542 und 1561 zu einem Patrimonialgericht (vgl. dort) im Amtsbezirk Weimar. [526]

---

[525] Sladeczek, Martin: Vorreformation und Reformation auf dem Land in Thüringen. Strukture-Stiftungswesen-Kirchenbau-Kirchenausstattung. Köln-Weimar-Wien 2018, S.300, Anm. 358; hier Verweis auf Tille, Armin: Das Dorf Wallichen bei Vieselbach. Vom Klosterhof zum Rittergut. In: Blätter für Heimatkunde 2/1922 (Beilage der Mitteldeutschen Zeitung), S. 5-8.

[526] Diezel, Rudolf: Die Ämterbezirke in Sachsen-Weimar seit dem 16.Jahrhundert. Eine verwaltungsgeschichtlich. topographische Untersuchung, Jena 1943. In: Zeitschrift des Vereins für Thüringische Geschichte und Altertumskunde, Beiheft 27, S. 77.

Ballstedt, Hottelstedt und Ottmannshausen bleiben ständig Amtsorte [Gerichtsorte] des Amtes Neumark

Die in Neumark tätigen Amtmänner sind als Gerichtsherren verpflichtet, die im Gericht tätigen Personen wie Richter, Beisitzer, Schreiber und Gerichtsdiener (Büttel) zu bezahlen, ihnen, wenn nicht im Gerichtsort ansässig, die Reisekosten zu erstatten, ein Gefängnis zu unterhalten, sichere Räume für hinterlegte Sachen vorzuhalten, Arme, Wahnsinnige und Kranke ohne Angehörige zu versorgen und Hilfe bei der Umlegung von Abgaben und Steuern des Landes zu leisten.[527]

Auch in kirchlichen Angelegenheiten waren die Amtleute sowohl in finanzieller als auch in organisatorischer Hinsicht zuständig.[528]

Riedesel wird quellenmäßig erstmalig als Amtmann Neumarks in einem Erbvergleich der Stadt Erfurt mit den Testamentsvollstreckern eines verstorbenen Dr. Eberhard Flecke vom 15. Juni 1529 genannt.[529] Die Bestallung Riedesels als Amtmann in Neumark ist der Verwaltung in Weimar noch nicht gängig, denn im Rezess des Jahres 1529 „Wegen der Gerichtsbarkeit zu Neumark", „[...] *nachdem sich Irrung und Gebrechen etlicher Buß, Straf und anders, so sich zwischen unserm Amtmann zu Neuenmarkt und lieben Getreuen Georgen von Gottfardt und dem Rath daselbst begeben* [...]*,* ist Georg von Gottfahrt noch als Amtmann tätig. Im Rezess von 1536 und im Zusammenhang mit der Belehnung mit Neumark im Jahr 1542 wird Riedesel korrekt als Amtmann genannt.

---

[527] vgl. Lütge, a.a.O., S.109-110.
[528] Ludolphy, a.a.O., S. 297.
[529] Stadtarchiv Erfurt 0-1/ 4- 285, Datierung: 1529 Juni 15.

12.2 Riedesel und die Stadt Neumark

Die Beziehungen des Kämmerers und Amtmanns Johann Riedesel zu den von ihm abhängigen Bewohnern der Stadt qua Amt ist ohne weitere quellenmäßige Belege außer dem unten zu behandelnden Rezess von 1536 nur annähernd und den im Allgemeinen in Thüringen herrschenden Zuständen folgend zu beschreiben.

Aussagen zu Abläufen während der Aufstände in Thüringen 1525 für Neumark sind nicht vorhanden, so dass lediglich in den Tischgesprächen Luthers unter Apotegmata[530] zwischen dem 18. und 21. August 1532 erfasste Aussagen Melanchthons und Luthers bei einem Essen im Hause Riedesels in Torgau unter Anwesenheit Jonas' und des Herzogs von Lüneburg[531] angeführt werden können, deren Inhalt sich sicher auch mit der Auffassung Riedesels vom Bauernstand der Zeit deckt. Zum Beitrag Luthers während des Gesprächs: *„Ich wolt mir wundschen, das ich nur drei tag ein Engelchen were, da wolt ich allen bawren ihre schetze stelen und in die Elb werffen. Oho, da wurden alle stricke zw wenig werden, also wurden sie sich hengen, hie ainer, dort ainer,"[532]* ist von Riedesel auch aufgrund der freundschaftlichen Beziehung Riedesels zu Luther kein Widerspruch überliefert und auch wohl nicht zu erwarten gewesen.

Eine annähernd identische Auffassung hinsichtlich der Behandlung aufrührerischer Bauern von Riedesel und Luther darf angenommen werden und hat sich seit Luthers Einstellung im Brief vom 30. Mai 1525 an Amsdorf nicht grundlegend geändert: *„Ich bin der Meinung, es ist besser,*

---

[530] das Apophthegma (griech.: ἀπόφθεγμα; Pl. *Apophthegmata*, seltener *Apophthegmen*): Denkspruch oder treffend formulierter Ausspruch.; Sentenzen, Aphorismen, Sprichwörter
[531] Ernst I., Herzog zu Braunschweig-Lüneburg (1497-1546)
[532] WA T Bd.2; S.410.; ebenso Bd.5, S.545/546.

dass alle Bauern erschlagen werden werden als die Fürsten und Obrigkeiten [...]."[533]

Dokumente zu Riedesels persönlicher Einstellung gegenüber den Problemen der Landbevölkerung, besonders der der Bauern, die letztendlich zum Bauernkrieg 1525 führten, liegen nur in einem Fall vor und dies auch nur für die Zeit nach der Bauernerhebung:

Ein Rezess von 1536, in Abwesenheit des Hauptmanns von Weimar, Ewalt von Brandenstein (1491-1557), von Georg von Wangenheim zu Brüheim (1495-1556) und dem Weimarischen Schösser Johann Hofmann[534] verfasst, beleuchtet in seinen Entscheidungen zu „Irrungen und Gebrechen" zwischen Johann Riedesel, gewesenem Kämmerer, und seinen *„Unterthanen, Rat und Gemeinde daselbst"* das Verhältnis Riedesels zu den Bewohnern der Stadt, deren Rechte und die Bestrebungen des Kämmerers, die ihm als Amtmann und Gerichtsherren zustehenden Rechte unter Einschränkung derer der Stadt auszuweiten.

Die im Rezess angeführten Probleme und deren Lösung durch die Vertreter des kurfürstlichen Hofes sind nicht nur als Probleme der Einzelperson Johann Riedesel zu sehen, sondern stehen stellvertretend für Probleme zwischen Vertretern des Landesherren wie Johann Riedesel und solcher landesherrlicher Städte im Allgemeinen.

Inwieweit Riedesel im Bewusstsein einer durch seine Nähe zum kurfürstlichen Hof gestärkte Stellung eine Ausweitung seiner Befugnisse versuchte, ist hier nicht zu entscheiden.

Die in neun Artikel gefassten Probleme und die Entscheidungen dazu befassen sich in der Hauptsache mit landwirtschaftlichen Belangen und Problemen hinsichtlich des Einsatzes von Bürgern der Stadt im Frondienst für Riedesel. Es

---

[533] WA B. 3, Nr. 878, S.517.
[534] 1525 Stadtschreiber in Zwickau

sind dies die Belange, die für die Landwirtschaft treibende Bevölkerung der Ackerbürgerstadt Neumark wesentlich waren.

Rietesel hatte einen Teich neu anlegen lassen. Durch diesen hatten die anliegende Äcker der Bauern gelitten. Obwohl Riedesel sich erboten hatte, *„denen Leuten Erstattung zu tun"* und auf den ebenfalls in Neumark Lehensgut besitzenden Adel ähnliche Erstattung zu erwirken, bleibt jedoch die Tatsache, dass der Teich ohne Rücksicht auf Folgen für die Bewohner Neumarks angelegt worden war und die Höhe der Erstattung der entstandenen Verluste in der Entscheidung Riedesel überlassen wurde.(Art.7)

Gleichzeitig hatte Riedesel es verstanden, den Stadtbewohnern den *„Umgang hinter dem Schloss"*, den diese zur Bestellung ihrer Äcker benötigten, zu verwehren und zu verhindern, dass die Stadt den *„Brunnenfluss"* *„verschnellen und abführen"* kann, damit der neu angelegte Teich nicht die nachbarlichen Äcker beeinträchtigt. (Art. 1)

Ein weiteres Problem hatte die Stadt mit dem für die eigene Viehhaltung so wichtigen Hüte- und Weiderecht, welches Riedesel Art. 2 zufolge regelmäßig verletzt zu haben scheint.

Von alters her wurde das Vieh auf offene, schon abgeerntete aber noch nicht geräumte Felder getrieben und dort gehütet. Da Riedesel nicht zuletzt wegen der ihm zustehenden Fronarbeit der Bürger Neumarks auf seinen Feldern mit der Ernte eher fertig war, ließ er sein Vieh zum Ärger der Stadt auf den noch offenen Feldern Neumarks hüten. Der Rezess entscheidet hier zugunsten Neumarks: Riedesel darf den ihm zugebilligten Hirten für Melkkühe nur auf seinen verschlossenen Feldern hüten lassen und auf den noch offenen Feldern der Stadtbürger darf nur der Gemeindehirte hüten. Sein *„gemeines Rind- und Schweinevieh"* muss Riedesel zukünftig in der Herde der Gemeinde hüten lassen.

Auch das „Hüten und Treiben in de[r] Neusitzer[535] Fluhr in verschlossenen Feldern" ist für Neumark Anlass zur Beschwerde. Zur Klärung dieses Streitpunkts werden „von beyden Theilen glaubhaftige und unverdächtige Feldnachbarn und andere Leute" zum Zeugnis vorgeladen.

Die zwischen Riedesel und der Stadt umstrittene Nutzung der Fluren der beiden Neumarker wüsten Kirchen "Neusitze [Neußig] und St. Michels-Kirche"(Art.8) wird der Entscheidung einer Visitation vorbehalten, wobei der „Garten zu Neusitz" und „das andere" der Gemeinde vorbehaltlich der Entscheidung zugesichert wird.

Artikel 9 des Rezesses lässt darauf schließen, dass Riedesel auch an anderer Stelle versucht hatte, das Recht Neumarks, das „von Alters her"[536] besteht, einzuschränken oder zu umgehen.

Hatten die Handfrohner ehemals auf den Wiesen, auf denen Riedesel einen Teich angelegte, das Heu zu sammeln und für zwei Tage zu treten, verlangt er nun, da die von den Frohnern zu bearbeitende Fläche geringer geworden war, dass die beschäftigungslos Gewordenen „an einem anderen Ort und anderer Frohne" eingesetzt werden sollen. Auch die Ackerleute und Anspänner, die „einen Tag im Heu und nach der Erndte einen Tag im Grummet[537]" zu frohnen hatten, werden im Rezess vor darüber hinausgehende Arbeiten für Riedesel geschützt, auch wenn die zu bearbeitende Fläche geringer geworden oder der Wieswachs in einem Jahr dürftiger ausfallen sollte. Letztendlich fällt die Entscheidung des für den Landesherrn sprechenden Hauptmanns durch die

---

[535] Neußig, wüst im Norden Neumarks
[536] Die Statuten von 1512 sind die älteste erhaltene Fixierung des städtischen Rechts Neumarks. Bei der Berufung Neumarks auf Recht „von Alters her" sind frühere, verlorengegangene Rechtsstatuten der Stadt Neumark gemeint.
[537] zweiter Grasschnitt, zweite Mahd

beiden Vertreter doch eher zugunsten Riedesels aus: Bei geringer anfallendem Arbeitsaufwand sammeln die Frohner für den Herrn auf einer der Wiese entsprechenden Fläche Hafer; sie treten einen Tag Heu und sammeln bei Bedarf einen Tag Hafer.[538]

Schwierig scheint in den Jahren der Amtsmannschaft Riedesels und seines Lehnsbesitzes am Rittergut in Neumark das Verhältnis zwischen Gutsherren und Stadt hinsichtlich der Zuständigkeiten in Rechtsfragen gewesen zu sein.

Der Rezess bestimmt, dass Zusammenkünfte und Sitzungen der Gemeinde sowie die während dieser aufgestellten Forderungen *„das gemeine Gut oder anders dergleichen belangend"* rechtens sind. Bei *„schwierigen Fragen und Zeiten"* soll der Rat der Stadt Riedesel dies anzeigen und sich beraten lassen. (Art.3) Dieser hatte sich wohl auch in Fragen eingemischt, die nur Gegenstand des städtischen Rechts waren. Der *„bürgerliche Zwang und Gehorsam"*, den die Stadt besitzt, wird ihr in Angelegenheiten, die *„nicht groß, wichtig oder peinlich"* sind, zugesprochen, die peinliche Gerichtsbarkeit bleibt dem Amtmann Riedesel vorbehalten. (Art. 8) Die bürgerliche Gerichtsbarkeit der Stadt wird in den oben benannten Angelegenheiten auch auf das Gebiet der Canzlerin[539] ausgedehnt, auf dem außerhalb der Stadtmauer Häuser gebaut wurden oder noch gebaut werden.[540]

Der Versuch Riedesels (Art.4), die durch die Stadt erbauten Fleischbänke sich zinspflichtig zu machen, scheitert, während für die Badstuben jährlich 4 Michelshühner auf dem Schloss abzuliefern sind.

Riedesel hat das Recht auf Einsicht in das Rechnungswesen der Stadt und die Kirchenrechnungen, die sich in seiner

---

[538] vgl. hierzu Gutekunst, Novum forum, a.a.O., S. 314 ff.

[539] Witwe des Johann Syfried (auch Seyfried), Kanzler in Weimar 1500 und mit Besitz in Neumark

[540] vermutlich an der Vippachedelhäuser Straße

Verwahrung befinden. Der Gemeinde sind jederzeit Originale oder Kopien zur Einsicht vorzulegen.

Hinsichtlich der Bestätigung der Wahl des Stadtrates durch Riedesel, die laut Rezess von 1536 besteht, entstehen jedoch während Riedesels Wirken in Neumark Unstimmigkeiten, die im Rezess von 1560 ersichtlich werden.

Im Rezess von 1560, in dem versucht wird, Irrungen zwischen dem Sohn des Kämmerers, Ludwig, und der Stadt Neumark aus der Welt zu schaffen, tritt nochmals „der Geist" des 1543 verstorbenen Johann Riedesels auf.

Der Rat der Gemeinde beschwert sich über das Verhalten der Riedesels bezüglich der Wahlen zum Rat, die nach Vorstellungen des Rats seit alters her und den vom Fürst bestätigten Statuten der Stadt von 1512 der Stadtgemeinde zuständen, von den Riedesels aber dahingehend geändert worden seien, dass diese sich „solche Wahl angemaßet und darzu Personen ihres Gefallens jedemal gesetzet" hätten.

Ludwig Riedesel versucht unter Berufung darauf, „dass er es bisher, soviel die Wahl belange, anders nicht, denn sein Vater selig gehalten". Unter Bezug auf seinen Vater, Johann Riedesel, und dessen Schreiber führt Ludwig eine „Verschreibung" des Kurfürsten Johann Friedrich an seinen Vater an, aufgrund derer ihm das Recht zur Wahl des Rates zustehe.

Kanzler und Räte entscheiden im Rezess jedoch, dass die angeführte „Verschreibung" an Johann Riedesel lediglich feststelle, dass Riedesel die Bestätigung der Wahl des Rates zustehe.

Von Interesse in diesem Zusammenhang ist ein Schreiben der Stadt Neumark vom 27. Dezember 1525[541], welches die Bitte des Bürgermeisters und des Rates Neumarks um Bestätigung des gewählten Stadtrates enthält: „[...] Ist hyrumb an E.f.G.

---

[541] vgl. Anhang S.198-201 und Stadtsiegel

*unser demutetigs bitt[en]e, E.f.G. wollen dysse angezeygte
erwelte neue burgermeister zu eynen nauen rath bestetigen
und bekraftigen [...]".*[542]

Selbst wenn Riedesel im Jahr 1525 in Neumark noch nicht als
Amtmann fungiert[543], ist die Bitte um Bestätigung der Wahlen
durch Bürgermeister und Rat der Stadt durch den Kurfürsten
ein Beleg für die Richtigkeit der Entscheidung des Rezesses,
dem Gerichtsherren Riedesel nur die Bestätigung der Wahl
eines neugewählten Stadtrates zuzuerkennen.[544]
Die Aussagen beider Rezesse lassen den Schluss zu, dass
Johannes Riedesel während seiner Amtszeit als Amtmann und
zur Frohn und Zinsabgaben durch die Stadtbevölkerung
berechtigter Lehnsherr ständig in Versuchung war, seine
Befugnisse auszuweiten.
Ungeachtet dieser Irrungen zwischen dem Amtmann Riedesel
und der Stadt gelingt es Riedesel – wohl nicht ohne den
Gedanken an eine wirtschaftliche Stärkung der Stadt und
damit seiner eigenen- bei dem ihm geneigten Kurfürst
Johannes für Neumark auf Ersuchen der Bewohner am 16.
Mai 1529 die Erlaubnis zu einem Wochenmarkt zu
erlangen:*"Am heiligen Pfingsttage hat Churfürst Johannes zu
Sachsen denen Bürgern und Einwohnern zu Neumarck, ein
Städtlein in das Fürstenthum Weimar gehörig, uf ihr Ansuchen
vergönnet und erlaubet, daß sie künfftig uff ieden Dienstag
einen Wochenmarckt bauen und halten mögen."*[545]

---

[542] LATh - HStA Weimar, Ernestinisches Gesamtarchiv, Reg. Hh 1094
[543] nach Wette, Historische Nachrichten, S.254 ist er schon 1523 Amtmann
in Neumark
[544] vgl. Text im Anhang
[545] Müller, J. S., Des Chur- und Fürstlichen Hauses, a.a.O., S.83.

13 Eine Anekdote

Eine Marginalie zum Auftreten des Kämmerers im Kreis einflussreicher Personen am Hof des die Reformation fördernden Kurfürsten Johannes ist die im Folgenden wiedergegebene Anekdote, die jedoch zeigt, dass Ereignisse aus dem Neumark Riedesels u. U. Eingang fanden in Gesprächsrunden am Tisch Luthers. [546]

Der Text, der nach Kroker[547] wohl nicht Gegenstand der Lutherschen Tischgespräche, sondern eher eine nachträglich angefügte Anekdote Melanchthons ist, beschäftigt sich mit eine „greulichen Geschichte", die sich in Neumark zutrug, wobei es sich als Anekdote Melanchthons sicher um das Neumark des Kämmerers handelte, zu dessen Sohn er persönlichen Kontakt pflegte.

„In Neumark geschah es, dass irgendein Weib sein Kind in der Wanne wusch und hörte, dass es sich mit dem Messer verletzt hat. Sie lief zum verletzten Sohn, ohne zu überlegen, dass sich ihr Sohn, der während ihrer Abwesenheit untergegangen war, in der Wanne befand Der sofort hinzukommende Ehemann dachte, dass das Kind wegen der Gedankenlosigkeit der Mutter gestorben sei, und stach die verdächtigte Ehefrau nieder. Als der Mann später den Grund für den Tod [des Kindes] erfuhr hat er sich mit einer Schlinge erhängt. Das ist eine greuliche historien![548]

---

[546] WA T 5 Nr.6340,S. 610/611.

[547] Kroker, Schriften des Vereins für die Geschichte Leipzigs, Bd.10, 1911

[548] Im Original: *In Neumarck accidit, ut [quod] aliqua mulier infantem lavaret in vanno et alterum audiret sese cultro laesisse; ipsa ad puerum laesum [iam moribundum] accurrit non habnes rationem infantis in vanno, qui abeunte ipsa submersus est. Maritus forte interveniens arbitratus est matris socordia infantem obiisse et conspectam coniugem pugione confodit. Audiens postea causam obitus se ipsum laqueo strangulavit. [Horribilis est haec historia!]*

14 Epilog

Die Riedesels zu Neumark haben mit Johannes Riedesel ihren Ursprung in einem hessischen Diener, der seinen Namen mit einem seiner ehemaligen Arbeitgeber, den Riedesels zu Eisenbach, verbindet und unter Umständen ein Bastard dieser Familie ist.

Dieser *gelernte* Sekretär erweist sich als fähig und geschickt, die Chancen der beginnenden Reformation zu nutzen und mit dem Wechsel in sächsische Dienste zu einem engen Vertrauten des Kurfürsten Johannes und dessen Kämmerer zu werden. Mit steigendem Einfluss am Hof und Einsatz für die neue Religion erlangt er das Vertrauer Luthers und wird Pate dessen Sohnes Martin.

Nach seiner Entlassung 1532 als Kämmerer und Verlust seines Einflusses am Hof des neuen Kurfürsten Johann Friedrich lebt er bis zu seinem Tod 1543 in Neumark und wird in der Grablege vor dem Altar der Kirche zu Neumark beigesetzt. Hier findet auch einer seiner Nachfahren, Hans Heinrich Riedesel (1624-1682), Hofrat und Vizehofrichter in Jena, dessen Epitaph sich mit einer Würdigung ebenfalls in der Kirche befindet[549], seine letzte Ruhestätte.

Die die nicht mehr existierende Grablege bedeckenden Epitaphien, sowohl die des Kämmerers als auch die des Hans Heinrich Riedesel, sind neben anderen Denkmälern ehemaliger in Neumark sitzender Adelsfamilien in einem bedauerlichen Zustand in den Seitenwänden der Kirche eingelassen.

---

[549] vgl.Bilder des Epitaphs und der Kirche im Anhang S. 214/215.

15 Anhang

1) Erb-Vergleich Eberhardt Flecke vom 15. Juni 1529 unter Vermittlung Riedesels

Ratsmeister und Rat zu Erfurt vergleichen sich unter Vermittlung des kurfürstlichen Kämmerers und Amtmann zu Neumarkt Johann Riedesel mit den Testamentsvollstreckern des verstorbenen Dr. Eberhard Flecke wegen zweier, auf diesen und seinen Vater lautenden Leibzinsbriefe von 1560 fl. und 1000 fl. dahin, dass der Rat diese Briefe, für die zehn Jahre lang (1509 - 1519) kein Zins bezahlt worden ist, mit 1000 fl. einlöst, und zwar so, dass sofort 100 fl. bezahlt werden und dann fortan alljährlich auf der Frankfurter Messe je 125 fl. Die Testamentsvollstrecker sind: Henning von Schalley, Kämmerer, Johann Nardegk, Kammersekretär, und Heinz von Lutter. - Am Tage Viti. Erfurt.

[Stadtarchiv Erfurt, Sign. 0-1/ 4-285]

2) Lutherspruch als eigenhändiger Vorsatz Riedesels in der Bibel von Kalosa

Dis buchlein ist ein edels guth[2],
Groß kunst vnd[3] weißheit[4] lehren thut.
Wol dem, der sich auch helt dornach,
Dem wirdt Gott segnen[5] alle sein sach,
Den Gottes wort bleibt ewiglich
Vnd teilet[6] mit das himelreich.
(Bav. 1, 552) Wir mussen doch von dieser welbt,
Als dan das wort fest bey vns helbt
Vnd sterckt vns in des sterbens noth
Vnd hilfft vns aus dem ewigen todt.[7]

[WA Tischreden, Bd. 5, Weimar 1919, S. 358, Nr. 5793]

3.) Visitation Neumarks bei Weimar 1533[550]

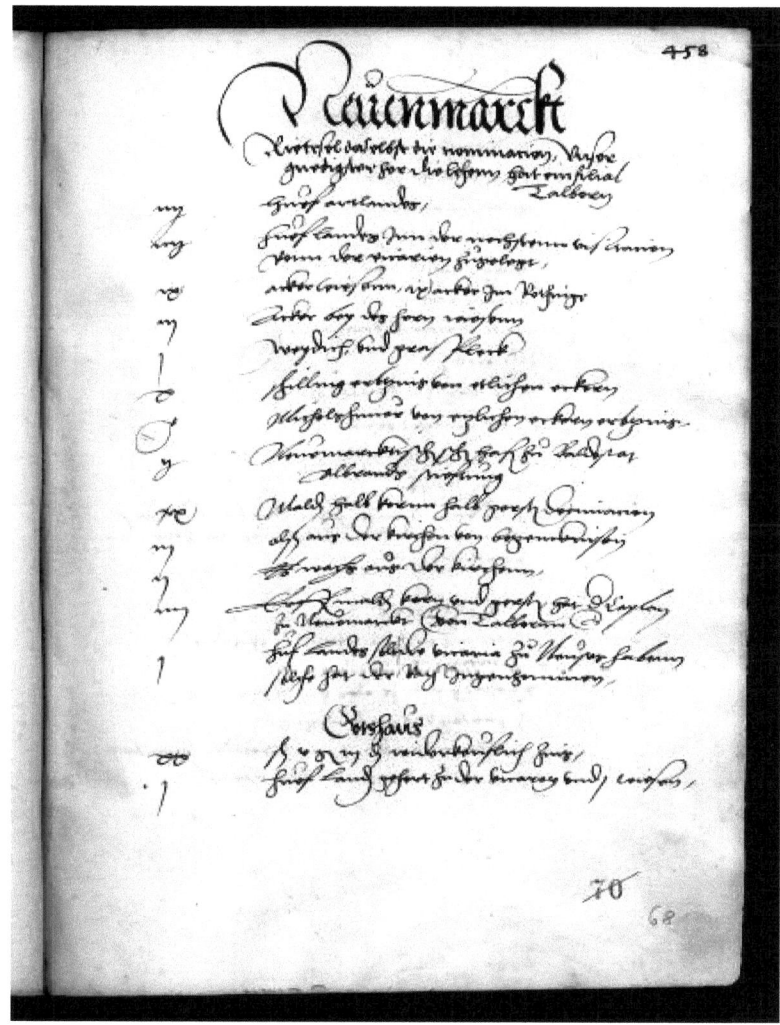

[550] LaTh-HStA Weimar, Ernestinisches Gesamtarchiv, Reg.li 4 II, Bl. 68r, 68v, 69 r, 69v]

Bl.68r

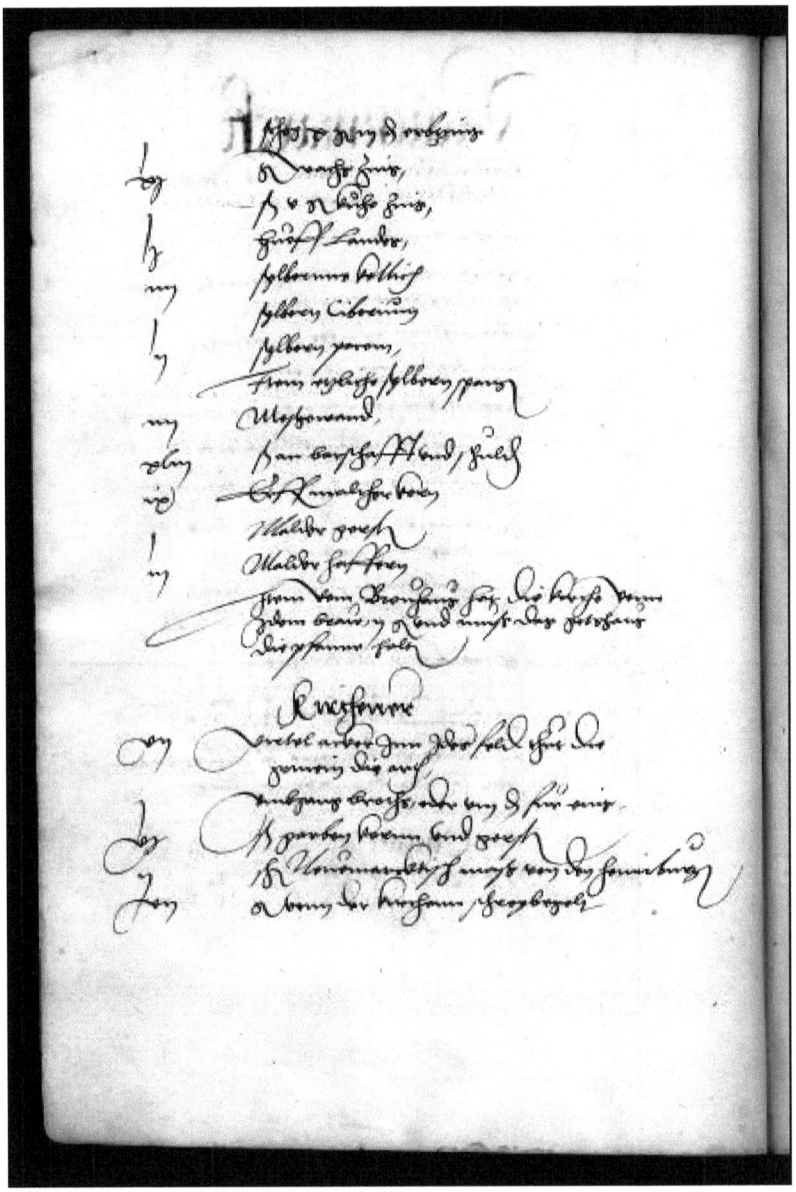

Blatt 68v:

Bl.69r

Blatt 69v

Transkription des Visitationsprotokolls

Blatt 68r   *Neuenmarckt*
Rietesel daselbst die nominacion[551], unser gnedigster her die
lehen, hat ein filial Talborn
3 ½ huef artlandes
3 ½ huef landes inn der nechsten visitacion von der
     vicarien zugelegt
9   acker wiesen, 9 acker im Rothige[552]
3   acker bey des hern wiesen
1   weydich und grasfleck
10   schilling erbtzins von etlichen eckern
5   michelshuner von etzlichen eckern erbtzins
1 ½ neuenmarckisch[e] sch[effel] hafe[er] zu Baldestat[553],
     Albrands stieftung
9 ½ mal[der] halb korn, halb gerst[en] decimacion[554]
3   al[te] sch[ock] aus der kirchen von begenknisen[555]
2   l[i]b[ri] wachs[556] aus der kirchen
4   erff[urtische] mald[er] korn[557] und gers[ten] hat d[er]
     Caplan zu Neuenmarkt von Talborn [etc.]
1   huf landes solt die vicaria zu Neuses haben, solche hat
     der rath ingenhommen
                        Gotshaus
20   sch[ock] 5 g[roschen] 3 d[enarii][558] widerkeuflich zins
1   huef land[es] gehort zu der vicarey und 1 wiesen

---

[551] Recht der Empfehlung eines Geistlichen (Patronatsrecht); nach: Müller,
Andreas: Lexikon des Kirchenrechts und der römisch-katholischen Liturgie
Bd. 4 (M-S) Würzburg, Wien, Luzern 1839, S.118.
[552] Flurbezeichnung (Rödichen?)
[553] Ballstedt
[554] Zehntabgabe
[555] Begängnissen
[556] Liber: römisches Gewicht etwa 325 g
[557] Roggen
[558] Pfennig

Blatt 68v:

1   schog 10 g[*roschen*] 3 d[*enarii*] erbtzins
10 ½ g[*roschen*] wachszins)
1   sch[*ock*] 5 g[*roschen*] kuhe zins
½   huef landes
4   sylbern kellich
1   sylbern ciborium[559]
2   sylbern pacem[560]
    item etzliche sylbern spang[*en*]
4   mesgewand
43   sch[*ock*] an barschaft und schuld[*en*]
9   erff[*urtische*] malther korn
1   malder gersten
3   malder haf[*ern*]
    item vom breuhaus hat die kirche von idem brau
    2 g[*roschen*] und muß das gotshaus die pfanne
    halten

Kirchner

7   virtel acker, in ides feld thut die gemein die arth
1   umbgang broths oder 8 d[*enarii*] fur eins
5 ½ sch[*ock*] garben korn und gerst[*en*]
2   sch[*ock*] neuemarcktisch maß von den
    heimburg[*en*]
7   gr[oschen] von der kirchen schreybegelt

---

[559] Hostienkelch (mit Deckel)
[560] Pacifical (Kusstafel)

Blatt 69r:

½ fl[*oren*]^{561}vom seyger^{562} zustellen
½ fl[*oren*] zulage
18 g[roschen] vom statschreiber ambt
2   sch[*ock*] in nechster visitacion zugelegt
16 d[*enarii*] von 1 alth[*en*] und 8 d[*enarii*] von 1 jun[*gen*]^{563}
    zubegrab[*en*]

Nachdem das einkommen der vicaria/ zum Neuenmarckt zur pfarren geschla[*gen*], / ist verschafft, das die von Talborn gein/ dem Neuenmarckt ir pfarrecht zeholen/ gehen sollen.

Item, das dem pfarrer die drey althe schog/ und zwey pfund wachs von jargedechtnißen/ wie fur althers gereicht werden sollen.

Item, es haben die leuthe zum Neuenmarckt/ 32 schog aus der kirchen eingenommen,/ die sollen sie in jaresfrist widerumb/ dem gotshause zuguth anlegen.

Item, das dem kirchner, von den/ begencknißen sein gebuer, als nemlich/ anderthalb alt schog wie fur althers/ gegeben werden soll[*en*].

---

^{561} Gulden
^{562} Bedienung der Kirchuhr- Uhrzeiger
^{563} Groschen /Pfennig ?

198

Blatt 69v:

Item, das vonn den zwo commend[en] cop[or]is/ Christi und der seelmessen eynem/ kirchner zwey althe schog zugelegt und/ eine bequeme schulbehausung erbauet werden soll./

Es ist auch den leuthen erlaubt, alle/ unnothig und ubrig kirchengereth biß auf/ zwey ornata die besten zu verkauf[en]/ und dem gotshaus zuguth anzuleg[en].

Seytzman [564] zum Neuenmarckt sind umb/ gottes willen erlassen word[en] eylf/ althe schog, so er mit 11 schneberg[ern][565] jerlich/ hat dem gotshause vertzinsen sollen./ Dartzu Johann Rietesel verwilligt, doch/ haben die visitatores, dergleichen einbruch/ zuverhueten, den altherleuten nicht mer,/ dan das sie alleine dem armen biß zu/ seiner sachen besserung anstand geben/ wolthen, angetzeigt.[566]

---

564 unleserlich

565 in Schneeberg geprägter Silbergroschen

566 Die Transkription folgt den allgemeinen Editionsregeln: In der Umschrift fehlt die Mehrheit der doppelten Konsonanten, -v- und –w- werden nur konsonantisch, -u- nur vokalisch gebraucht. Die Zeichensetzung wird aus Verständnisgründen modernisiert. Außer den Satzanfängen, Monats- und Eigennamen (Personen und Orte) ist alles klein geschrieben.

4) Bitte des Bürgermeisters und des Rates Neumarks um Bestätigung der Wahlen 1525 Dezember 27.[567]

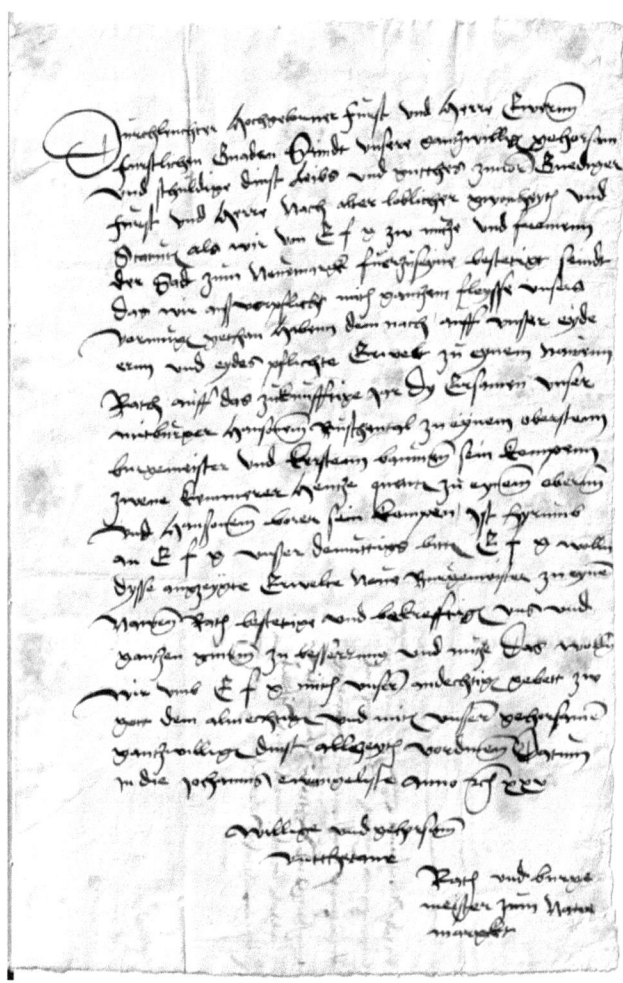

[567] Schreiben des Rates zu Neumark an Kf. Johann im Zusammen hang mit der Ratswahl von 1525 (1 Bl.); LATh - HStA Weimar, Ernestinisches Gesamtarchiv, Reg. Hh 1094

Transkription:

Durchlauchter hochgeborner furst und herre! Euern/ fürstlichen Gnaden seindt unsere gantz willig[en] gehorsam/ und schuldige dinst leibs und gutther [Güter] zuvor. Gnediger/ furst und herre! Nach alter loblicher gwonheyth und/ statut[en] als wir von E.f.G. zu nutze und frommen / der stadt zum Neuemargk fuer zu seyne bestetigt seindt, / das wir aus vorpflicht mit gantzem fleisse unsers/ vormugen gethan habenn, demnach auff unser eyde/ ern und eydespflichte erwelt zu eynem nauen/ rath auf das zukunfftige jar dy ersamen unser/ mitbürger Hanßenen Reuschental zu einem obersten/ burgemeister und Kerstenn Bauman sein kompan/ zwene kemmerer Hentze Quentz zu einen obern/ und Hanßenen Boren sein kompan. Ist hyrumb an E.f.G. unßer demutetigs bitt[en]e, E.f.G. wollen/ dysse angezeygte erwelte neue burgermeister zu eynen/ nauen rath bestetigen und bekraftigen uns und/ gantzen gemein zu besserung und nutze. Das wollen/ wir umb E.f.G. mith unserem andechtigen gebet zue/ gott dem almechtigen und mith unserm gehorsamen/ gantzwilligen dinst allezeyth vordinen. Datum/ In die Johanns Evangeliste[568] anno etc.[15]25

       Willige und gehorsam unthertane
       Rath und burgemeister zum Nawemargkt

---

[568] 27. Dezember 1524

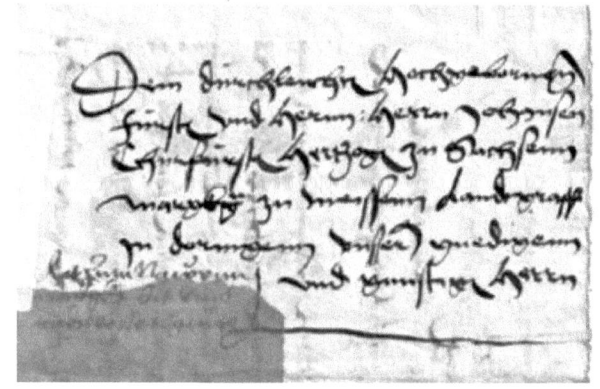

Transkription:
Dem durchlauchten hochgebornen fürsten und hern: Herrn
Johansen, Churfürsten hertzogen zu Sachsen, margkraf zu
Meissen, landgraff zu Doringen unser[en] gnedigen und
gunstig[en] herrn
Überklebung: Dat zum Nauenmargkt bit umb [unleserlich]
bestetigung

202

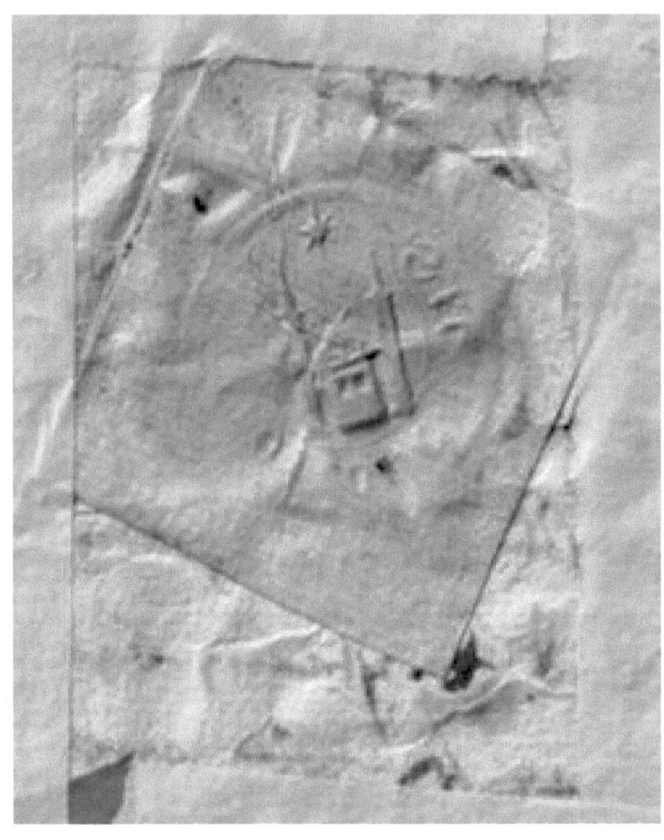

Siegel der Stadt Neumark 1528
[Brief um Bestätigung der Ratswahl 1525]

5) Beilegung der Irrungen mit Kursachsen um die Elgersburg (1516-1522)

Bitte des Johann Riedesel um ein Pferd (Mai 1516)[569]

Transkription

„Mein freuntlich und ungespart[570] dienst zuvor besonderer/ lieber her und freunt. Freuntlicher lieber her/ cantzler, ich hoer sagen, das ein hübscher brauner/ Maßfelder vorhanden

---

[569] ThStAM 4-10-111 Hennebergica Gotha/Akten Nr. 93 Blatt 18
[570] Uneingeschränkt, reichlich

sey. Were abir nichts dran./ So wollet doch sonst vleis [Fleiß] haben, ob ich etwas/ von meinem gn[571].graf Wilhelmen durch/ euer furderong kont zewege bringen, und/ seyt also dinstlich, euerm vorigen vertrosten/ nach erinnert, und schreibt mir nach euer/ gelegenheit ein tröstliche antwort. Last michs/ zu heischender zeit verdienen. Darzu ich mich/ willig erbiete. Dat[um] Weymar Dienstag nach dem heiligen Pfingsttag. Anno 1516"

Johan Riethesell

Camersecretari

Meinenn
  hern von
  ben genszi
  gstem Can[tzler]

---

[571] gnedigen

6). Graf Wilhelm an Riedesel wegen Caspar Wagner (5. Juli 1528)[572]

5. Juli 1528.

---

[572] ThStAM 4-10-101 GHA Sektion I Nr. 5448

Transkription:

U[nsern] g[rus] z[uvor], lieber Besonder Wir seint von unserm/ diener und lieben getreuen Caspar Wagnern/ abermals angesucht und gebetten, ime furderlich/ zu sein, das ime sein dinstgeldt, im Erffurdischen/ vortrag ime zugesprochen, werden mocht. Dem/ nach ist an Dich unser gutlich begerde[573], Du/ wollest in sachen umb unserwillen vleis/ ankeren und als viel handeln, das ime solch/ versprochen Dinstgeldt laut des Vertrags bezalt/ werden moge. Das wollen wir in allen gnaden/ und gutten gegen Dir beschulden. Dat[um] Ilmena am Sontag nach Visitationis Marie[574] Anno d. 1528/

An Johan Rietesell Camerarien

5. Juli 1528

An hertzog Johansen Churfürsten/
geschrieben(?) (?)/
(?) und tzur Unterhaltung bringen

---

[573] Anmerkung links : wie wir dann Dich am jungsten auch dershalb angesprochen und gebetten haben
[574] Mariä Heimsuchung (Luk. 1,39–56): 2. Juli, 1389 von Urban VI. zum allgemeinen kirchlichen Fest erhoben

7.) Brief des Johann Riedesel an Graf Wilhelm betr. Beschaffung von Geld zur Rückzahlung eines Kredits in Erfurt; Krankheit des Herzogs Georg von Sachsen[575]

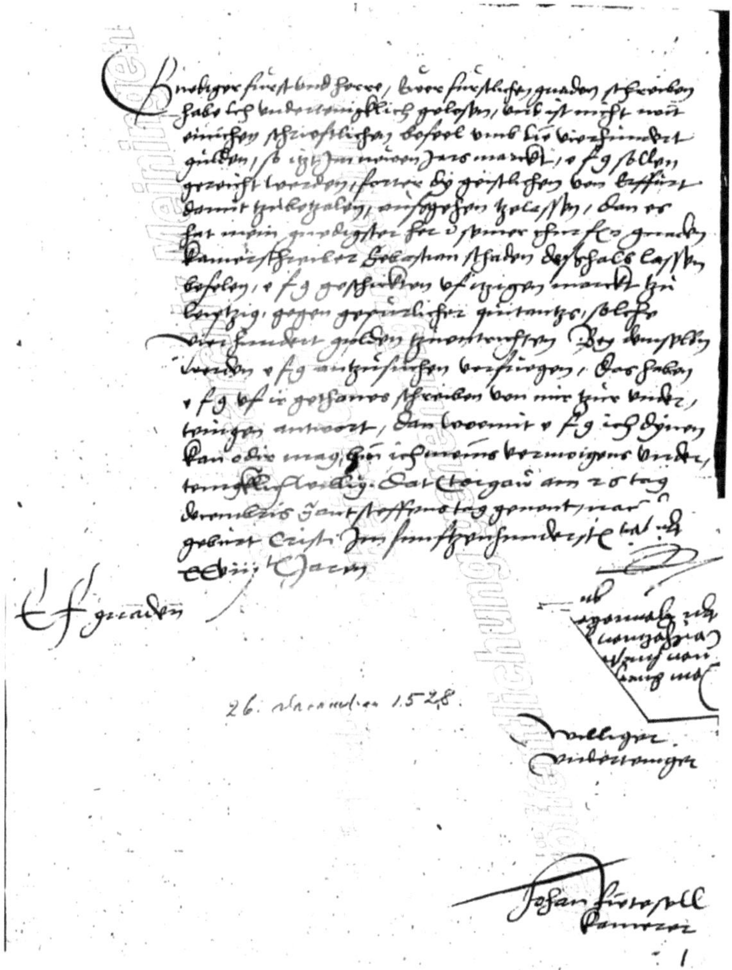

[575] 26. Dezember 1528; ThStAM 4-10-101 GHA Sektion I Nr. 5448

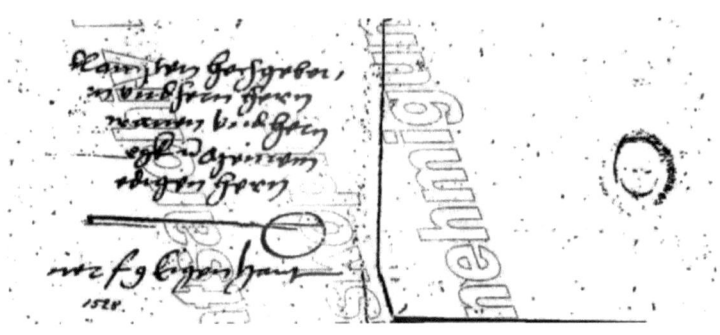

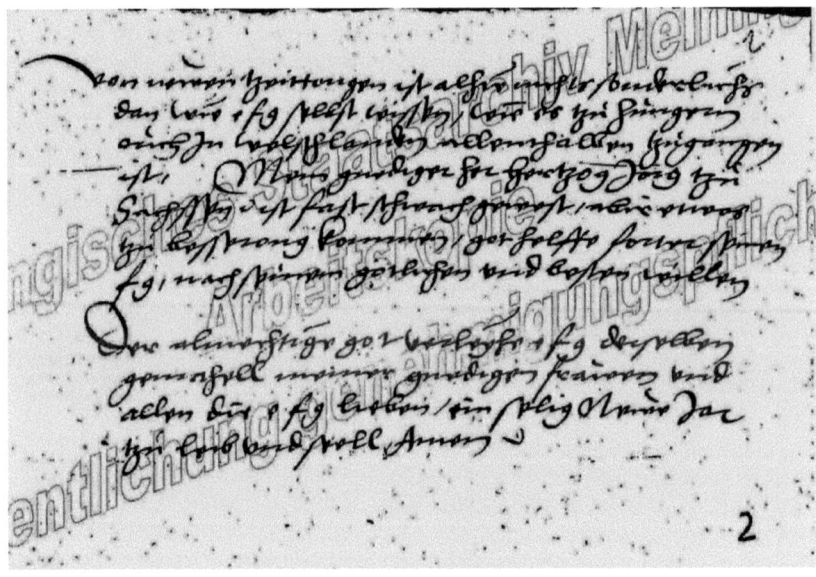

[ThStAM 4-10-101 GHA Sektion I Nr. 5441]

Transkription

Seite 1: „Gnediger furst und herre. Euer furstlichen Gnaden schreiben/ habe ich underteniklich gelesen, und ist nicht noit,/ einichen schrieftlichen befeel umb die vierhundert/ gulden, so itzt im neuen Jarsmarckt, euer furstl. Gnaden sollen/ gereicht werden, forter die geistlichen von Erffurt/ damit tzu betzalen, außgehen tzelassen. Dan [denn] es/ hat mein gnedigster her et seiner churfurstlichen gnaden/ kamerschreiber Sebastian Schaden deßhalb lassen/ befelen, e. f. g. geschickten uf itzigen markt tzu/ Leiptzig gegen gepurlicher quitantzs⁵⁷⁶ solchse/ vierhundert gulden tzu entrichten, bey denselben/ werden e. f. g. antzusuchen veerfugen. Das haben/ e. f. g. uf ir gethanes schreiben von mir tzur under/ teingen antwort. Denn woemit e. f. g. ich dynen/ kan odir mag, bin ich meins vermoigens under/ tenigklich willig. Dat[um] Torgau, am 26 tag/ decembris Santsteffenstag genant, nar/ geburt Cristi Im fiunftzenhundersten und 28.Jaren.

E f gnaden   williger
                      underteniger
                      Johan Rietesell
                      Camerer

Teilstücke getrennt:

Dem diner...Hechgeben/ [sei]nen fursten und hern/ Wilhelmen graven und hern/ tzu Hennebergk daz einem gnedigen hern

----

tzu seiner f g Eigenhant

Teilstück 2: Von neuen tzeittongen ist alhir nichts sunderlichs, / dan [denn] wie e. f. g. selbst wissen, wie es tzu Hungern/ auch zu welschlanden allenthalben tzugangen/ ist. Mein

---

⁵⁷⁶ Urkunde über ein dem Gläubiger zur Sicherung seiner Schuldforderung angewiesenes (unbewegliches) Gut, Pfandverschreibung, Hypothek

gnediger her, hertzog Jorg tzu/ Sachssen, ist fast schwach gewest, abir etwas tzu besserong kommen. Got helffe fortan seinen/ f. g. nach seinem gotlichen und besten willen./

Der almechtige got verleihe e. f. g. derselben/ gemahell meiner gnedigen frauen und/ allen die e. f. g. lieben ein selig Neues Jar tzu leib und seell. Amen

8.) Blatt 5-6 des Briefes Wilhelms IV. an Kurfürst Johann vom 08. März 1528 als persönlich Notiz an Johann Riedesel[577]

[577] ThStAM 4-10-102 GHA Sektion II Nr. 26, als Anhang an den an den Kurfürsten gerichteten Brief Wilhelms vom 08. März von 2 Seiten an Riedesel, der aufgefordert wird, die Absichten Johanns zu erforschen und Wilhelm über die Ausstattung in Regensburg zu benachrichtigen

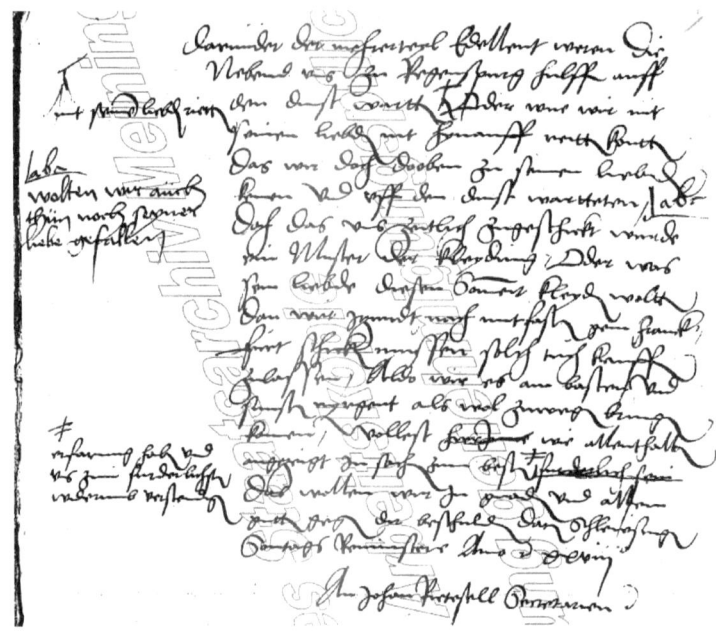

Transkription

„Lieber besonder, unser gutlich begerde ist an Dich/ du wollest erfarung haben, ob der hochgeborne/ furst und her, her Johans hertzog zu Sachssen und/ churfurst und unser lieber her und oheim/ den Reichstag zu Regenspurg in eigener/ person besuchen werde oder nit und ob sein liebd[en] auch zu willens seint, uns mit/ seinen liebd[en] uff solchen reichstag zu nehmen./ Wue sein lieb[den] solchs gesynt wern und uns/ mithaben woltte, das dan solches uns/ gestochen [mitgeteilt] und ein gute zeitlang zu bevor/ zu wissen gethan wurde. Und mitwie viel/ pferd[en], das uns nit abermals geschee/ wie himal zu zweien malen, das uns/ kaine acht tage zubevor geschrieben wurde,/ damit wir uns nicht kontt[en] rusten seinen/ liebd[en] zu willen zu werden, dan wir auch/ nicht also bald auffkommen konnen/ Es mangelt

uns ye zu zeitten an pferd[en],/ nachdem wir vier sone haben,
die im Harnisch/ reitt[en], denen wir yezuzeitt[en] pferde
furstrecken/ mussen[578]/ desgleich[en] auch an kleydung das/
wir das tuch alsbald nicht bekommen mogen/ zu seiner
liebd[en] farbe zu kleyd[en]. Mochtts aber/ obgemeldt unser
her und oheim baß leyden/ das wir mit zeh[en] oder zwolff
pferden ungerust...

(7) darunder der meherteyll edelleut weren, die/ nebend uns
zu Regenspurg hulffe auff/ den dinst warten[579]. Oder wue
[wir] mit/ seinen liebden nit hynauff reitt[en] kont[en]/ das
wir doch droben zu seinen liebde/ kemen und uff den dinst
wartet[en][580]. Doch das uns zeitlich zugeschickt wurde/ ein
muster der kleydung oder was/ sein liebde diesen sommer
kleyden woltten./ Dan wir itzund nach mitfasten gein Frank/
furt schicken mussen solch tuch kauff[en9/ zu lassen, aldo wir
es am basten und/ sunsten nyrgent als wol zuwege[n]
bringen[en]/ konnen. Wollest wie allenthalben/ angezeigt in
sachen zum besten [erfarung hab[en] und uns zum
furderlichst[en] widerumb verstendig[en][581]/ Das wollen wir
in gnad[en] und allem/ gutt[en] gegen dir beschuld[en].
Dat.[um] Schleusingen/ Reminiscere[582] Anno 1528

An Johan Rietesell Secretarien

---

[578] Einschub links: „derhalben wir uns unberitten machen"
[579] Anm.links: „mit seiner liebd[en] riett[en]"
[580] Anmerkung links außen: „ aber wollten wir auch thun nach seyner liebde gefallen"
[581] Einschub links
[582] 8. März 1528

9.) *Epitaph des Hans Heinrich Riedesel in der Kirche St. Johannis in Neumark*

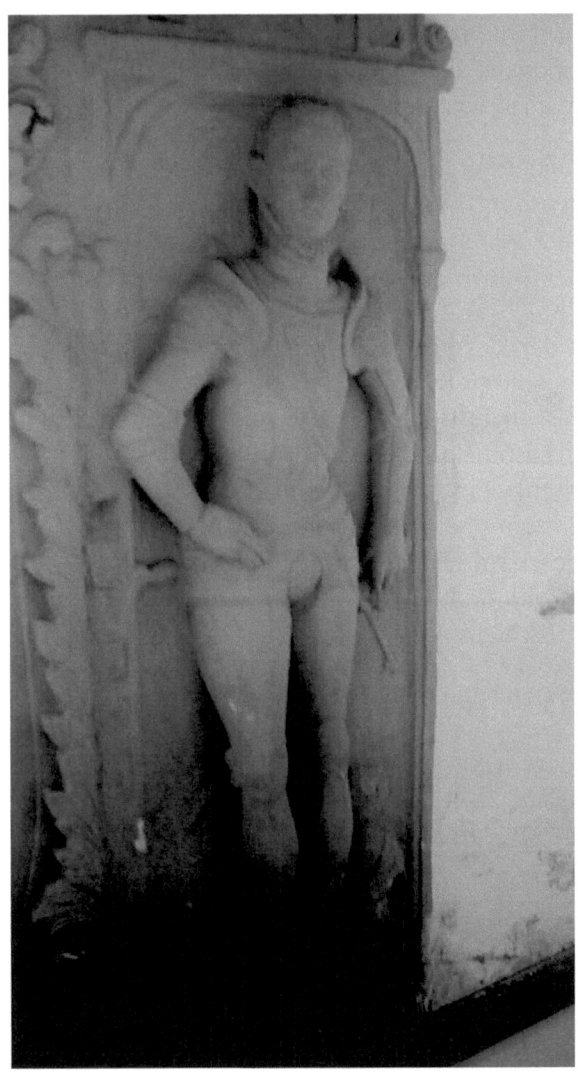

10.) *Kirche St. Johannis in Neumark*

11.) *Gut Neumark in den 50 er Jahren*

12.) *im Jahr 2018*

16 Literaturverzeichnis

Archivgut

- LATh – HStA Weimar, Ernestinsiches Gesamtarchiv, Reg. Ii 4 II, Bl. 68r–69v
- LATh - HStA Weimar, Ernestinisches Gesamtarchiv, Reg. Hh 1094
- ThStAM 4-10-101 GHA Sektion I Nr. 5441
- ThStAM 4-10-101 GHA Sektion I Nr. 5448
- ThStAM 4-10-102 GHA Sektion II Nr. 26 2 Bl.]
- ThStAM 4-10-111 Hennebergica Gotha/Akten Nr. 93 Blatt 18

Primärliteratur:

Aland, Kurt (Hrsg.): Die Werke Martin Luthers in neuer Auswahl für die Gegenwart, Bd. 10, Göttingen 1983

Aeltere und neuere Gesetze, Ordnungen und Circularbefehle für das Fürstenthum Weimar und für die Jenaische Landesportion bis zum Ende des Jahres 1799, (Hg. Schmidt Johannes), Jena 1803

Akten des Landgrafen Philipp; des Statthalters und der Räte zu Kassel; des Kanzlers Feige (HStAM Bestand 3 Nr.2405)

Die Bistümer der Kirchenprovinz Magdeburg, in: Germania Sacra. Historisch-Statistische Beschreibung der Kirche des alten Reiches, [Hrsg. Max-Planck-Institut für Geschichte] NF 35,2 Das Bistum Magdeburg I,2 Die Diözese, Berlin-New York 1998

Die Bibel oder die ganze Heilige Schrift. Stuttgart Württembergische Bibelanstalt o.J.

Christliche Hochzeit Predigt : Bey Hochzeitlichen Ehrnfest/ des Junckern/ Hansens von Kitzscher Und der Jungfrawen/ Marthae von Minckwitz/ Des Caspars von Minckwitz Tochter/ Gehalten uff dem Hause Kitzscher/ den 3. Aprilis Anno 1616. Durch Tobiam Rehefeldt Pfarrern daselbst. Leipzig: Rehefelt/ Grosse, 1617

D. Martin Luthers Werke (Weimarer Ausgabe WA) WA Tischreden Bd.2, Weimar 1913

D. Martin Luthers Werke, Kritische Gesamtausgabe [Knaake, Joachim Karl Friedrich [Hrsg.] Bd.9, Weimar 1893

Erfforth, Hans von: Des Heiligen Romischen Reichs Stend. mitsampt alle Churfürsten und Fürsten..., Worms 1531

Ernestinische Landtagsakten Band I, Die Landtage von 1487-1532, [Hrsg. Thüringische historische Kommission, bearbeitet von Burkhardt.C. A. H.], Jena 1902

Förstemann, Karl Eduard [Hg]: Urkundenbuch zu der Geschichte des Reichstages zu Augsburg im Jahre 1530, Bd.1, Halle 1833

Kawerau, Gustav: Der Briefwechsel des Justus Jonas, Bd. I, Halle 1884

Klosterarchive: Regesten und Urkunden. Bd. 2 Klöster, Stifter und Hospitäler der Stadt Kassel und Kloster Weißenstein, Bearbeitet von Johannes Schultze, Marburg 1913

Landstände und Landtage: Urkunden und Akten, (Abt. E 2 Landstände; F 27 Riedesel A Samtarchiv Repositur 64 und D) von Wolf, Jürgen Rainer, Hessisches Staatsarchiv Darmstadt, 1991

Luther, Martin: Luthers Briefe,[Hsg. Reinhard Buchwald], In Auswahl herausgegeben von Reinhard Buchwald, Leipzig1918

Melanchthon, Philipp: Unterricht der Visitatoren an die Pfarrherrn im Kurfürstentum zu Sachsen, Marburg 1528

Melanchthons Briefwechsel (MBW), Kritische und kommentierte Gesamtausgabe.[Scheible, Heinz Hg.] Band 5, Texte 1110-1394 (1531-1533), Stuttgart 2003; Bd 6. Texte 1395-1683 (1534-1535) Stuttgart 2005; Bd. 12 Personen Stuttgart Bad Cannstatt 2003 Nr. 1391

Registrum dominorum marchionum Missnensium. Verzeichnis der den Landgrafen in Thüringen und Markgrafen zu Meissen jährlich in den Wettinischen Landen zustehenden Einkünfte 1378, [Hrsg. von Hans Beschorner] Bd.I, Leipzig und Berlin 1933

Reichstagsabschiede, Bd 2, FaM 1747

Scheible, Heinz: Melanchthons Briefwechsel, Kritische und Kommentierte Gesamtausgabe Bd. 1 Regesten 1-1109 (1514-1530), Stuttgart-Bad-Cannstatt 1977

219

ders.: Bd 12, Stuttgart-Bad Cannstatt 2005
Walch, Johann Georg: D. Martin Luthers sowohl in Deutscher
als Lateinischer Sprache verfertigte und aus der letzten in
die erstere übersetzte Sämtliche Schriften. Ein und
Zwanzigster Theil, welcher die Briefe des seligen Mannes
und eine Nachlese enthält, nebst einem historischen
Vorbericht von den mancherley Editionen und Sammlungen
gedachter Briefe, Halle 1749
Wette, Wilhelm Martin Leberecht de: Dr Martin Luthers
Briefe, Sendschreiben und Bedenken, vollständig aus den
verschiedenen Ausgaben seiner Werke und Briefe, aus
anderen Büchern und noch unbenutzten Handschriften
gesammelt, kritisch und historisch bearbeitet. Vierter Theil
Luthers Briefe von seinem Aufenthallt auf der Koburger
Veste, während des Reichstags zu Augsburg bis zur
Schließung der Wittenberger Concordie, Berlin 1827
ders.: Briefe Sendschreiben und Bedenken, 3. Theil, Berlin
1827

Sekundärliteratur:

Albinus, Petrus: New Stambuch und Beschreibung des
Uhralten Koeniglichen, Chur und Fuerstlichen etc.
Geschlechts und Hauses zu Sachsen. Leipzig, 1602
Andresen, Suse: In fürstlichem Auftrag. Die gelehrten Räte
der Kurfürsten von Brandenburg aus dem Hause
Hohenzollern im 15. Jahrhundert, Göttingen 2017
Arper, Karl: Aus Weimars kirchlicher Vergangenheit. Weimar;
L. Thelemann, 1900
Aulinger, R./ Schweizer-Burian, S.: Habsburgische und
reichsständische Präsenz auf den Reichstagen Kaiser Karls V.
(1521-1555) im Spiegel der Reichsmatrikel von 1521. Eine
prosopographischer Erfassung, in: F. Hederer, C. König, K. N.
Marth, C. Milz (Hg.), Handlungsräume, Facetten politischer
Kommunikation in der Frühen Neuzeit, Festschrift für
Albrecht P. Luttenberger zum 65. Geburtstag (München
2011
Bachmann, Johannes: Anarg Heinrich zu Wildenfels. In:

Zeitschrift für Kirche, Wissenschaft und kirchliches Leben 4, 1883

Becker, Eduard Edwin: Vom Tode Hermanns III. Riedesel 1501 bis zum Tod Konrads II. 1593: Offenbach/Main 1927.

Bleichenstein, Hans Basilius Edler von: Stammregister des Adels Sachsen-Gotha, Stammregister derer von Riethesel, Gotha 1716

Brandt, Johann Carl: Kurze Geschichte der Kreisstadt Jüterbog von der ältesten bis auf die neuesten Zeiten, Jüterbog 1840

Brathe, Paul: Das Geschlecht des Nikolaus von Amsdorf, Archiv für Sippenforschung und alle verwandten Gebiete, Heft 7, Juli 1944

Brather, Hans Stephan: Die Verwaltungsreformen am kursächsischen Hof im ausgehenden 15. Jahrhundert, in: Archivar und Historiker (Festschrift Otto Meisner), Berlin 1956

Brotuff, Ernst: Chronica Vnd Antiquitates des alten Keiserlichen Stiffts der Römischen Burg Colonia vnd Stadt Marsburg an der Salah in Obern Sachssen Mit viel alten sonderlichen seltzamen Historien vnd Geschichten dieser Lande: Sampt einem ordentlichen Cathalogo aller Bischoffe vnd Administratorn zu Marsburg. Jn zwey Bücher mit ... alten Wapen gezieret, Leiptzlg 1557

Brückner, G: Graf Wilhelm von Henneberg und der Reichstag zu Augsburg 1530, in: Neue Beiträge zur Geschichte des deutschen Alterthums, 3. Lfg., Meiningen 1867

Bünz, Enno: Die mittelalterliche Pfarrei. Ausgewählte Studien zum 13.-16. Jahrhundert, Tübingen 2017

Burckhardt, Carl August Hugo: Geschichte der sächsischen Kirchen- und Schulvisitationen von 1524-1545, Grunow 1879

Ders.: Das tolle Jahr zu Erfurt, in: Archiv für sächsische Geschichte 12 (1874), S. 337-426.

Buttlar-Elberberg, Rudolf von: Stammbuch der Althessischen Ritterschaft, enthaltend die Stammtafeln der im ehemaligen Kurfürstenthum Hessen ansässigen zur Althessischen Ritterschaft gehörigen Geschlechter, Cassel 1888

Clemen, Otto: Alexius Chrosner, Herzog Georgs von Sachsen

evangelischer Hofprediger, Leipzig 1908

ders.: Die Lutherbibel von 'Kalosa', in: Neue
kirchliche Zeitschrift, 30. Jg. (1919), S. 533-536

ders.: Luthers Briefe an seine Käthe, Berlin o.J

ders.: Johann Voit, Franziskaner zu Weimar, erster
evangelischer Pfarrer zu Ronneburg, in: Zeitschrift für
Kirchengeschichte, Bd. 30, Heft 4, Gotha 1909, S. 434-443.

ders. Wolfgang Stein aus Zwickau, Hofprediger in Weimar und
Superintendent in Weißenfels, in: Kleine Schriften zur
Reformationsgeschichte (1897-1944), Bd. V (1922-1932),
Zentralantiquariat der DDR, Leipzig 1984

Cornelius, C. A.: Briefwechsel zwischen Herzog Johann
Friedrich von Sachsen und Graf Wilhelm von Neuenahr in
den Jahren 1529 bis 1596, in: Zeitschrift des Bergischen
Geschichtsvereins, Bd.10, Bonn 1874, S. 129-158.

Die Ernestiner Politik, Kultur und gesellschaftlicher Wandel
[Hg Werner Greiling, W., Müller Gerhard, Schirmer Uwe,
Walther, Helmut G.], Veröffentlichungen der Historischen
Kommission für Thüringen, kleine Reihe Band 50

Diezel, Rudolf: Die Ämterbezirke in Sachsen-Weimar seit dem
16. Jahrhundert, eine verwaltungsgeschichtlich,
topographische Untersuchung, Jena 1943, in:Zeitschrift des
Vereins für Thüringische Geschichte und Altertumskunde,
Beiheft 27

Dohna, Siegmar Graf zu: Die Donins, Aufzeichnungen über die
erloschenen Linien der Familie Dohna, (als Manuscript
gedruckt), Berlin 1876

Enders, Ernst Ludwig: Dr. Martin Luthers sämmtliche
Werke, Briefwechsel, Band 1, Briefe von 1507-März 1519,
Frankfurt am Main 1884

Fabian, Ernst: Der Streit Luthers mit dem Zwickauer Rate im
Jahre 1531 Mitteilungen des Altertumsvereins für Zwickau
und Umgebung VIII 1905, S. 75-139

Fay, Manfred: Chronicon Mereberch, Dillenburg 2006

Franz; H.: Die Landwirtschaft in Thüringen und ihre
Entwicklung in den letzten fünfzig Jahren, Berlin 1896

Galera, Karl Siegmar von: Die Riedesel zu Eisenbach
Geschichte des Geschlechts der Riedesel, in:Mitteilungen

des Oberhessischen Geschichtsvereins Giessen, Vol. 49/50
(1965), S. 212-215

Gauhe, Johann Friedrich: Des Heiligen Römischen Reichs
Genealogisch-Historisches Adelslexikon Bd.2, Leipzig 1747

Gleichenstein, Hans Basilius Edler von: Stammregister des
Adels Sachsen-Gotha, Stammregister derer von Riethesel,
Gotha (Tabulae genealogicae, oder Derer von Adel Des
Fürstenthums Sachsen-Gotha, stemmatographia
alphabetica), Franckfurth am Mayn-Leipzig 1716

Goebels, Johan Heinrich David: Beiträge zur Staatsgeschichte
von Europa unter Kaiser Karl dem Fünften aus theils
gedruckten theils ungedruckten Nachrichten, Lemgo 1767

Grauns, Caspar Heinrich, Heinen, Samuel Gottlieb: Historische
Beschreibung der Stadt und Grafschafft Rochlitz in Meißen.
Darinnen von derselben Nahmen, Alterthum, Situation,
Gebäuden, Einwohnern, hoher Landesobrigkeit, Religions-
und Kirchenstände, Policey und Schule, absonderlichen
Vorzügen der Stadt, unglücklichen und sonst allenhand
merckwürdigen Begebenheiten. So sich biß aufs Jahr 1719
zugetragen, Leipzig 1719

Gundlach, F: Die hessischen Zentralbehörden von 1247-1604,
Bd.3 Dienerbuch, in: Veröffentlichungen der Historischen
Kommission für Hessen und Waldeck XVI 3, Marburg 1930

Gutekunst, Hans: Novum Forum Nuwenmart Neuenmarckt
Neumark bei Weimar. Eine Kleinstadt in der Geschichte
Thüringens bis zum Ende des 19. Jahrhundert, Norderstedt
2015

Harnisch, Johann Gottlieb: Chronik über Schellenberg-
Augustusburg, Schellenberg 1860

Hartung, Bernhard [Hg]:Häuser-Chronik der Stadt Erfurt
geschöpft aus den Archiven und der Magistratsbibliothek,
Acten und sonstigen authentischen Quellen, Erfurt 1861

Held, Paul: Ulrich von Hutten. Seine religiös-geistige
Auseinandersetzung mit Katholizismus, Humanismus,
Reformation, Schriften des Vereins für
Reformationsgeschichte, Jg. 46, Heft 1 (Nr. 144), Leipzig
1928

Henning, Eckart: Die gefürstete Grafschaft Henneberg-

Schleusingen im Zeitalter der Reformation, Mitteldeutsche
Forschungen 88, Köln-Wien 1981

Herzog, Jürgen: Fürstlicher Hof in Torgau während der
Regierungszeit Friedrichs des Weisen, in: Kurfürst Friedrich
der Weise von Sachsen (1463-1525), Beiträge zur
wissenschaftlichen Tagung vom 4. bis 6. Juli 2014 auf
Schloss Hartenfels in Torgau, Dresden 2014

Hoffmann, A. G. [HG]: Allgemeine Encyklopädie der
Wissenschaften und Künste, Zweite Section H-N, Leipzig
1842

Hofmann, Friedrich Gottlob: Katharina von Bora oder Dr.
Martin Luther als Gatte und Vater. Ein Beitrag zur
Geschichte der Priesterehe, Leipzig 1845

Ignasiak, Detlef: Luther in Thüringen Wartburg Verlag GmbH,
1996

Irmscher, Johann Konrad: Dr. Martin Luthers reformations
-historische Schriften, Bd. 2, Erlangen 1830

ders.: Friedrich I. und die Gründung der Universität Jena,
Quartus-Verl., 1996

Jones, William Jervis: Historisches Lexikon deutscher
Farbbezeichnungen, Bd. I, Berlin 2013

Junker, Johann Christian: Diplomatische Geschichte des gräfl.
Hauses Henneberg II mit CCC. Urkunden und ellf
Kupfertafeln, Hildburghausen 1791

Kapp, Johann Erhard: Kleine Nachlese einiger, größten Theils
noch ungedruckter, und sonderlich zur Erläuterung der
Reformations-Geschichte nützlicher Urkunden, Leipzig 1727

Kamprad, Johann: Leisnigker Chronica oder Beschreibung der
sehr alten Stadt Leisnigk, Leisnig 1753

Keil, Friedrich Siegemund (Hrsg): Des seligen Zeugen Gottes.
D. Martin Luthers, merkwürdige Lebens-Umstände bey
seiner medicinalischen Leibesconstitution. Krankheiten,
geistlichen und leiblichen Anfechtungen und anderen
Zufällen, von dem Jahre seiner Geburt 1483 bis zu seinem
Tod 1546 beschrieben in vier Theilen, und so viel Bildnissen,
die sich auf Luthers Amtsumstände schicken, sammt
Geschlechts-Register aller seiner Nachkommen bis auf
gegenwärtige Zeit, Leipzig 1764

Klein, Thomas: Politik und Verfassung von der Leipziger Teilung bis zur Teilung des ernestinischen Staates (1485-1572) In: Geschichte Thüringens (hrsg. von Hans Patze und Walter Schlesinger), Bd. 3: Das Zeitalter des Humanismus und der Reformation, Köln, Wien, Weimar 1967, S. 146-294.

Kneschke, Ernst Heinrich [Hg.]: Neues Allgemeines Deutsches Adels-Lexikon Bd. 1, Leipzig 1859

König, Valentin; Mencke, Johann Burkhard; Kirchmaier, Georg Wilhelm: Genealogische Adels-Historie oder Geschlechts Beschreibung derer im Chur-Sächsischen und angräntzenden Landen...., Leipzig 1736

Kolde, Theodor: Analecta Lutherana, Briefe und Actenstücke zur Geschichte Luthers, Gotha 1883

Kraus, Andreas (HG): Handbuch der bayerischen Geschichte , Bd.3, Zweiter Teilband, München 2001

Kroker, Ernst: Katharina von Bora, Berlin 1964

Kronfeld, Constantin: Landeskunde des Großherzogthums Sachsen-Weimar-Eisenach, Bd. 2, Weimar 1879

Kühn, Johannes: Deutsche Reichstagsakten, Jüngere Reihe, Bd.7, I. und II. Halbband, Herausgegeben durch die Historische Kommission bei der Bayerischen Akademie der Wissenschaften, Göttingen 1963

Kunst, Hermann: Evangelischer Glaube und politische Verantwortung - Martin Luther als politischer Berater, Stuttgart (1979)

Landau, Georg: Die hessischen Ritterburgen und ihre Besitzer, Bd.4, Cassel 1839

Lehfeldt, Paul: Bau- und Kunstdenkmäler Thüringens, Heft XVIII, Großherzogthum Sachsen-Weimar-Eisenach. Amtsgerichtsbezirk Weimar, Jena 1893

Löbe, Julius: Nachträge und Berichtigungen zur Familie v. Denstedt, Mitteilungen des Vereins für Geschichts- und Altertumskunde zu Kahla und Roda, Vierter Band, Jena 1895, S.429-439.

Ludolphy, Ingetraut: Friedrich der Weise, Kurfürst von Sachsen 1463-1525, Leipzig 2006

Lütge, Friedrich: Die mitteldeutsche Grundherrschaft und ihre Auflösung, Stuttgart 1957

225

Magazin der Sächsischen Geschichte aufs Jahr 1790,
Siebenter Teil oder 73. bis 84. Stück, Dresden
Mentz, Georg: Johann Friedrich der Großmütige 1503-1554,
Zweiter Teil, Jena 1908
Mötsch, Johannes: Große und kleine Dynastien. Die
Wettiner/Ernestiner und die Grafen von Henneberg-
Schleusingen, in: Die Ernestiner: Politik, Kultur und
gesellschaftlicher Wandel, (herausgegeben von Werner
Greiling, Helmuth. G. Walther,Uwe Schirmer,Gerhard
Müller), Köln/ Weimar, 2016, S.55-72.
Müller, Andreas: Lexikon des Kirchenrechts und der römisch-
katholischen Liturgie Bd. 4 (M-S,) Würzburg, Wien, Luzern
1839
Müller, Ernst: Martin Luther und Weimar, Tradition und
Gegenwart, Weimarer Schriften Heft 6, (1983)
ders.: Die Entlassung des ernestinischen Kämmerers Johann
Riedesel und die Auflösung des Wittenberger Heiligtums, in:
Archiv für Reformationsgeschichte 80/1989, S.213 ff.
ders.: Die Mutschierung von 1513 im ernestinischen Sachsen,
in: Jahrbuch für Regionalgeschichte 14, Weimar 1987,
S.173-182.
ders.: Die Ernestinischen Landtage in der Zeit von 1485 bis
1572 unter besonderer Berücksichtigung des Steuerwesens,
in: Forschungen zur Thüringischen Landesgeschichte Bd.1,
Weimar 1958, S.188-226.
ders.: Türkensteuer und Landsteuer im ernestinischen
Sachsen von 1485 bis 1572, Inauguraldissertation, Jena
1951
Müller, Johann Gottfried: Die jugendliche Geschichte des
verewigten Churfürsten und Herzogs zu Sachsen Herrn
Johann Friedrichs des Großmüthigen, Jena 1765
Müller, Johann Sebastian: Des Chur- und Fürstlichen Hauses
Sachsen Ernestin- und Albertinischer Linien Annales von
Anno 1400 bis 1700, Leipzig 1701
Myconius, Friedrich: Geschichte der Reformation,
(herausgegeben von Clemen, Otto) Voigtländers
Quellenbücher Bd.68, Leipzig o.J.
M.Z. [Martin Zeiller]: Topographia Superioris Saxoniae/

Thuringia/ Misnia Lusatiae etc., FaM 1650

Neebe, Gudrun: Apostolische Kirche. Grundunterscheidungen an Luthers Kirchenbegriff unter .besonderer Berücksichtigung seiner Lehre von der notae ecclesiae, Berlin-New York 1997

Oetter, Samuel Willhelm: Historische Nachrichten von dem Hause und Wappenbild der Herren Riedesel Freyherren von und zu Eisenbach, Tübingen 1778

Peters, Christian: Apologia Confessionis Augustanae, Untersuchungen zur Textgeschichte einer lutherischen Bekenntnisschrift (1530-1584), Stuttgart 1997

Piderit, F. C. Th.: Geschichte der Haupt- und Residenzstadt Kassel, Kassel 1844

Pollack, C.: Luther auf der Wartburg, Gartenlaube Heft 39, Leipzig 1867, S.614-617.

Rabe, Horst: Reich und Glaubensspaltung, Deutschland 1500–1600, München 1989

Ranke, Leopold von: Deutsche Geschichte im Zeitalter der Reformation Bd.3, Paderborn 2011 (Reprint)

Rechenberg, Wolfrad Freiherr von: Die Familie von Rechenberg. Von ihrem Ursprung bis zur Gegenreformation, Neuere Beiträge zur Familiengeschichte, Münster 2013

Rommel, Christoph von: Geschichte von Hessen Bd. 4, Dritter Teil, Zweite Abteilung, Cassel 1830.

Roper, Lyndal: Der Mensch Martin Luther. Die Biographie, Frankfurt am Main 2016

Rotermund, Heinrich Wilhelm: Geschichte des auf dem Reichstage zu Augsburg im Jahre 1530 übergebenen Glaubensbekenntnisses der Protestanten, nebst den vornehmsten Lebensnachrichten aller auf dem Reichstage zu Augsburg gewesenen päpstlich und evangelisch Gesinnten, Hannover 1829

Scheible, Heinz: Melanchthons Briefwechsel, Kritische und Kommentierte Gesamtausgabe Bd. 1 Regesten 1-1109 (1514-1530), Stuttgart-Bad-Cannstatt 1977

Ders.: Bd 12, Stuttgart-Bad Cannstatt 2005

Scheinost, Marina: Johann Georg Martin Brückner (1800 -1881), Forschung zwischen Wissenschaft und nationalem

Anspruch, Würzburg 2003.
Schiffner, Albert: Beschreibung von Sachsen und der
Ernestinischen, Reußischen und Schwarzburgischen Lande,
Dresden 1843
Schirmer Uwe: Der ernestinische und albertinische Landadel
in der Zentralverwaltung der Kurfürsten und Herzöge von
Sachsen (1525-1586), in: Schattkowsky, Martina (Hrsg.): Die
Familie von Bünau, Adelsherrschaften in Sachsen und
Böhmen vom Mittelalter bis zur Neuzeit (Schriften zur
sächsischen Geschichte und Volkskunde 27), Leipzig 2008, S.
191-214.
ders.: Landstände und Reformation. Das Beispiel Kursachsen
(1523-1543). In: Reformation vor Ort. Christlicher Glaube
und und konfessionelle Kultur in Brandenburg und Sachsen
im 16. Jahrhundert, Berlin 201
Schlegelii, Christiani ausführlicher Bericht von dem Leben und
Tod Caspari Aquilae, Leipzig u. Franckfurt 1737
Schmidt, Erwin: Wege zu neuen Lebensformen, Geschichte
des Geschlechts der Riedesel Freiherrn zu Eisenbach,
in: Fuldaer Geschichtsblätter: Zeitschrift des Fuldaer
Geschichtsvereins Vol. 41, No. 1 (1965), p. 30-32. Seidemann,
Johann Karl: Dr. Jakob Schenk, der vermeintliche
Antinomer, Freibergs Reformator. Leipzig 1875
Simon, Ernst Friedrich Wilhelm: Historisch-geographisch-
topographische Nachrichten von der Bergstadt Zschoppau
, Dresden 1821
Siebmacher's [J.] grosses und allgemeines Wappenbuch,
Einleitungsband, Abteilung B: Grundsätze der Wappenkunst
verbunden mit einem Handbuch der heraldischen
Terminologie (Maximilian Gritzner), Nürnberg, 1889
Sinapius, Johannes: Olsnographia oder eigentliche
Beschreibung des Oelßnischen Fürstenthums in
Niederschlesien, Leipzig-Franckfurt 1707
ders.: Des Schlesischen Adels anderer Theil oder Fortsetzung
Schlesischer Curiositäten, Leipzig Breslau 1728
Sladeczek, Martin: Vorreformation und Reformation auf dem
Land in Thüringen. Structure-Stiftungswesen-Kirchenbau-
Kirchenausstattung, Köln-Weimar-Wien 2018

Sontagius, Christoph: Dissertatio de scriptoribus saec. XVI. et XVII, 1710

Stück, Walter: Graf Wilhelm IV. von Henneberg (1485-1559). In: Schriften des Hennebergischen Geschichtsvereins Nr.11, Schleusingen 1919

Tille, Armin: Das Dorf Wallichen bei Vieselbach. Vom Klosterhof zum Rittergut, in: Blätter für Heimatkunde 2/1922 (Beilage der Mitteldeutschen Zeitung), S. 5-8.

Tutzschmann, Max Moritz: Friedrich der Weise, Kurfürst von Sachsen: ein Lebensbild aus dem Zeitalter der Reformation, nach den Quellen dargestellt, Grimma 1848

Ukert, F. A.(Hrsg.): Dr. Martin Luthers Leben mit einer kurzen Reformationsgeschichte Deutschlands und der Litteratur von G. H. A. Ukert, 2. Theil, Gotha 1817

Vetter, Paul: Zur Geschichte Alexius Krosners, in: Neues Archiv für sächsische Geschichte und Altertumskunde Bd. 30, Dresden 1909

Walch, Johann Georg: D. Martin Luthers sowohl in Deutscher als Lateinischer Sprache verfertigte und aus der letzten in die erstere übersetzte Sämtliche Schriften. Ein und Zwanzigster Theil, welcher die Briefe des seligen Mannes und eine Nachlese enthält, nebst einem historischen Vorbericht von den mancherley Editionen und Sammlungen gedachter Briefe, Halle 1749

Wartenberg, Günther: Landesherrschaft und Reformation, Moritz von Sachsen und die albertinische Kirchenpolitik bis 1546, Quellen und Forschungen zur Reformationsgeschichte Bd. 55, Gütersloh 1988

Weigand, Friedrich Ludwig Karl: Deutsche Wörterbuch Bd. 2 (M-Z), Gießen 1876

Wette, Wilhelm Martin Leberecht de: Dr Martin Luthers Briefe, Sendschreiben und Bedenken, vollständig aus den verschiedenen Ausgaben seiner Werke und Briefe, aus anderen Büchern und noch unbenutzten Handschriften gesammelt, kritisch und historisch bearbeitet. Vierter Theil Luthers Briefe von seinem Aufenthalt auf der Koburger Veste, während des Reichstags zu Augsburg bis zur Schließung der Wittenberger Concordie, Berlin 1827

ders.: Briefe Sendschreiben und Bedenken, 3. Theil, Berlin
 1827
Wette, Gottfried Albin de: Historische Nachrichten von der
 berühmten Residentz-Stadt Weimar, Weimar 1737
Wunderlich, Hugo: Namen und Wappen der Thüringer Adelsfamilie
 „von Riedesel". In: Rund um den Friedenstein, Blätter für
 Thüringische Geschichte und Heimatgeschehen VIII, hrsg. vom
 Gothaischen Tageblatt, Gotha 1933
Zimmermann, Friedrich Albert: Beiträge zur Beschreibung von
 Schlesien Bd. 3, Brieg 1784
Zschieschang, Christian: Das Hersfelder Zehntverzeichnis und
 die frühmittelalterliche Grenzsituation an der mittleren
 Saale. Eine namenkundliche Studie, Köln Weimar Wien 2017

Internet:

http://www.historischekommission-
muenchen.de/fileadmin/user_upload/pdf/abteilungen/staendetabe
lle_1521_1555.pdf (Stand 15.12.2018)

https://archive.org/search.php?query=creator%3A%22Knaake%2C+
Joachim+Karl+Friedrich%2C+1835-1904%22
www.vhghessen.de/inhalt/dig_bib/...4.../01_Eisenbach_und_Warte
nberg.pdf (Stand 15.12.2018)

www.dr-bernhard-
peter.de/Heraldik/Aktuell/galerien3/galerie2414.htm   (Stand
15.12.2018)

dirk.steindorf-sabath.eu/d-heinzendorf.html (Stand 15.12.2018)

Landgrafen-Regesten   online   Nr.   6169   <http://www.lagis-
hessen.de/de/subjects/idrec/sn/lgr/id/6169> (Stand: 16.4.2013)

http://www.historische-
kommissionmuenchen.de/fileadmin/user_upload/pdf/abteilungen/
rta_juengere_reihe.pdf (Stand 15.12.2018)

https://www.bibleserver.com/text/LUT/1.Mose49   (Stand 10.07.2017)

monasterium.net/mom/DE-HStAMa/UrkHersfeld/fond?block=54 (Stand 12.08.2017)

https://www.deutsche-biographie.de/sfz35791.html   (Stand 15.12.2018)

www.familienforschunggreuel.de/GreuelErfurt/.../html/atafelp5101 .htm (Stand 07.02.2018)

Landgrafen-Regesten   online   Nr.   6092   <http://www.lagis-hessen.de/de/subjects/idrec/sn/lgr/id/6092> (Stand: 17.2.2014)

http://digi.ub.uni-heidelberg.de/diglit/lehm481?ui_lang=ger brigittegastelancestry.com/royal/bernhardanc3.htm   (Stand 15.12.2018)

https://gedbas.genealogy.net/person/database/39257   (Stand 15.12.2018)

http://digital.slub-dresden.de/id377301728 (Stand 25.08.2017)]

https://de.wikipedia.org/wiki/Melchior_Miritz (Stand 25.08.2017)

https://de.wikipedia.org/wiki/Friedrich_III._(Sachsen)   (Stand 15.12.2018)

http://www.isgv.de/saebi/ (Stand 9.2.2018)

https://geo.viaregia.org/testbed/pool/editmain/T1_2476_Chronik_ Wallichen.htm (Stand 25.08.2017)

http://www.zeno.org/Literatur/M/Goethe,+Johann+Wolfgang/Brief e/1782 (Stand 15.12.2018)

https://www.stilkunst.de/lutherdeutsch/woerter/r/wdb-riebe.php
(Stand 25.08.2017)

[https://arcinsys.hessen.de/arcinsys/detailAction?detailid=v532494
] (Stand 15.12.2018)

https://adw-goe.de/en/digital-library/hoefe-und-residenzen-im-
spaetmittelalterlichen-reich/gsn/rf15_I_121220-4138   (Stand
07.02.2019)

http://d-nb.info/gnd/1144544912 (Stand 14.04.2019)

http://reader.digitale-
sammlungen.de/de/fs1/object/display/bsb10938421_00005.html

http://digital.slub-dresden.de/werkansicht/dlf/64909/11/
[MüllerAnnales] (Stand 04.09.2019)

http://digital.slub-
dresden.de/fileadmin/data/31406945Z/31406945Z_tif/jpegs/31406
945Z.pdf (Stand 04.09.2019)

http://zs.thulb.uni-
jena.de/rsc/viewer/jportal_derivate_00248129/ThG
013_1919_11_0001.tif (Stand 04.09.2019)

Zeitschriften:

Der Neuigkeitsbote Nr. 73 vom 18. Juni 1840

Lexika

Etymologische Wörterbuch des Deutschen A-G-, Bd.1, Q-Z,
    Bd. 3, Berlin 1989
Koebler, Gerhard: Mittelhochdeutsches Wörterbuch online
    http://www.koeblergerhard.de/mhdwbhin.html
Kneschke, Ernst Heinrich (Hrsg.): Neues allgemeines Deutsches
Adels-Lexicon. Neun Bände. Voigt, Leipzig 1859–1870

17 Personenregister

18 Ortsverzeichnis

Bildnachweis:

- Visitationsprotokoll Neumark 1533 S.190-193 und Ratsbrief Neumark 1525 S. 198 u. 200-201 mit freundlicher Genchmigung des Landesarchivs Thüringen – Hauptstaatsarchiv Weimar
- Korrespondenz Sachsen Wilhelm IV. S. 202, 204, 206, 207, 210, 211 mit freundlicher Genehmigung des Thüringischen Staatsarchivs Meiningen
- Photos S. 38, 40, 215, 216 und 217 im Besitz des Verfassers

Frontcover: Epitaph des Johannes Riedesel zu Neumark in der Kirche St. Johannis in Neumark

Rückseite: Blick auf das Schloss in Neumark vom Gutsteich aus

FSC
www.fsc.org
MIX
Papier aus ver-
antwortungsvollen
Quellen
Paper from
responsible sources
FSC® C105338

Herstellung und Verlag:
BoD – Books on Demand, Norderstedt
ISBN: 978-3-7494-8380-8